林慶彰　總策畫
民國時期稀見期刊彙編
第一輯

文學科研究年報
言語と文學⑤

臺北帝國大學研究年報

第三十冊

臺北帝國大學文政學部

文學科研究年報

言語と文學

第五輯

西鶴の書誌學的研究

瀧田貞治

西鶴肖像集

有髪の鶴永時代(三十二歳の頃)

歌仙大坂俳諧師 所載

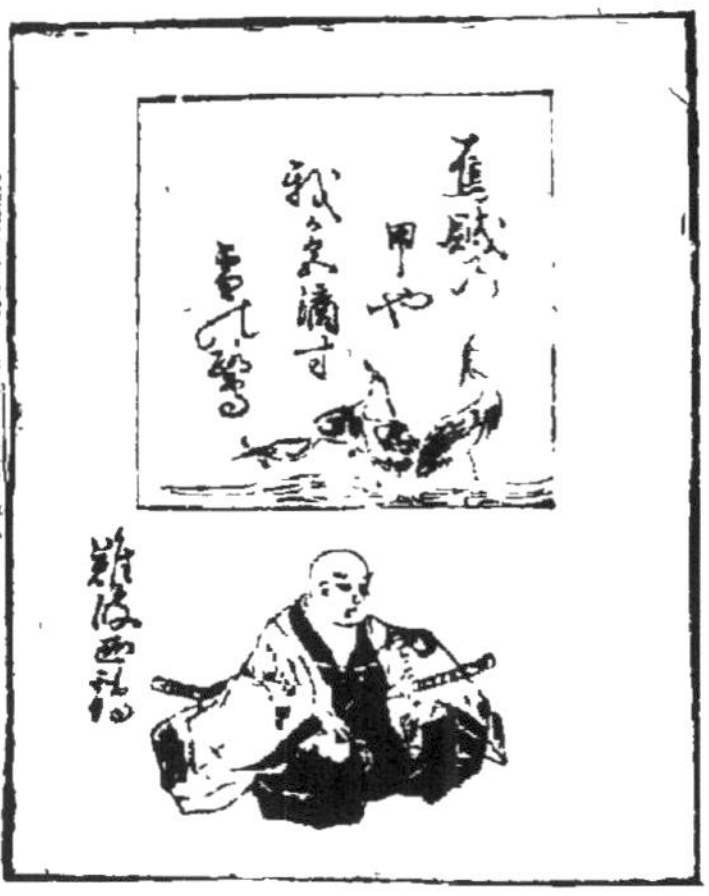

剃髪した西鶴(四十歳の頃)

難波色紙百人一句 所載

晩年の西鶴(五十歳前後)

芳賀一晶筆

晩年の西鶴

西鶴置土産 所載

置土産を臨模せしもの

彼岸棚 所載

序に代へて

——文學研究に於ける資料の位置——

われ〳〵が常に感じ、文人からもよく聞かされる惱みは、或特定の研究をやらうとしても、根本資料が一箇所に結輯されてゐないため見度い資料の搜索に徒らなる日子と勞力を費さねばならないこと、及びそれをめぐる關係文獻に如何なるものがあるかの調査の行屆いてゐないことで、そのために、忽ち資料難の門前に足踏みを餘儀なくされ、未だ基礎工作を了せざるうちに、日既に舂かんとするの歎を發する者が多いのである。

凡そこれと全く反對の現象は、われ〳〵も日常見聞してゐるところであるが、歐米に於ける學的業績で、その完備せる先づ遺憾なきに庶幾く、研究者は、同じ勞作を繰返すことなく、直ちに所期の目的遂行の態勢を整へることが出來るのである。

若しわれ〳〵の文學研究が、廣義に於ける過去の文化の意義闡明にあり、これは取りも直さず、將來の文化日本樹立の指標とならなければならないものである、とするならば、これら研究の成果を性急に求める前に、先づ、何を措いても資料の組織的整備が喫緊事であることを悟らなければならない。

成る程我が國にも、全集の名を以つて呼ぶ編纂の業は、明治中期以降大いに擧つてはゐる。然し果して眞にその名に値するものがいくつあるか。それらの多くは、選集であり、日記・手簡・書留の類を逸するは愚か、根幹的資料をさへ落してゐる場合があるのである。これでは、馬琴の思想も、三馬の諷刺も、一九の滑稽も、討ぬる術がないわけである。流石に西鶴・芭蕉近松に至れば、前者の比ではないにしても、西鶴は重要な俳諧その他を脫し、芭蕉は句や書簡に遺憾の點があり、近松亦狂言本を缺くの類ひである。國學の巨擘宣長等に就いても同樣の嗟嘆はあり、このことは、廣く日本文學全般に通じて言ひ得るのである。

根本資料の問題が右の如く未解決であるから、研究の基礎工作を成す書誌も、語彙も、特殊辭典もあらう筈はなく、この有樣では、眞の研究の成果は、百年河淸を俟つに等しいと言つても、甚だ當らざるの言ではあるまい。　私は先づ、我が文藝文化の脊梁を成す作家群の全著作を細大漏さず網羅し、嚴密な校訂を經た全集が、專門家の手に依つて續々編まれ、我が國の貧しい書齋に架藏されなければならないと信ずる者である。

　このやうな資料の處置に關して、學界の一部には、既にいろ〳〵の議論がある。例へば、一人の作家を研究するのに、その日記に見ゆる些細な私的行動、これがその作家に取つて抑〻いくばくの意義があるか。　又こと〴〵しく騷ぐ新資料の發見呼ばはりも片腹痛い限りではないか。　一體それらが、從來の作家觀を何等變色せしむる程の重要性があるわけでもあるまい。　從つて、それら零細な逸文は、單に貪慾な蒐集マニヤの胃の腑を喜ばすだけのもので、これが全集に載らうが捨てられようが、どうでもよいことであり、つまり無價値な文獻は、寧ろ無きに如かない、といふやうな口吻を洩らし又態度を取つてゐる。

　所が、私はこれには必ずしも贊成は出來ないのである。特に文學・史學といふやうな學は、文獻資料に卽したものでなければ學に値しない、とさへ考へる。　零細な資料、私生活の記事、それがたとへ本質に關係がないと見らるゝ底のものでも、どし〳〵發見さるゝ事は、歡迎こそすれ迷惑とは感じないのである。私は嘗て、かゝるものが、その作家研究を混亂に導くものではなくて、却つてその作家を限定して呉れるものである、といふことを述べたが、これは今も變更する理由を認めない。成る程どうでもよいと思はるゝ私生活の記錄は、或はどうでもよいものかも知れないが、これを記錄して置いた所に、その作家の長所なり、短所なり、性格なりを物語る何物かが伏在してゐて、それが圖らずも文學解明の手がかりになる、といふことが無いとも限るまい。と考へるのは、人間生活の如何なる無駄も、その人間生活に取つて決して無駄ではなかつた。否、その無駄をも加へた總和が、實は、その人間だつたのであるから。かく見て來れば、平うじて傳へられた根本資料は價値の批判は問はず、片言・隻句・斷簡・零墨をも、どこ〳〵迄も尊重し、その湮滅を防止すんのが、矢張り文學研究者の當然の責務ではないだらうか。

かゝる資料重視の態度は、言ふ迄もなく、その作家、その著作をめぐる種々の關係文獻に對しても全く同樣であらねばならない。例へば或作家の作品が、數限りなくその複刻を繰返すなかには、學問的なものと同時に、他方、不當な宣傳を以つて賣らんとするいかゞはしい出版物も混つてゐる場合が必ずある。 かくの如き出版物が、甚だしくその作家作品を冒瀆するものであり、本文複刻史上に何の寄與をもなさなかつた謂はゞ學問的に全く無用有害のものに過ぎないが、然し又一方、かゝる出版をもなさしめた原因を、一應討ねて見る雅量と餘裕を持つべきではあるまいか。 つまり、その文學のうちに、果してそれを可能ならしめる因子がそも〳〵絶無だつたのであらうか。 又同樣に、研究史上何の價値をも認められぬやうな幾多の文獻にしても、殊更これに目を蔽ふ必要はなく、これの存在したことだけは意識のうちに置くべきで、十把一からげ式に一擲して平然としてゐるべきではあるまい。 それはそのまゝ作品の持つ社會的影響を物語る資料ともすることが出來るからである。

かう考へて來ると、私の耳底に或奇怪な響きが蘇つて來るのである。 それは、數年來國文學者のうちに唱へらるゝ、資料派といふ言葉である。 資料派といふ流派が、我が國文學界にあるかどうか、僻遠の地にある私にはよくは分らないが、若しあるとすれば寧ろ滑稽に近いと言ふべきである。個々の資料に則らずして學は成立する筈がないではないか。著作を中心とし、その著作をめぐる幾多文獻の綜合的・歸納的な見渡しの上に立つて、始めて研究は完いのである。研究は、常に資料の裏づけがあつてはじめて權威を持つて來る。であつて見れば、文學研究にたづさはる程の者は、例外なく資料派でなければならぬ筈である。若し又、資料派に、實證主義といふやうな意味があるならば、學問に從事する程の者の、當然の態度であらねばならぬると考へる。資料を輕視するごときは、安易に就かんとする輕佻なる流行として嚴戒しなければならない。

思ふに、然しこの語にはなほ一種の侮蔑的な意味を含めてゐるのではなからうか。それが若し、資料偏重といふやうなことを意味し、又は常に資料に執して進退兩難に陷つてゐるとでも言ふのなら、これは、もはや資料派でも何でもなく、既に文學研究の方法それ自體に誤謬があり、錯誤を犯してゐるのであつて、研究と資料との本末を顚倒してゐる不始末者である。資料は、飽くまで研究の資料に過ぎないので、資料を尊重するのは、究極の研究を誤らしめないために外ならない。がかうは言ふもの丶、實際問題としては、或特定の研究をするのに、一人にしてよくそれら文獻の全部に亙つて仔細に調査研究することは不可能な場合が多いし、內容的に無意味な關係研究文獻の一々に目を通すことは、愚の極みと言はねばならない。そこに研究の基礎的準備工作としての書誌學の役割が要求されて來るのである。

書誌學とは、改めて言ふ迄もなく、圖書乃至は文獻をその研究の對象とした學を稱するのであるが、では、その圖書文獻の處置を如何なる方法でなし、又それら關係文獻を如何なる範圍及び深度にまで追究すべきか、といふことに就いては、いろ〳〵の態度があつて必ずしも一定した活動が規定されてはゐない。然し、研究の對象となる文獻を中核體とし、それをめぐつて雜然と蟠居するあらゆる關係資料の蒐集と整理、かういふ事が書誌學として先づ最初に果さねばならない任務であらう。その中核體を成す根本文獻に一の遺漏があつてはならぬと同樣に、此の中核體より派生した關係文獻も、書誌學者の鋭敏な眼力に依つて、芋蔓式に、根こそぎに、檢索蒐集されなければならない。このことに關して、私は嘗て、拙著『逍遙書誌』の序のうちに、次ぎの如く述べて置いた。

凡そ或事項に關する限り、たとへ片言隻句と雖も漏さない、といふのが書誌の最も重要な職能の一つであらう。　この際、所收文獻の價値の有無は未だ問ふところではない。　然し、これと同時に、その書誌の機能を全からしめる爲めには、蒐集された資料の分析・整理・解說各般に亙つての賢明な處置が要望される。茲に至つて、はじめて、全く無價値に等しい文獻は、當然書誌學者の嚴正な批判を經なければならない。　と言つても、決して無價値な文獻を書誌の埒外に放逐するといふ意味ではなく、寧ろ反對で、書誌學的には、無價値の文獻は依然無價値のものとしての尊い價値を有してゐる、といふことを絕對に忘れてはならないのである。

かくの如くして蒐集された文獻の處置は、然し、その主題の如何に依つて自ら異つて來ないわけには行かない。　印刷術の發達しなかつた時代、轉寫本を生命として流布した作品は、例へば源氏物語・枕草子・土佐日記・平家物語の如く、多くの系統的異本を持ち、その異本は又それ〴〵本文の上に異同があるといふ場合、それら本文批評の業が、重要な任務となつて來るであらう。然るに印刷術が普及して、作者在世中に、既に作者の校閲或は認諾を經、印刷に依つてその作品が流布した近世以降に於ては、異本のことは前者程大きな問題とはなり得ないのである。更に、時代は同じでも、個々の作家に依つて、編まるべき書誌は、必すしも同様の相貌を呈するとは限らないのである。私は、ゆゑに、今回試みた本書に於いて、西鶴文學闡明の使命達成のために、如何なる態度を以つてしたか、そのあらましを具體的に語つて見る積りである。

『西鶴の書誌學的研究』は、篇を分つこと八、更に附篇を加へた。即ち、第一篇著作を主とせる西鶴年譜、第二篇西鶴の自筆本及び寫本、第三篇西鶴原本の書誌的記述、第四篇複刻刊行史的研究、第五篇註疏史的研究、第六篇口譯史的研究第七篇影響史的研究、第八篇批評史研究史的研究、附篇西鶴研究單行本及び西鶴研究特輯雜誌の九篇とし、西鶴を、あらゆる角度より見究めうるやう機構を整へた。

扨て第一篇に於いては、西鶴全著作の年代的及び種別的分布を鳥瞰出來るやうに組立て、第二篇に自筆本と寫本を据ゑた。これは、數も至つて尠ないが、それでも現在何卷かの自筆本が幸ひ遺存してゐる。この篇中に、自筆の短册色紙・畫讃の類も編入すべきであり、それらの寫眞及び所藏者も種々の刊行物等より相當確實な原稿を作製出來たが、これの實地調査研究を了してゐないので、一先づ省略に從つたのである。

第三篇は、西鶴の原本を書誌學的に記錄して見た。然し猶足らざる所も多く、特に俳書に對する解說は、浮世草紙に比して不備の譏りを免れない。これは、未見のものも何部かあつた爲めである。第四篇は、明治以降西鶴作品が如何なる經緯を辿つて活字複刻又は複製さるゝに到つたか、又如何なる形で刊行されたかを、出來る限り詳細に記述した。これらの資料は、殆んど全部家藏本を底本としたので、その寫眞を添へると又一段興趣があり、生彩を放つのであるが、尨大になる頁を惧れて割愛した　これらのことは第五第六篇とも同じである。又この篇に於ても浮世草紙の項を特に精細にした。

第五篇の註疏及び第六篇の口譯は、共に西鶴文學の解明流布に重大な役割を演ずるもので、これを歷史的に見て來た。第七篇の影響史的研究は、章を分つこと十、そのうちには單に章名を設けたに過ぎないものもあり第九章中に於ける外國語飜譯の如きも調査甚だ不十分であつて、今後の研究の方向なり、スケールを示しただけのものもあるが、將來それは必ず完成されなければならないし、それらに對しても、今後不斷の努力を怠らない積りである。尙本篇に於いては、事苟も影響と見らるゝ程のものは、盡くこれを網羅する方針をとつて收載した。

第八篇は、批評及び研究を歷史的分類的に見ようとしたもので、第七篇と共に規模の最も大きいものである。先づその第一章に於いて、西鶴在世當時より、彼が如何に批判され思惟されて來たかを、原資料の提示に依つて了解するやうにし、批評の學が成立した明治以後を第二章に按配し、第一節は傳記に關するもの、而して、このうちには、所謂西鶴に對する批判ならざる記述の明治以前に屬するものをも編入した。第二節は文藝に關するもの、第三節は書誌に關するものとし、これと第四篇の複刻、第五篇の註疏、第六篇の口譯を併せて明治以來昭和の今日に至る迄の西鶴研究の全業績、西鶴研究の變遷をも知りうるやう心掛けたのである。たゞ第二章に於て試みた研究業績の分類に就いてゞあるが、一つの論文が、西鶴傳記の研究であるか、西鶴文藝の研究であるかは、これを截然と區別することは、實はさうたやすくは行かない。　分類とは、畢竟便宜的な操作に過ぎないので、自然そこに多少の無理をしながら排列した所もあつた。　尤も一つの論考が二項に亙ると見らるゝものは二箇所に、場合に依つては、三度掲出したものもある。　附篇は便宜に添へたに過ぎない。

本書は、以上の如き機構を以つて成立してゐる。　然しこれらの組立てそのものにも缺陷はあるであらうし、又部局自身のうちに、圓滑な運用を期待出來ない節のあることも承知してゐる。　例へば、組立の上では、本文批評の篇を設けて、本文の明かな誤謬の摘發をするなり、あの數多い句讀點の切り方のうちに、西鶴の慣性に依る俳諧の息吹きが殘されてゐないであらうかの究明を缺いた如き、明治以降の高等專門學校大學に於ける講義題目、卒業論文等の調査を缺いた如き、及び索引を附さなかつた如き、又內容的には、資料に多くの脫漏のあるであらうこと、及び收載資料のすべてに解說と寸評を施すべきであつた如きこれである。然しこの缺點のうち後者は、或程度、不完全ながらその分類に依つて補ふことが出來るかも知れない。が何れにしても、それらに就いては近き將來に於いて、追補發表する機會を持たなければならないと考へてゐる。

最後に、私がなぜこの書を編んだか、その動機を附加的に一言して置かう。西鶴の文學に就いて今こゝで語ることは、甚だその所を得てゐないし、語ることも避ける。たゞ西鶴の作品が『源氏』『平家』や『八犬傳』の如く雄大な文學ではなかつたが、偉大な文學である、特にその文學的態度に於いては、我が古典中たぐひ罕なる作品であつたと言ふだけにとゞめよう。私はこゝに敬服し、驚歎の目を瞠るのである。資料的、基礎的問題に關して敍上の如く考へて來た私と、私が西鶴に對して持つた親愛の情とは、結合して、私をして、語彙や全集の編纂を決意せしめた。そこで、先づ『西鶴語彙』の編纂に努力を傾注した。而もその業は、當然のことではあつたが、學究的定本全集を持たぬことには、折角出來上つても、その語彙は、結局車の片輪を失つて一本立ち出來ぬものになることを悟つた。私は忌忌しい感情を抑へつゝ、語彙編纂を中途にして、高度の校訂本作製に專念することになつたのである。そして、定本全集や語彙の基礎的事業と竝行して、當然書誌も編刊されなければならない、西鶴文法も編まるべきであらう、と考へた。かくして、定本全集・語彙編纂の副次的所産として本書は成つたのであるが、その意は壯であるが、その果は見らるゝ如く期待に甚だ遠いものとなつてしまつた。これは、ひとへに私の不明の致すところである。さもあらばあれ我が國のこの方面に於いて、定本全集も書誌も語彙も、文法も、持つてゐるといふやうな作家が、一人位あつてもよいではないか。私はこの見本を西鶴に於いて打樹てゝ見度いと念じてゐる。而もこれはもはや、一西鶴などといふ小部局の限定的問題ではないことを知らなければならない。

今この筆を擱くに當つて、本書成立に對して寄せられたる各位の芳情に深甚の謝意を捧げねばならない。本書の如きものすら、先學同行の研究なくしては成立たなかつたのである。或は直接に或は間接に、それらの學恩を蒙つたのである。又飛札を以つて垂敎を仰いだことも一再ならずあつた。大阪府立圖書館の山村太郎氏からは、愛藏書寫眞の寄贈を受けた。なほ本書原稿の淨書に林末子氏の援助を乞うたこと、印刷に關して臺灣日日新報社工場長穎川首氏の特別の配慮をいたゞいたことをも特記したい。

この書は、皇紀二千六百年中に完成する筈であつた。然るに未曾有の難局は、文選に荏苒日を費し、校正刷の出はじめたのが原稿手交以來八箇月を經た二月五日であつた。依つて、書誌に收載した文獻も、原則として昭和十五年末まで引きさげることにしたのである。

昭和十六年　天長の佳節

著　者　識

凡例

本書の構成竝ひに內容に就いて、特に注意しなければならぬものは、序文及ひ各篇に、はしがき或は註記を附して置いたから、それらに依つて大體は分ると思ふが、猶補足的に列記して見よう。

一、**第三篇の書名に冠した○●▲印は、○は原本原題、●は改題、▲は改竄を意味する。但し○男色大鑑に對する●古今武士形氣は、**單に●と見るより、一種の▲として取扱つた方がよいかも知れない。

一、**第四篇の年代的排列中に、**例へば二冊以上の叢書を成してゐる場合、その第一冊の刊行された年月の項に記し、完結の日を加へ、自・至として示した。然し岩波文庫本西鶴物の如きは、各冊の年月の項に夫々を位置せしむべきであつたと考へるが、これも一括して置いた。

一、**又本篇の書名記述を**如何なる標準に依るのを至當とするかも迷つたが、結局同一本（紙型）でも、發行所を改め、裝幀を變へた際は、その都度載錄することにした。そして本篇冒頭に註記した如く、120 世間胸算用㉙とあれば、西鶴の本文が複刻された百二十番目のものは『世間胸算用』で、胸算用は二十九回目の複刻であることを知る。又 111 日本永代藏 とあるのは、百十一番に出現したものは『日本永代藏』てあるがこれは完本でなかつたことが分る。

一、第八篇で、例へば、

西鶴年譜　鈴木敏也　西鶴の新研究　天佑社　大正九、二

とある時、發行所のあることに依つて單行本たること知り、『西鶴の新研究』といふ書物のうちに、西鶴年譜が收められてゐることが了解される。又

西鶴の新研究　鈴木敏也　單行本　天佑社　大正九、二

とあれば、たとへ單行本の銘記なくも、發行所のあることに依つて單行本たることを知る。

又

井原西鶴　幸田露伴　國民之友　八三　明治二三、五

とあれば、發行所のないことに依つて新聞か雜誌たることを知つていたゞくやうにした。

一、作品中心の研究で、好色・武家・町人と大別さるゝものは、その類別に從つて作品を竝べたが、それ以外のものは特に類を立てず、『二十不孝』より順次排列した。そして該作品に對する論考を前に、註疏・口譯の類を後にし、＊印を竝べて兩者を區別した。又作品に冠した○●の兩印は、第三篇に於けると同樣、原題・改題を意味する。

以上

西鶴の書誌學的研究　目次

圖版目次

目次

第一篇　著作を主とせる西鶴年譜

著作を主とせる西鶴年譜

俳書に〇印を附せしものは彼の選著と見らるゝもの。他は發句入集書。×印は連句附句の收載されてゐるもの。

年月	西暦	年齢	俳書	演劇・雜著	浮世草紙	備考
寛永 一九	一六四二	一				
正保 一	一六四四	三				
慶安 一	一六四八	七				
承應 一	一六五二	一一				
明暦 一	一六五五	一四				
萬治 一	一六五八	一七				
寛文 一	一六六一	二〇				
六	一六六六	二五	三月 *遠近集			*西村長愛子撰
一一	一六七一	三〇	一月 *落花集			*高瀧以仙撰
一二		三一	*櫻川			*風鈴軒撰

年月	西暦	年齢	俳書	演劇・雑著	浮世草紙	備考
(寛文頃)	—	—	堺　絹			
延寶一	一六七三	三二	六月 ×○生玉萬句			
			十月序 ○哥仙 大坂俳諧師			
三	一六七五	三四	初夏 ×大坂獨吟集			
			八月 ※×糸屑集			*伊勢村重安撰
			※×草枕			*片岡旨恕撰
四	一六七六	三五	十月二十五日(序) ○俳諧師手鑑			
			※藤萬句			*遂舟亭に於ける「藤萬句」に出座、但しその一部のみ傳はる。
五	一六七七	三六	四月十一日 ○俳諧之口傳(自筆)			
			五月 ×○西鶴俳諧大句數			
			十一月 ※俳諧三部抄			*岡西惟中撰
六	一六七八	三七	三月 ×○胴骨(自筆)			

七	一六七九	三八	※×仙臺大矢數	*跋及び歌仙一巻を送る。大淀三千風の撰
			五月 ×大坂檀林三日千句	
			八月 ※×難波風	*片岡旨恕撰
			九月 〆○俳諧物種集	
			※×誹諧珍重集	ト獨長菴石齋撰
			×○虎溪橋	
			※○大硯	*西海を中心とせるもの
			〆○三鐵輪	博多百合・五徳のこと併諧書籍目錄延寶六年の項に見ゆれども傳本なし
			一月 ※×太郎五百韻	*岡西惟中撰
			一月 ※×近來俳諧風躰抄	*岡西惟中撰
			二月 ×○俳諧四吟六日飛脚	

年月	西暦	年齢	俳書	演劇・雑著	浮世草紙	備考
延寶八	一六八〇	三九	×○三月 西鶴五百韻			
			*×五月 両吟一日千句			*青木友雪撰
			*七月 河内國名所鑑			*三田淨久撰
			*八月 尾陽鳴海俳諧喚續集（稿本）			*知足撰に判を加ふ
			×八月 句箱			
			*×九月刊（序は霜月）俳諧二葉集			*杉村西治撰
			×○十月 飛梅千句			
			*×十一月 花みち			*富永辰壽撰
			*×十二月 わたし船			*片岡旨恕撰
						俳諧書籍目録延寶七年の項に杉やきのこと見ゆれとも傳本なし
			*×三月 太夫櫻			*和氣遠舟撰

天和一	一六八一	四〇	五月 *白根草		*友琴撰
			八月 *阿蘭陀丸二番船		*木原宗圓撰
			九月 *×雲くらひ		*中村西國撰
			江戸 大坂 *×通し馬		*澤井梅朔撰
			十一月 *×熱田宮雀	難波の貝は伊勢の白粉	*兼頼撰
			*×三つかしら		*紅葉庵賀子撰
			四月 ×○大矢數		
二	一六八二	四一	正月 ○難波色紙百人一句		
			正月 *犬の尾		*松花軒蛇鱗撰
			一月 俳諧關相撲		*歌仙に判を與ふ
			四月 *俳諧三ヶ津		*紙介如扶撰
			四月 *高名集		*梅林軒風興撰
			五月 *家土産		*中堀幾音撰

年月	西暦	年齢	俳書	演劇・雑著	浮世草紙	備考
			五月 *松島眺望集		十月 好色一代男	*大淀三千風撰
三	一六八三	四二	三月二十七日 ×○精進膾			
貞享一	一六八四	四三	六月五日 *二萬三千五百句 八月 *×俳諧引導集 十月 ○女歌仙		三月 江戸版好色一代男 四月 諸艶大鑑	*この獨吟傳存せず *中村西國撰
二	一六八五	四四	一月 *稲莚	正月 暦 凱陣八島 八月 小竹集	正月 諸國咄 二月 椀久一世の物語	*鈴木清風撰
三	一六八六	四五			正月 *近代艶隠者	*西鷺著西鶴自筆自畫及び序

			三月 *庵櫻	二月 好色五人女 六月 好色一代女 十一月 本朝二十不孝	*水田西吟撰
四	一六八七	四六		正月 男色大鑑 三月 懐硯 四月 武道傳來記	
（貞享年間）				椀久二世の物語	
元祿一	一六八八	四七		正月 日本永代藏 二月 武家義理物語 *好色盛衰記 六月 色里三所世帯 十一月 新可笑記	*刊年貞享五年とあり、月を詳にせず

年月	西暦	年齢	俳書	演劇・雑著	浮世草紙	備考
元禄二	一六八九	四八	十一月十一日 ○談林作法書（仮題自筆）		正月 一目玉鉾 正月 本朝櫻陰比事 三月 *新吉原常々草	*註を加へし世之助は、西鶴の匿名なりと言はる
三	一六九〇	四九	*×日本行脚文集 五月 *×大悟物狂 八月 *誹諧生駒堂 十月 *秋津島 十月 *物見車			*大淀三千風撰 *上島鬼貫撰 *月津燈外撰 *北條團水撰 *加賀田可休撰 その歌仙に點及び判詞を與ふ
四	一六九一	五〇	正月 *×團袋 正月 *×渡し舟			*北條團水撰 *島順水撰

五	一六九二	五一	正月 ※難波曲	*高木月問撰
			三月 ※百人一句	*流水堂江水撰
			五月 ※×誹諧四國猿	*琴枝亭律友撰
			六月 ※×我が庵	*室賀轍士撰
			中秋 ○石車	
			八月 ※×蓮の實	*齋藤賀子撰
			十一月 ※×河内羽二重	*麻野幸賢撰
			十二月二十八日 ※歌水艶山兩吟歌仙（稿本）	*歌仙に點を加ふ
			獨吟自畫自註百韻	*元祿三四年頃の作
			正月 ※難波土産	*靜竹窓菊子撰　西鶴點前句附
			※すがた哉	*和氣遠舟撰
			正月 ※移徒抄	*御風堂春色撰　句及び跋を送る
六			正月 世間胸算用	

年月	西暦	年齢	俳書	演劇・雑著	浮世草紙	備考
元禄六	一六九三	五二	*春の物		正月 浮世榮花一代男に序	*鷺水撰團水序
			*×彌生 八重一重			*朏齋遠舟撰
			*二月 如月			*季範撰
			*八月 釿始			*片山助叟撰
			九月 誹林一字幽蘭集			*水間沾徳撰
			*十月 浦島集			*楊々子撰
七	一六九四	歿後一年	*二月 浪花置火燵		冬 置土産	*休計撰
			*五月 不知翁			*和氣遠舟撰
			*一月 句兄弟			*其角撰

		二月 ※奈良土産	※※二月 彼岸櫻	＊田宮禎序
			三月 西鶴織留	＊＊置土産の改題
		六月 ※蘆分船		＊不角撰
		※×六月(序) 能野鳥		＊南水安之撰
八	一六九五 歿後二年	梅見月 ※花かつみ	正月 俗徒然	＊日野文車撰
		五月 ※備後砂		＊安江草也撰
		九月 俳諧寄垣諸抄大成		＊鷺水撰、西鶴點の前句附
九	一六九六 歿後三年	正月 ※呉服絹	正月 萬の文反古	＊坂上稻丸撰
			二月 ※好色兵揃	＊色里三所世帶の改題増補
		十二月 ※俳諧反古集		＊珍著堂遊林撰
一〇	一六九七 歿後四年	二月 ※俳諧塗笠		＊梅月堂閑水撰
一一	一六九八 歿後五年		正月 ※朝くれなゐ	＊彼岸櫻の改題

年月	西暦	年齢	俳書	演劇・雑著	浮世草紙	備考
一二	一六九九	歿後六年			四月 名残の友	
一三	一七〇〇	歿後七年	*俳諧名所百物語			*中松撰
一四	一七〇一	歿後八年			正月 *西鶴栄花咄	*好色盛衰記改題本
一五	一七〇二	歿後九年	三月 *花見車			*轍士撰
一六	一七〇三	歿後一〇年		春日野 色香 (松の葉)		
(元禄年間)	—	—	*くやみ草			*北條團水撰
寶永一	一七〇四	歿後一二年	一月 *誹諧染糸			*炭翁撰團水序
			十月(序) *國の花			*支考木因等撰
正徳一	一七一一	歿後一八年				
享保一	一七一六	歿後二三年	*菊の塵			*園女撰
五	一七二〇	歿後二七年			*當世女容氣	*好色五人女改題本

（享保年間）	—	—			*匹身物語	懐硯改題本
元文一	一七三六	歿後四三年				
寛保一	一七四一	歿後四八年				
延享五	一七四八	歿後五五年	二月 *温古集	對園女難（温故集）		*雷風庵虚谷撰
寶暦一	一七五一	歿後五八年	*古今短冊集			*大夢庵毛越撰
寶暦七	一七五七	歿後六四年			*古今武士形氣	*男色大鑑改題本
（寶暦頃）	—	—			*武家形氣	*武家義理物語改題本
明和七	一七七〇	歿後七七年		*繪本舞臺扇		*東鶴撰役者姿繪本入句
安永三	一七七四	歿後八一年	*類題發句集			*夢蝶編
安永七	一七七八	歿後八五年	*新撰猿菟玖波集			*一陽井素外撰

第二篇　西鶴自筆本及び寫本

（イ）自筆本

俳諧之口傳　折本　高さ五寸五分　横二寸四分五厘　三十折　東京　**丸尾俊彥氏藏**

延寶五年四月十一日、自書して豐後日田の俳人西國中村庄兵衞に與へたものである。

胴骨　卷子本　高さ五寸八分　長さ四十四尺五寸　東京　**丸尾俊彥氏藏**

西國・由平・西鶴の三吟三百韻を初卷を西鶴、中卷を西國、末卷を由平が自筆せるもの。延寶六年春の跋。

談林俳諧作法書　卷子本　高さ五寸九分　長さ一丈六尺三寸　大阪　**益田新太郞氏藏**

元祿二年十一月十一日西鶴自書。『俳諧之口傳』に類するもの。原題簽なし。

難波俳人松壽軒西鶴發句　卷子本　高さ九寸八分　横九尺一寸　長野　**藤澤正益氏藏**

原題ではなく、古い箱書に依り假に此の名で呼んだ。俳諧十二箇月で、十二箇月の俳句に詞書を配し、文字甚だ流麗、川紙又絢爛豪華なるもの。

松壽軒西鶴書畫百韻　卷子本　高さ一尺一寸四分五厘　長さ六十四尺餘　和歌山　津田信美氏藏

『松壽軒西鶴獨吟百韻』として三越より複製され、『獨吟自註百韻』とも呼ばれてゐる。標題は、卷子を納めた古箱に依つた。自畫自筆極彩色の華麗なもの、百韻各句に長文の註を施した。西鶴自筆本として最大のもの。元祿三、四年の交に成つたものかと思はれる。

（附記）玆には、西鶴の色紙短册書畫等の類をすべて省略した。然して右五點は、何れも筆者が現實にこれを見、實地に調査したものである。

（ロ）寫　本

尾陽鳴海俳諧喚續集　寫本　横一册　第八高等學校藏

延寶七年、尾張の知足撰の百韻に點を與へたものゝ寫しである。

歌水艷山兩吟歌仙　奈良　わたや文庫藏

元祿十二年歌水艷山兩吟歌仙に點を與へしものゝ寫しである。

第二篇　西鶴原本の書誌的記述

一　浮世草紙

○好色一代男

美濃判　八卷　八册

序　なし

署名　なし

跋　落月菴西吟の跋一丁半　西鶴の述作なる旨をいへり

刊記　天和二壬戌陽月中旬

外題　繪入好色一代男　一

內題　好色一代男

柱題　男

板下　本文　水田西吟

挿畫　西鶴自筆

行數　本文　十一行

句讀點　卷四・。混用、他は。點

章數　挿畫　丁數

卷	章數	挿畫	丁數	備考
一	七	小七	二二丁	挿畫小とあるは一丁片面大、大とあるは通し二丁大のこと
二	七	〃	〃	
三	七	〃	〃	
四	七	〃	〃	
五	七	〃	〃	
六	七	〃	〃	目録丁の年齢四二―四八歳とあるべきを川六―四二歳と錯記してある。
七	七	〃	〃	
八	五	小五	一六丁	外に跋一丁半

奥附

(甲)

天和二壬戌年陽月中旬
大坂思案橋荒砥屋
孫兵衞可心板

初刷

(乙)

天和二壬戌年陽月中旬
大坂安堂寺町五丁目心齋筋南横町
秋田屋市兵衞板行

再刷

（丙）

大坂住　大野木市兵衛板

三刷

西吟の跋を削り、奥附は、本文の最終丁に刷込んである。

表装　巻龍に石畳模様表紙、及び紺表紙。前者は題簽を中央に、後者は左側に貼付す。

異本　江戸版あり、その項を見よ。

解説　世之介を主人公にし、七歳より六十歳まで五十四年間の好色生活を描き、六十歳好色丸に乗じ女護島遠征の途に就かんとするに至つて筆を止む。

▲江戸版 好色一代男　半紙判　八巻　八冊

序　なし

署名　なし

跋　西吟の跋あり

刊記　貞享元年三月

外題　奇数巻　世之介好色一代男一　偶数巻　世之介かうしよく一代男二

（江戸版好色一代男全景）

内題　好色一代男

柱題　男

板下　本文　筆者不明
　　　挿畫　菱河吉兵衞師宣

行數　本文　十三行

句讀點　○・混用

章數　挿畫　丁數

卷	章數	挿畫	丁數	備考
一	七	小七	一七丁	
二	七	〃	一七丁	
三	七	〃	一九丁	
四	七	〃	一八丁	
五	七	〃	一九丁	
六	七	〃	二〇丁	
	七	〃	二一丁	
八	五	小五	一四丁	

奥附

（甲）

貞享元甲子暦二月上旬
大和繪師　菱河吉兵衛師宣
日本橋南貳町目川瀨石町
川崎七郎兵衛板行

（乙）

貞享四丁卯暦九月上旬
大和繪師　菱河吉兵衛師宣
日本橋青物町
大津や四郎兵衛板行

（丙）

正月吉日
大和繪師　菱河吉兵衛師宣
日本橋南諸
萬屋清兵衛板行

表装　薄茶表紙

異本　江戸版の異本とも見らるべきものに『繪本一代男』あり。これに就いては第七篇、影響史的研究、第九章の（へ）繪畫化　の項を見るべし。

○諸艶大鑑　美濃判　八巻　八冊

序　なし

署名　なし

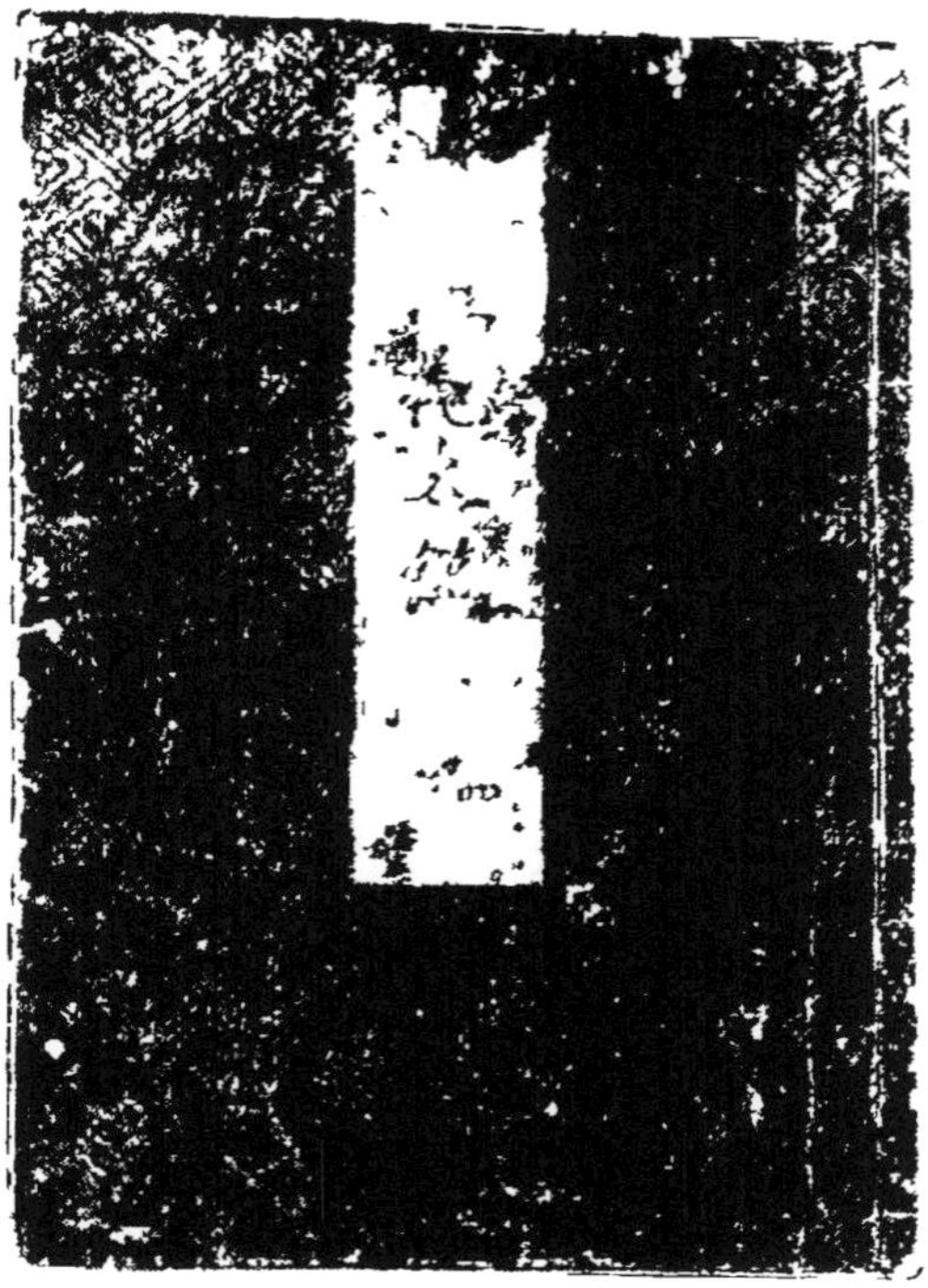

跋　なし

刊記　貞享元年甲子年初夏（奥附）

外題　繪入好色二代男　諸艶大鑑　一

內題　好色二代男　諸艶大鑑

柱題　二代

板下　本文　西鶴自筆
　　　挿畫　西鶴自畫

行數　本文　十二行

句讀點　卷六ノ十六丁の如く・點を使用せし所あるも、他は殆んど。印なり。

章數　挿畫　丁數

卷	章數	挿畫	丁數	備考
一	五	大五	二七丁	二一丁は二一、二二と二丁分に數てゐる
二	五	〃	二六丁	
三	五	〃	二三丁	
四	五	〃	二〇丁	

五	五	〃	一一丁	
六	五	〃	一三丁	一二丁より十四丁に飛び一三丁なし
七	五	〃	一一丁	
八	五	〃	一〇丁	

奥附

（甲）

右全部八册世の慰草を何かなと
尋ねて忍ふ草靡き草皆戀草
是を集め令開板者也
貞享元甲子年初夏
大坂呉服町眞齋橋筋角
書林　池田屋三良右衛門板

（乙）

右全部八册世の慰草を何かなと
尋ねて忍ふ草靡き草皆戀草
是を集め令開板者也
江戸本石町拾間店
貞享元甲子年　参河屋久兵衛板
大坂呉服町眞齋橋筋角
書林　池田屋三良右衛門板

甲が初版、乙が再版と言はれてゐる。

表装　巻龍に石疊模様の行成表紙装のものと、紺表紙のものとあり。前者は題簽を中央に、後者は左側上部に貼付せり。

異本　なし

解説　世之介遺兒世傳が、初夢に、女護島の父世之介の使から色道祕傳の一巻を授けらるといふ發端に、『好色二代男』の題名は生きるが、内容は『諸艶大鑑』といふ本題が示す如く、大臣遊びを主題とした各章獨立の短篇集である。

○西鶴諸國はなし　美濃判　五卷　五冊

序　自序一丁

署名　なし

水谷不倒氏著『西鶴本』に、序文に「難波西鶴」とある由見ゆれど未だ筆者の管見に入らず。尤も最初『大下馬』といひしを、後改題する時署名を削つたものかとも考へられる。

跋　なし

刊記　貞享二年丑正月吉日

外題　繪入　西鶴諸國はなし　一

内題　近年諸國咄　大下馬

柱題　大

板下　本文　西鶴自筆
　　　挿畫　西鶴自畫

行數　本文十行

句讀點　。印を混用

章數 挿畫 丁數

巻	章數	挿畫	丁數	備考
一	七	大四 小三	二二丁	
二	七	大三 小四	二一丁	
三	七	大二 小五	二一丁	
四	七	〃	一七丁	
五	七	大二 小四	一七丁	

奥附

貞享二年丑正月吉日
大坂伏見呉服町眞齋橋筋角
池田屋三良右衛門開板

奥附繪入なり

表装　巻龍に石疊模様表紙、及び紺表紙又は茶表紙。前者の題簽は中央に、後二者は左上部に貼付せり。

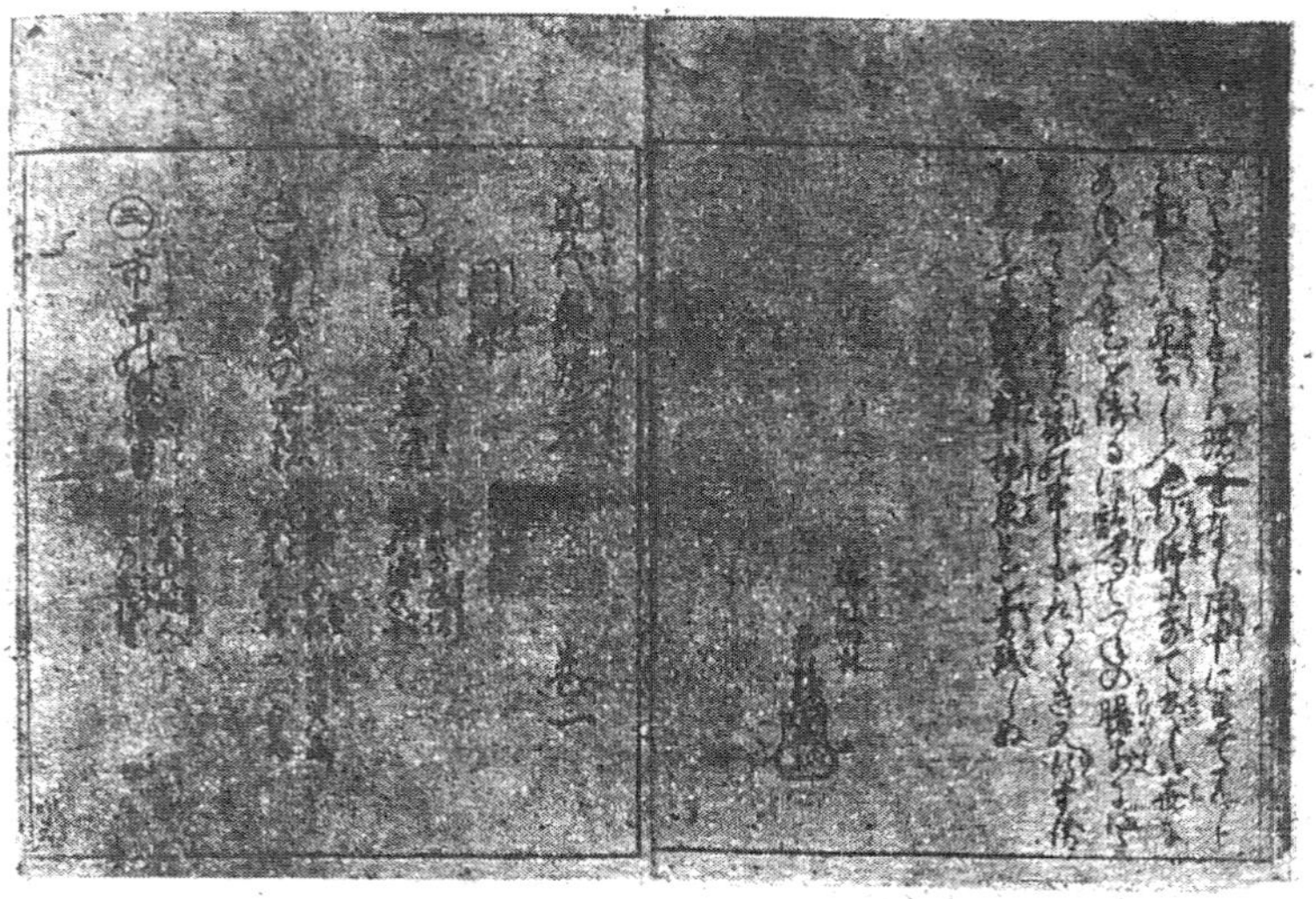

異本　なし。但し内題及び柱題より見て、最初大下馬《近年諸國咄》と稱せられたものが初刷として公刊され、後改題されたるには非ざるやとの疑が存する。

解説　諸國の奇異雜談集

○近代艷隱者　美濃判　五卷　五冊

序　西鶴序　序に、本書は西鷺軒橋泉の書殘せしものなる旨を言へり。

署名　序の署名　難波俳林　西鶴

跋　なし

刊記　貞享三丙寅歳　孟春良辰

外題　扶桑近代艷隱者

內題　近代艷隱者

柱題　近代

板下　本文　西鶴自筆
　　　挿畫　西鶴自畫

行數　本文　十二行

句讀點　卷一は。　卷二、三、五は・　卷四は。・混用

章數　挿畫　丁數

卷	章數	挿畫	丁數	備考
一	五	大三小三	一九丁	
二	五	大三小二	一七丁	
三	五	〃	一九丁	
四	五	〃	一八丁	
五	五	〃	二〇丁	

奥附

貞享三丙寅歳
孟春良辰
攝陽順慶町心齋橋筋角
書肆　河内屋善兵衛刊

一、浮世草紙

表装　紺表紙

異本　なし

解説　本書の作者を西鶴とするものと、非西鶴作即ち西鶴の序中に見ゆる西鷺軒橋泉の作とする二説が早くから行はれた。それは、本文及び插畫の板下が西鶴自筆であり、序又西鶴自ら筆を執つたゆゑであるが、最近俳人西鷺の述作なるべしといふ事が具體的に證據づけられて來てゐる。

○椀久一世の物語　半紙判　上下　二冊

本書もと宮崎三昧所藏たりしかど今その行衛を明かにせず。故に賞奇樓叢書本、浮世草紙刊行會本、新選繪入西鶴全集本等に依つて、原本の姿の知れる所を錄さん。

卷	章數	插畫	備考
上	七	大一　小六	外題　大坂堺筋椀久一世の物語　下繪入
下	六	大二　小四	

（註）『稀書珍籍』第一號に本書を解題して、插畫十二面十六頁としてゐるが、原本上卷二十二丁目落丁で繪半丁文半丁が缺け、同所は第五章「時ならぬ數の子」に當り、各章各插畫一と見らるゝから、插畫十三面とすべきであらう。

奥附

貞享二乙丑歳二月二十一日
北御堂前安土町本屋
書林　庄太郎開板

解説　豪商椀久の數寄なる一生を題材とせるもの。

○好色五人女　美濃判又は半紙判

五巻　五冊

序　なし

署名　なし

跋　なし

刊記　貞享三年龍集丙寅歳仲春上旬日

外題　好色五人女 ゑ入一　角書各巻夫々
ひめぢニすけがさ　てんまニたる　みやこニこよみ　江戸ニあを物　さつまニさらし　とある。

内題　好色五人女に傍題し、姿姫路清十郎物語、情を入し樽屋物かたり、中段に見る暦屋

一、浮世草紙

物語、戀草からけし八百屋物語、戀の山源五兵衛物語　とある。

柱題　五人女

板下　本文　筆者未詳　『武家義理物語』の板下と同一である。

　　挿畫　吉田半兵衛といはる。

行數　本文　十一行

句讀點　卷一、二、五なし。他は。點又は・。混用

章數挿畫丁數

卷	章數	挿畫	丁數	備考
一	五	大四	一八丁	
二	五	大三 小二	二三丁	
三	五	大三 小一	二一丁	
四	五	大四 小二	二〇丁	十一丁目を四ノ又十とし十一十二と進み十四丁目を十三四と二丁分に數ふ
五	五	大二 小三	一八丁	

奥附

（甲）

貞享三龍集丙寅歳仲春上旬日 北御堂前 攝刕書肆　森田庄太郎板

初刷

（乙）

武刕書林　青物町　清兵衛店 貞享三龍集丙寅歳仲春上旬日 北御堂前 攝刕書肆　森田庄太郎板

後刷

表装　巻龍に石疊模様表紙と紺表紙とあり。前者は題簽を中央に、後者は左側に貼付す。

異本　改題本に『當世女容氣』あり。その項を見よ。

解説　お夏清十郎（巻一）、樽屋おせん（巻二）、おさん茂右衛門（巻三）、八百屋お七（巻四）、おまん源五兵衛（巻五）の五篇より成る戀愛中篇小說。

●當世女容氣　美濃判　五巻　五冊

好色五人女と同一板下を用ひし改題本なり。五人女との相違點のみを左に掲ぐ。

外題　新板繪入　當世女容氣　一
內題　當世女容氣
柱題　女

奥附

（甲）

浪華書肆　順慶町壹丁目
抱玉軒田原平兵衞梓

（乙）

貞享三龍集丙寅歳仲春上旬日
攝劦書肆　北御堂前
森田庄大郎板

（乙）は石川巖氏謄寫複製の『當世女容氣』の奥附に依る。此の奥附は『五人女』初刷（甲）のまゝであるが、若しこれが實在するとすれば、最初改題せし時は、或は奥附はそのまゝで行ひ、後（甲）の板元に改まつたのかとも思ふ。

○好色一代女　美濃判　六卷　六册

序　なし
署名　なし
跋　なし
刊記　貞享三丙寅歳
外題　繪入好色一代女
內題　好色一代女
柱題　好色一代女

板下　本文　筆者未詳、『男色大鑑』の板下に酷似せり。
　　　挿畫　吉田半兵衛といふ

行數　本文　十二行

句讀點　○・印混用

章數　挿畫　丁數

巻	章數	挿畫	丁數	備考
一	四	大四	二四丁	
二	四	〃	二〇丁	
三	四	〃	一九丁	第六丁目を又五とす。つまり五丁を二度數へてゐる。但し十二丁を一二、一三として二丁分に數ふ。
四	四	〃	一九丁	
五	四	大二 小二	一六丁	
六	四	大一 小三	二〇丁	

奥附

貞享三丙寅歳　大坂眞齋橋筋呉服町角
林鐘中浣日　書林　岡田三郎右衛門版

表　装

紺表紙装、茶表紙装などあり。

猶特装本といはるゝものに、外題簽の右に方簽を附せしものあり。左に示す。

卷一

姿のかくれ里にたつね入
世ニ有程の女物語
きけば聞程
都は櫻咲ひかし山の事
何國にも女は
あれどこんなものは
千人の中にも
ないといふは捨金貳百兩
島原見た目に
外の紅葉も月も地女も

卷二

梅いき天神のつくり花
此匂ひきかすに一代鶯
口のあき所がないが
鹿も鳴はおもしろし
床のにしきも本もふるし
大黒殿のたはらは
戀のかくし所此寺には
ゑひすの鯛も有
女の筆のはたらくは
かへす〳〵いたづらと
おもひよるゝ

卷三

近年に振袖のこしもと
おかぬは
りんきのやむにはあらず
勝手づく
形はともあれ
物越ひとつでもつた女房
小哥聞て後
只はいなせじ菅笠姿
ひとつは又髮かたち也
よく結なれて此奉公人

卷四

同し女にうまれながら
人のたはふれ聞耳
立るもよしなき世や
絲による戀物ぬい女も
自慢の袖口
明暮むねのもゆるは
ふじといへる茶の間
ちぎりの
中通の女半季に
六十目のかねの別れ

卷五

うちもらされの大臣
わるひはしりなから
折ふしは八坂へ
あがり湯もぬるひ女
かゝる迷惑なれど
あかかゝすせなかに
腹を替て
丸つくしの
扇大かたにせをつかます女
仕切あつて
出舟までのなさけ女

卷六

よへ足はや來て
かへる姿やもめんきる物
又藤の時分にお出
とまらんせ〳〵
是木枕も二つか有か
夜ふけて
付聲の君かねまき
むかしにかへる都の人に
よしなき長ばなし

異本　なし

解説　一代女がその弱き性格の故に、生活に連れて淪落し國主の艶姿より順次惣嫁に迄成り下る樣を描く。

○本朝二十不孝　美濃判　五卷　五册

序　自序一丁　貞享四稔孟陬日

署名　なし　鶴永　松壽の二印を押す

跋　なし

刊記　貞享三暦丙寅霜月吉辰

外題　繪入本朝二十ふ孝二　繪入本朝二十不孝三　卷一、四、五の外題簽未見

内題　本朝二十不孝

柱題　二十不孝

板下　本文　筆者未詳、『武道傳來記』の板下に同じ。

挿畫　吉田半兵衞といはる。

行數　本文　十一行

句讀點　・○混用

章數　挿畫　丁數

卷	章數	挿畫	丁數	備考
一	四	大四	一九丁	外に序一丁
二	四	〃	一九丁	
三	四	〃	一六丁	
四	四	〃	一八丁	
五	四	〃	一七丁	

奥附

貞享三暦
丙寅
霜月吉辰

江戸青物町　萬谷清兵衞
大坂呉服町八丁目　岡田三郎右衞門
同平野町三丁目　千種五兵衞板

表装　紺表紙

異本　改題本に『新因果物語』がある。その項を見よ。

解説　二十の不孝説話を集む。因果的思想が全篇に脈打つてゐる。

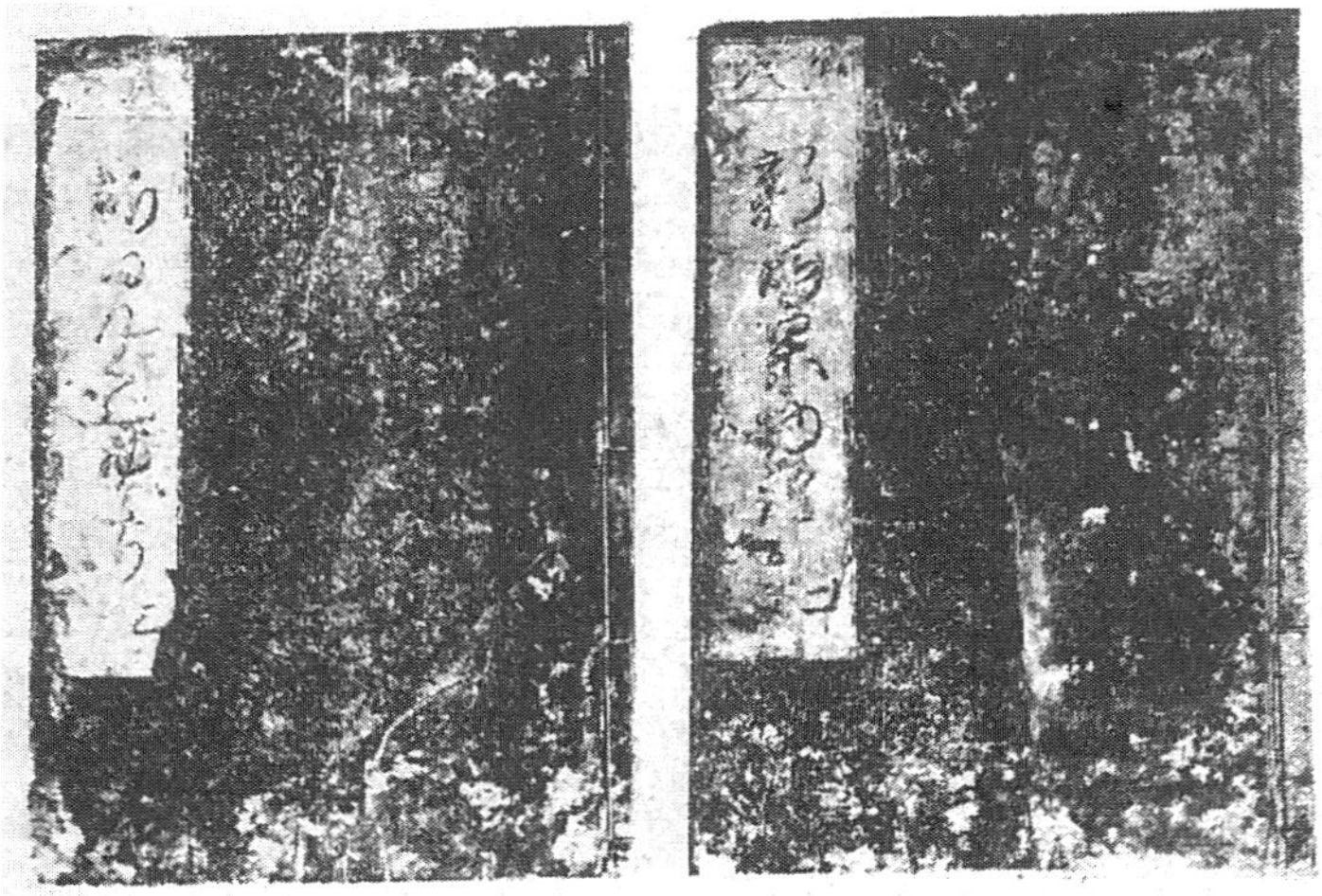

●新因果物語　美濃判　五巻　五冊

本朝二十不孝の改題本なり。原本との相違點を左に記す。

序　巻一を缺く爲め存否不明

外題　繪入 新因果物語 二　繪入 新ゐんくは物かたり 三

内題　目錄丁を削除せる爲め無し。

巻尾　本朝二十不孝二終、本朝二十不孝三終の文字を截斷す。

奥附　巻五を缺く爲め不明

解説　本書巻二、三の二冊現存するを知るのみ。外題簽は本朝二十不孝の原題簽の上に貼付しあり。

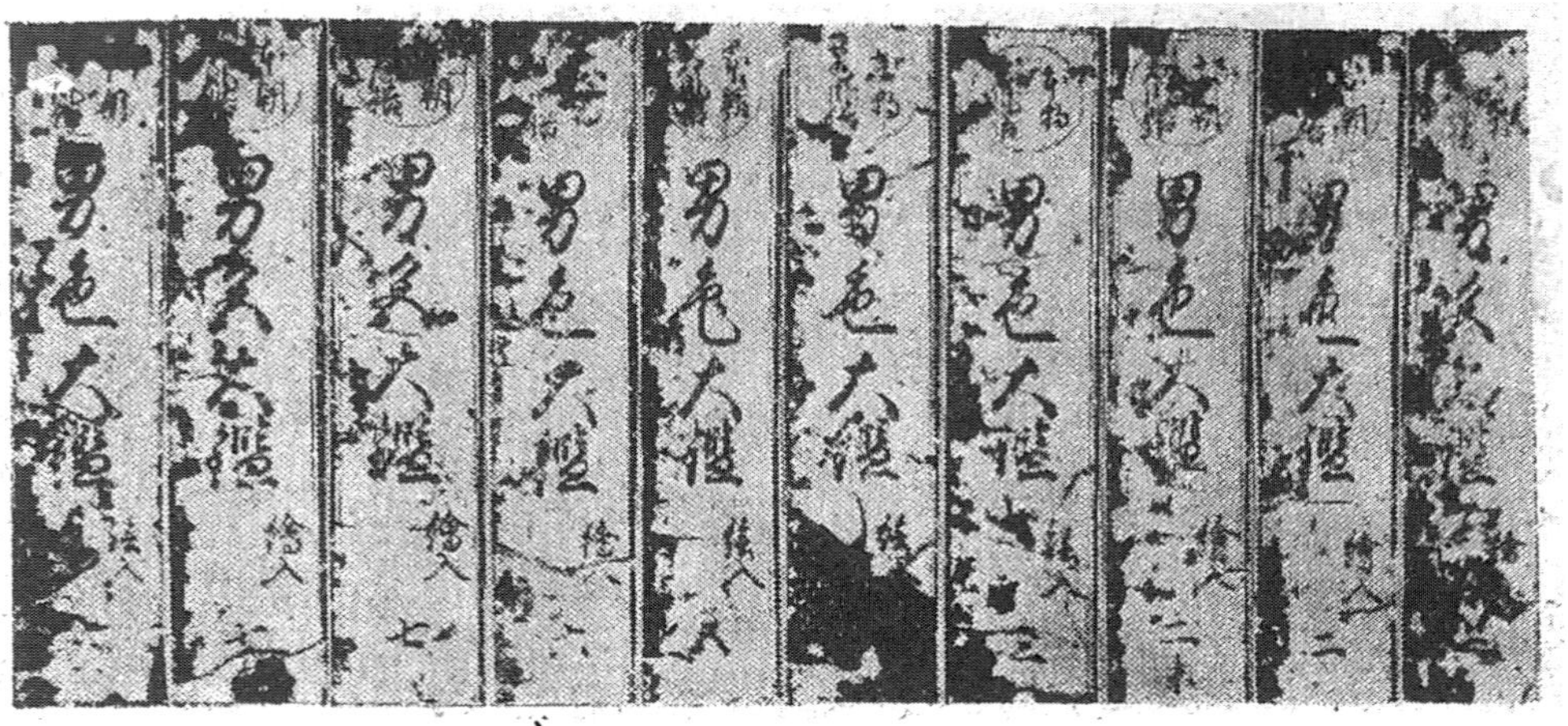

（十冊本の題簽）

目録丁を削り巻尾を示す文字を截断せり。この完本を手にせることある某故老の談に、その本も目録丁無かりしやう記憶すと語りぬ。然らば恐らく序丁をも削りたるなるべし。

○男色大鑑　美濃判　八巻　八冊　又は　八巻　十冊

序　自序一丁

署名　鶴永、松壽の二印を押す

跋　なし

刊記　貞享四丁卯正月吉日

外題　本朝若風俗　男色大鑑　繪入　一

内題　男色大鑑　本朝若風俗　第一巻

柱題　大

板下　本文　筆者不明、『好色一代女』の板下に酷似せり。

挿畫　吉田半兵衛といはる。

行　數　本文　十二行

句讀點　殆んど。印、但し・印を混用せる所あり。

章數　挿畫　丁數

卷	章數	挿圖	丁數	備考
一	五	大一 小四	二七丁	
二	五	大二 小四	三一丁	一六丁柱に下とある
三	五	大二 小三	二四丁	
四	五	〃	二三丁	
五	五	〃	二五丁	
六	五	大一 小四	二二丁	
七	五	大二 小三	二七丁	一三丁柱に下とある
八	五	大四 小一	二四丁	

奥附

（甲）

貞享四丁卯年正月吉日
大坂伏見呉服町淀屋橋筋
書林　深江屋太郎兵衛板
京二条通　山崎屋市兵衛行

（乙）

貞享四丁卯年正月吉日
大坂伏見呉服町淀屋橋筋
書林　深江屋太郎兵衛板
京二条通　山崎屋市兵衛
江戸日本橋青物町
萬屋清兵衛

甲を初版、乙を再版となすか。

表装　紺表紙

異本　1. 十冊本あり。即ち第二巻を十五丁より二分二冊とし、第七巻を十二丁より二分二冊し、都合十冊となせるものなり。寫眞はその題簽を示せり。

2. 古今武士形氣　男色大鑑の改題本なり。その條を見よ。

解説　前半巻四迄は武士、後半は歌舞伎子を中心とした衆道説話集である。單に感能的な男色説話ではなく、義理或は意氣地を中心とした衆道物語である。

● 古今武士形氣

美濃判　五巻　五冊

『男色大鑑』と同一の板木を用ひ、五巻迄を改題したものである。其の相違點を左に錄す。

刊記　刊年は印記されてゐないが、『大阪出版願書控帳』に依つて寳暦七年十二月と判明してゐる。

外題　不明

內題　古《こ》今《こん》武《ぶ》士《し》形《かた》氣《ぎ》　第三卷

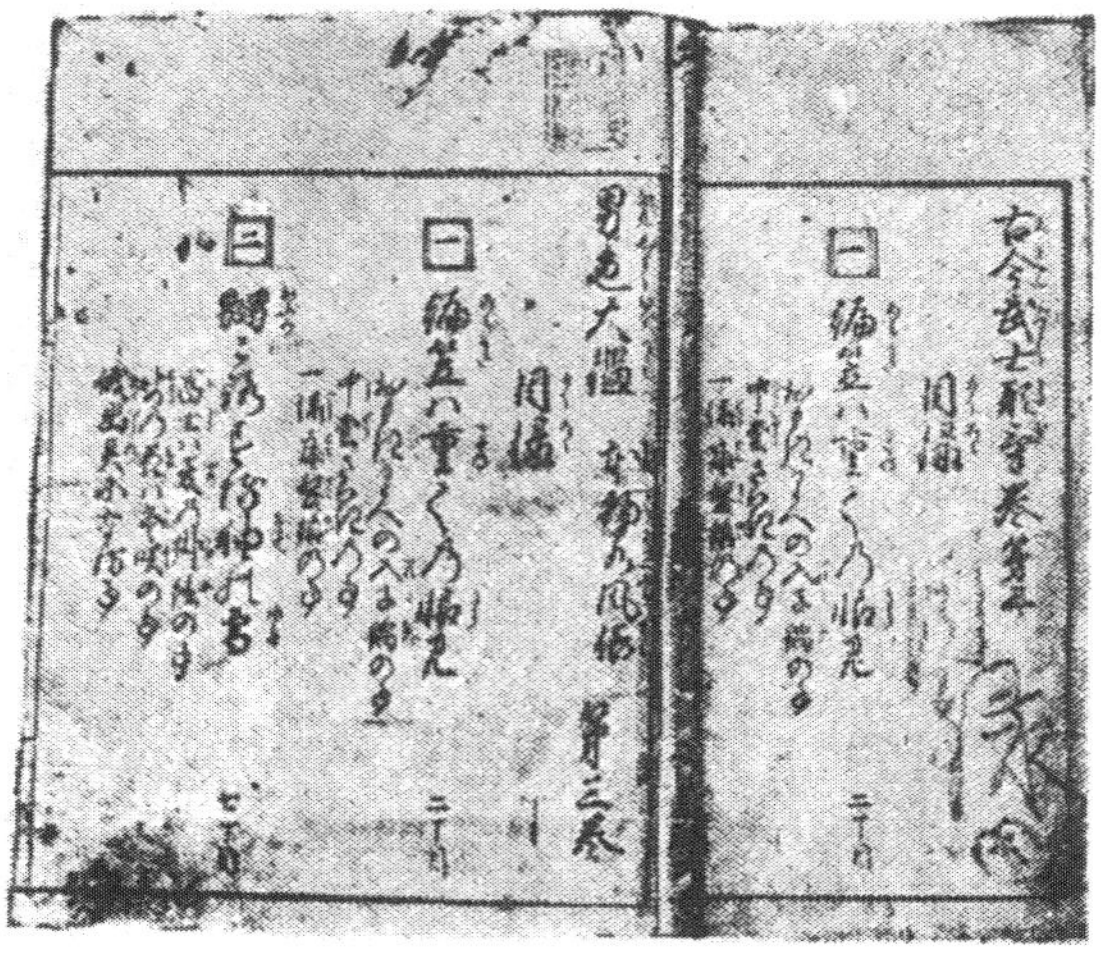

(原本と改題本との比較)

奥附

書肆　定榮堂
大坂　心齋橋南四丁目東側
　吉文字屋市兵衞
　同安土町北へ入ル西側
　同　源十郎
江戸　日本橋南三丁目西側
　同　台郎兵衞

解説

本書の內容は、左に掲げた『古今武士形氣』の目錄と、『男色大鑑』との對照に依つて窺はれるのであるが、筆者は卷三のみを見てゐる。それに依ると、同卷は、內容『男色大鑑』卷三と全く同一であるのに目錄面に第五話を削つてゐる。然もその第五話の標題は、本書卷十目錄丁に見られるのである。從つて他の卷に如何なる移動があるかに就いては、全卷を見てゐないので、今茲に報告する事が出來ない。猶この目錄は伊藤爲之助氏の書留に依つたものである。

古今武士形氣目錄　標題の右肩括弧内の數字は、「男色大鑑」の巻序を示し、これなきものは「男色大鑑」と同巻同位置なることを意味す。

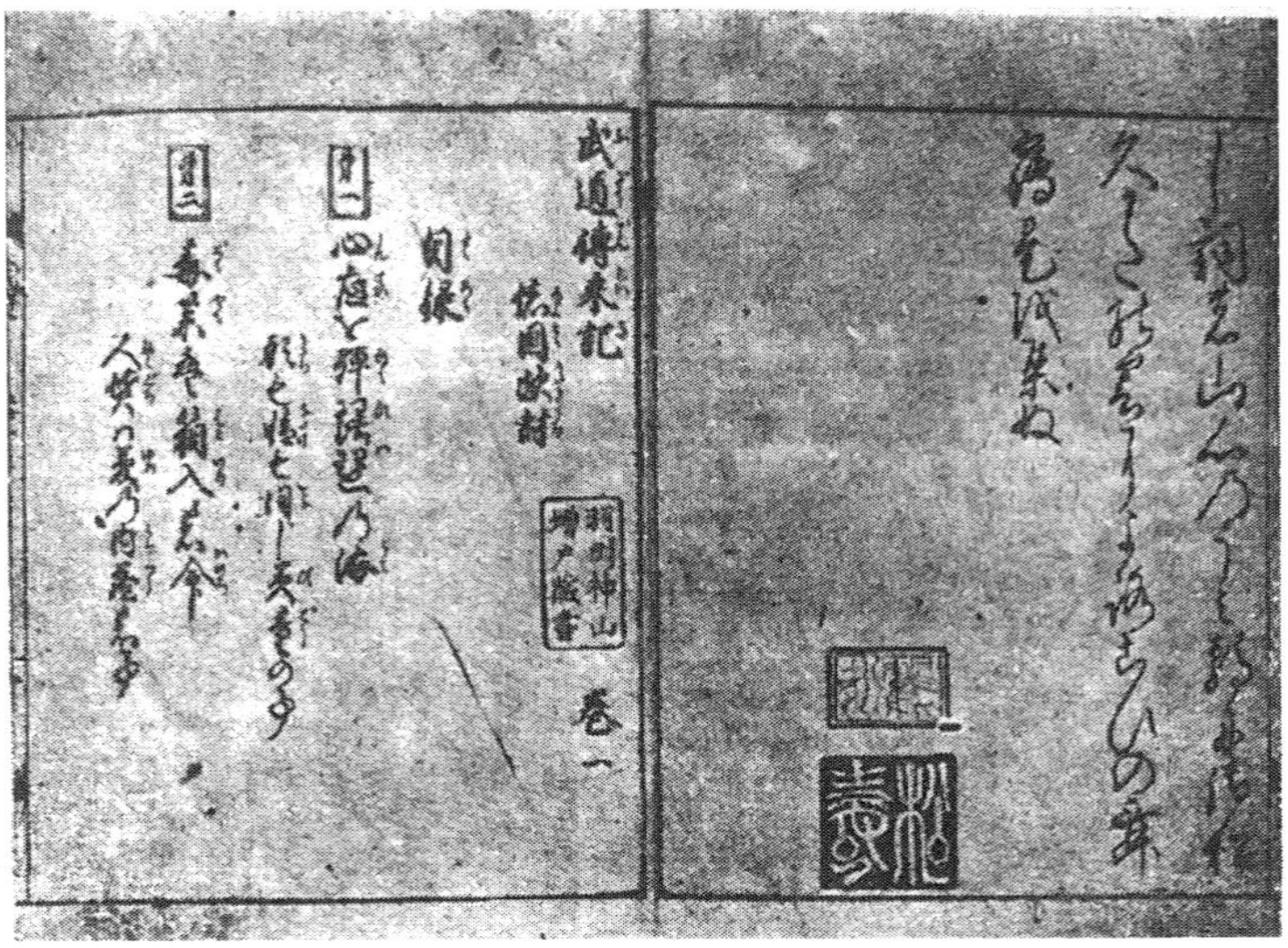

巻一、
- 一（四ノ三）詠つゝけし老木の花の比
- 二（三ノ五）色に見込は山吹の盛り
- 三（二ノ五）雪中の時鳥

巻二、
- 一 形見は二尺三寸
- 二 傘持てぬるゝ身
- 三 夢路の月代
- 四 東の伽羅様

巻三、
- 一 編笠は重ねての恨み
- 二 嬲ころする袖の雪
- 三 中脇指は思ひの燒殘り
- 四 藥はきかぬ房枕

巻四、
- 一 情に沈む鸚鵡鶍
- 二（四ノ五）身替に立名も丸袖
- 三 待兼しは三年目の命
- 四 色噪きは遊び寺の迷惑

巻五、
- 一 涙の種は紙見世
- 二 命乞ハ三津寺の八幡
- 三 思の燒付ハ火打石賣
- 四 江戸から尋て俄坊主
- 五 面影は乘掛の繪馬

○武道傳來記　美濃判　八巻　八冊

序　　自序一丁

署名　鶴永、松壽　の二印を押す

跋　　なし

刊記　貞享四年卯初夏

外題　諸國敵討武道傳來記　繪入一

內題　武道傳來記　諸國敵討

柱題　卷一13 14 16 24各丁武道鑑、その他武道、卷二武道、卷三17 18 19 20武道鑑他は武道、卷四武道鑑、卷五 5 8 武道鑑、他は武道、卷六武道、卷七武道鑑、卷八武道

板下　本文　筆者未詳、『本朝二十不孝』の板下に同じ

　　　挿畫　吉田半兵衞といはる。

行數　本文　十三行

句讀點　○・印混用

章數　挿畫・丁數

卷	章數	挿圖	丁數	備考
一	四	大二 小二	二五丁	外に序一丁
二	四	大三 小一	二一丁	
三	四	大二 小二	二一丁	
四	四	”	二三丁	
五	四	”	二一丁	

一、浮世草紙

六	四	大二 小二	一三丁	
七	四	〃	一〇丁	
八	四	〃	一〇丁	外に奥附半丁

奥附

> 貞享四年卯初夏
> 江戸日本橋青物町　萬屋清兵衛
> 大坂呉服町眞齋橋筋角　岡田三郎右衛門

表装　紺表紙

異本　なし

解説　外題角書に「諸國敵討」とあり。序に「諸國に高名の敵うち」とある如く、諸國の敵討ち説話集である。

○懐硯　美濃判　五巻　五冊

序　自序一丁

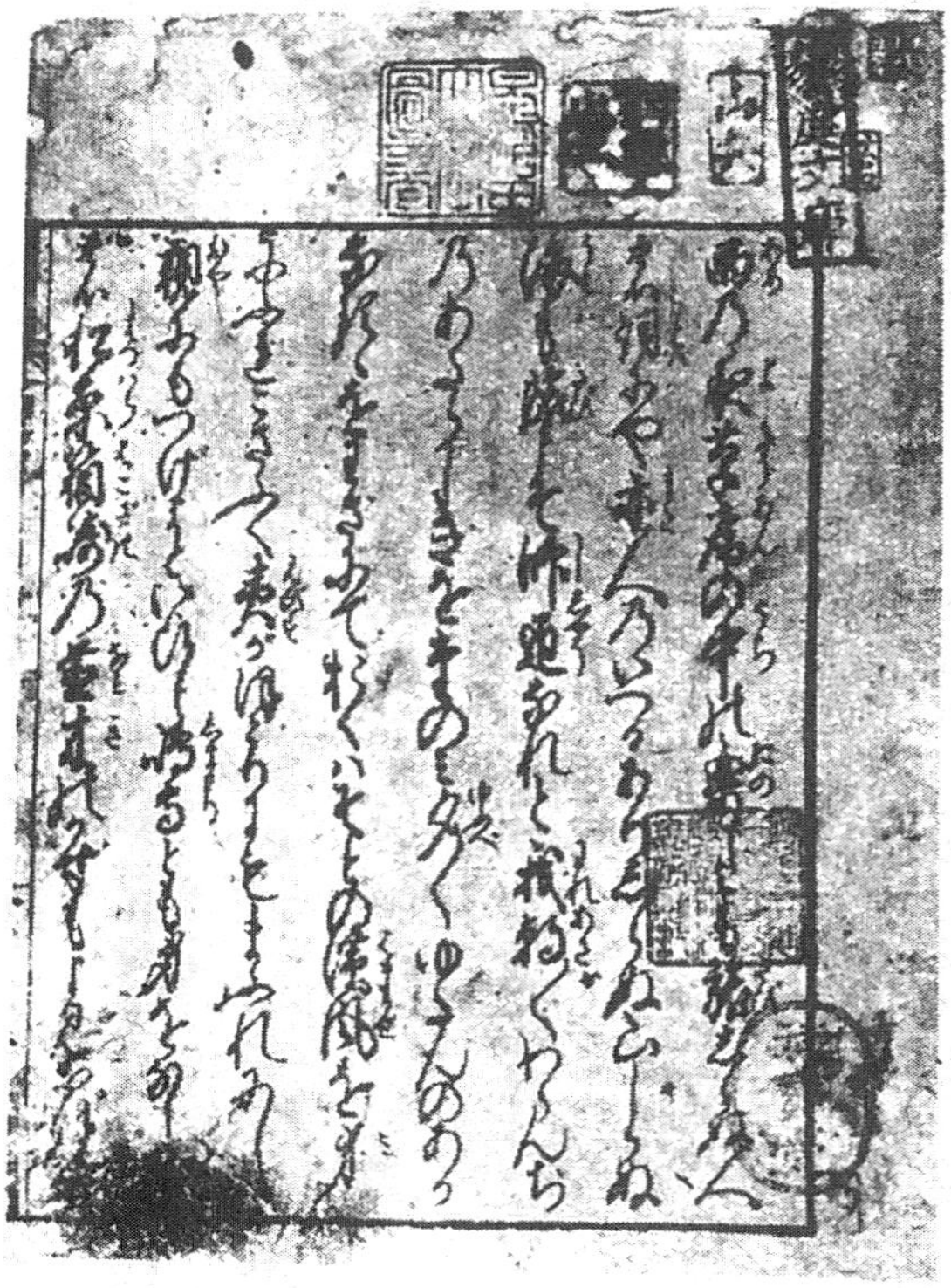

署名　なし

序の終りに貞享四年花見月初旬の次ぎに署名のあつたものを後刷の際削つたのではないかと思ふ。

跋　なし

刊記　奥附なく不明　但し序には　貞享四年花見月初旬　とある。

外題　落剝して不明

内題　懐硯

柱題　宿

板下　本文　筆者不明

挿畫　吉田半兵衞といはる。

行數　本文　十二行

句讀點　○・印混用

章數　挿畫　丁數

卷	章數	插圖	丁數	備考
一	五	大三 小二	二一丁	但し序及び總目録三丁、又第三丁を三四と二丁分に數ふ

一、浮世草紙

二	五	大三 小二	二一丁	第三丁と三四を二丁分に數ふ
三	五	〃	二三丁	〃
四	五	〃	二一丁	〃
五	五	〃	二〇丁	〃

奥附　不明　二本を見たれども共に奥附丁を脱してその刊年月及び書肆を明にせず。

表装　不明

異本　改題本『匹身物語』あり、その項を見よ。猶柱題の『宿』の字を持てる題名のもの或は初刊本ならずやとの疑ひあり。序の丁の終り年月に續くスペースも署名を入るゝに十分なれば、『懐硯』は、柱題『宿』に對しても改題本と思はるゝなり。猶ゝ改竄本ではあるが、『筆の初染』がある。第七編　影響史的研究　第五章の該書に就いて見るべし。

解説　『諸國咄し』の如く奇異雜談集である。

●匹身物語　美濃判　五卷　五冊

懐硯の改題本なり。懐硯との相違點を左に列記すべし。

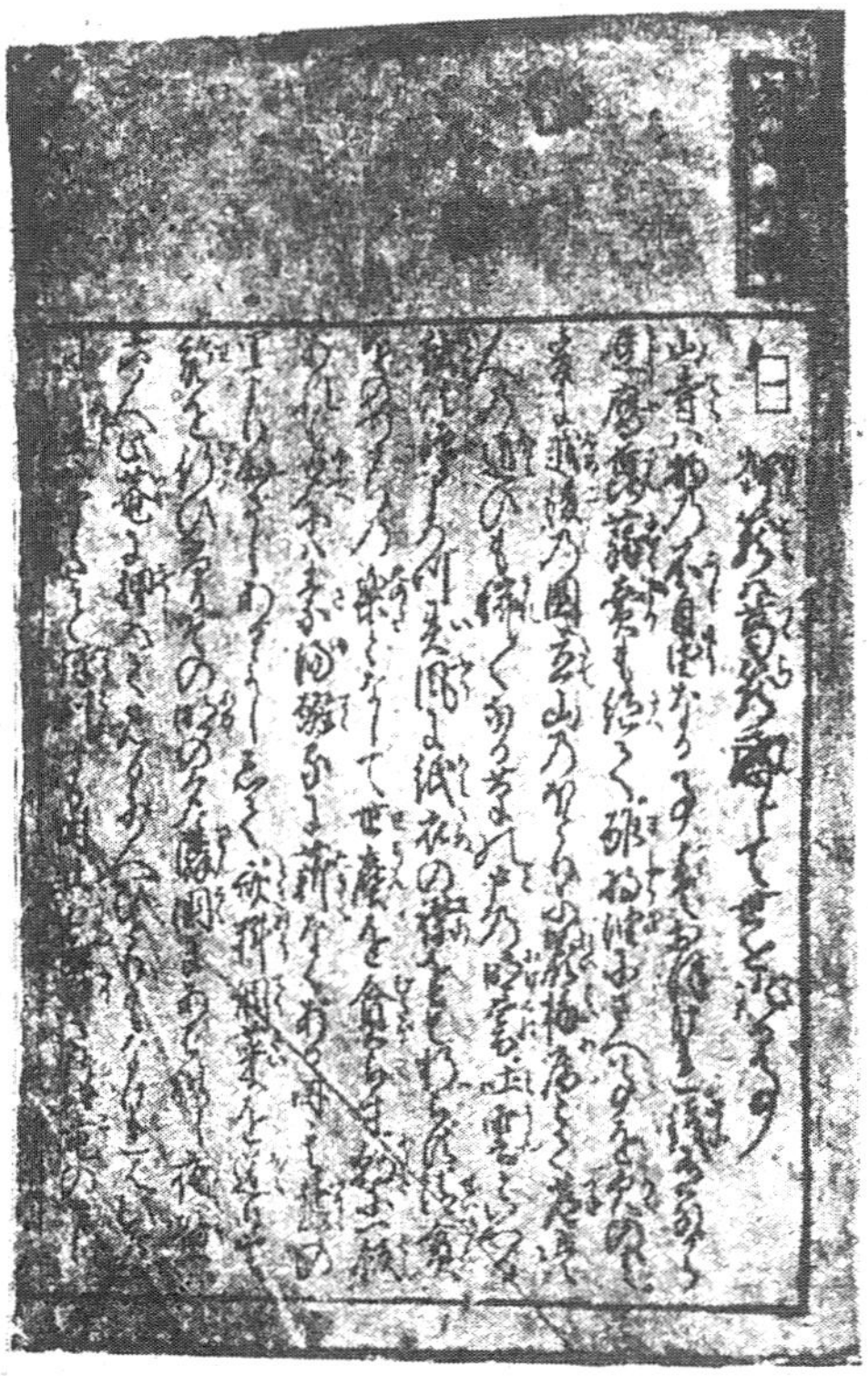

序　現存巻三、四の二冊を知るのみなれば不明也。

外題　原題簽なく不明、『辨疑書目録』にするすみ物語四冊懐硯　とあり、柱題に匹身とある。

柱題　匹身

巻三、四各章標題の改變左の如し

匹身物語

[一] かけられし水もらさじのさられの事
[　] うそまこと漁《いさり》か籠《たつ》の燈《ともしび》かの事
[三] 猫《ねこ》の目ひかるはじり井の下女の事
[二] 枕《まくら》かはし戀《こひ》をかはせの緣《えん》かへし事
[五] さしころさるゝ衣裳《いしやう》繪の針《はり》の事
[一] 押籠《やりこみ》は葛籠《つゞら》感《かん》じて世を語《かた》る事
[三] 竹の子の末かたきとはなる事

懐硯

巻三　水谷《あひせ》は涙《なみに》川
龍灯《りうとう》は夢《ゆめ》のひかり
氣色《けしき》の森《もり》の倒石塔《たうれせきたう》
枕《まくら》は殘《のこ》るあけぼのゝ緣《えん》
誰《たれ》かは住《すみ》し荒《あれ》屋敷

巻四　大盜人入相《あい》の鐘《かね》
憂目を見する竹の世の中

一、浮世草紙

文字《もじ》すわる松江《ずんこう》の鱸《すゞき》　　三　人に物おもはする文字《もし》の鱸《すゝき》の事
人眞似《まね》は猿《さる》の行水《ぎやうずい》　　四　慈悲《じひ》は仇猿《あださる》□にけりの事
見て歸《かへ》る地獄極樂《ぢごくごくらく》　　五　心のこまのとび〳〵法師の事

巻数　『辨疑書目録』には四冊とある。但し本書第四卷には奥附が缺けてゐる。原本五冊なれば改題の本書も恐らく五冊なるべし。

▲筆の初染

第七篇　第五章　該書の項を見るべし。

○日本永代藏　　美濃判　六卷　六冊

序　なし
署名　なし
跋　なし
刊記　貞享五戊辰年正月吉日

外題　日本永代藏一　大福新長者教

内題　日本永代藏　巻一のみは、本文のはじめに　本朝永代藏　とある。

柱題　大福新長者教

板下　本文「本朝二十不孝」の板下に同じ。

挿畫　吉田半兵衛といふ

行數　本文　十三行

句讀點

章數　挿畫　丁數

巻	章數	挿圖	丁數	備考
一	五	大三　小二	一九丁	
二	五	〃	二〇丁	
三	五	大五	一九丁	
四	五	大四　小二	二〇丁	
五	五	大三　小二	三〇丁	
六	五	〃	一八丁	

一、浮世草紙

奥附

（甲）

此跡ヨリ
人ハ一代名ハ末代
甚忍記
全部八册
仁之部
義之部
禮之部
智之部
信之部
板行仕候

京　　二條通麩屋町
書林　金屋長兵衛
江戸　神田新革屋町
西村梅風軒

貞享五戊辰年六月吉日

大坂　北御堂前
書肆　森田庄太郎刊板

（乙）

此跡ヨリ
人ハ一代名ハ末代
甚忍記
全部八册
仁之部
義之部
禮之部
智之部
信之部
板行仕候

京　　二條通麩屋町
書林　金屋長兵衛

貞享五戊辰年正月吉日

大坂　北御堂前
書肆　森田庄太郎刊板

（丙）

貞享五戊辰年正月吉日

大坂　北御堂前
書肆　森田庄太郎刊板

表装　墨表紙、紺表紙、黄表紙等

異本　一巻本日本永代藏、半紙判本日本永代藏、美濃判本異版日本永代藏、改題本大福新長者鑑等あり、その項を見よ。

解説、延寳天和の社會を背景とし、致富蓄財を主題とした說話集。

▲異版

日本永代藏

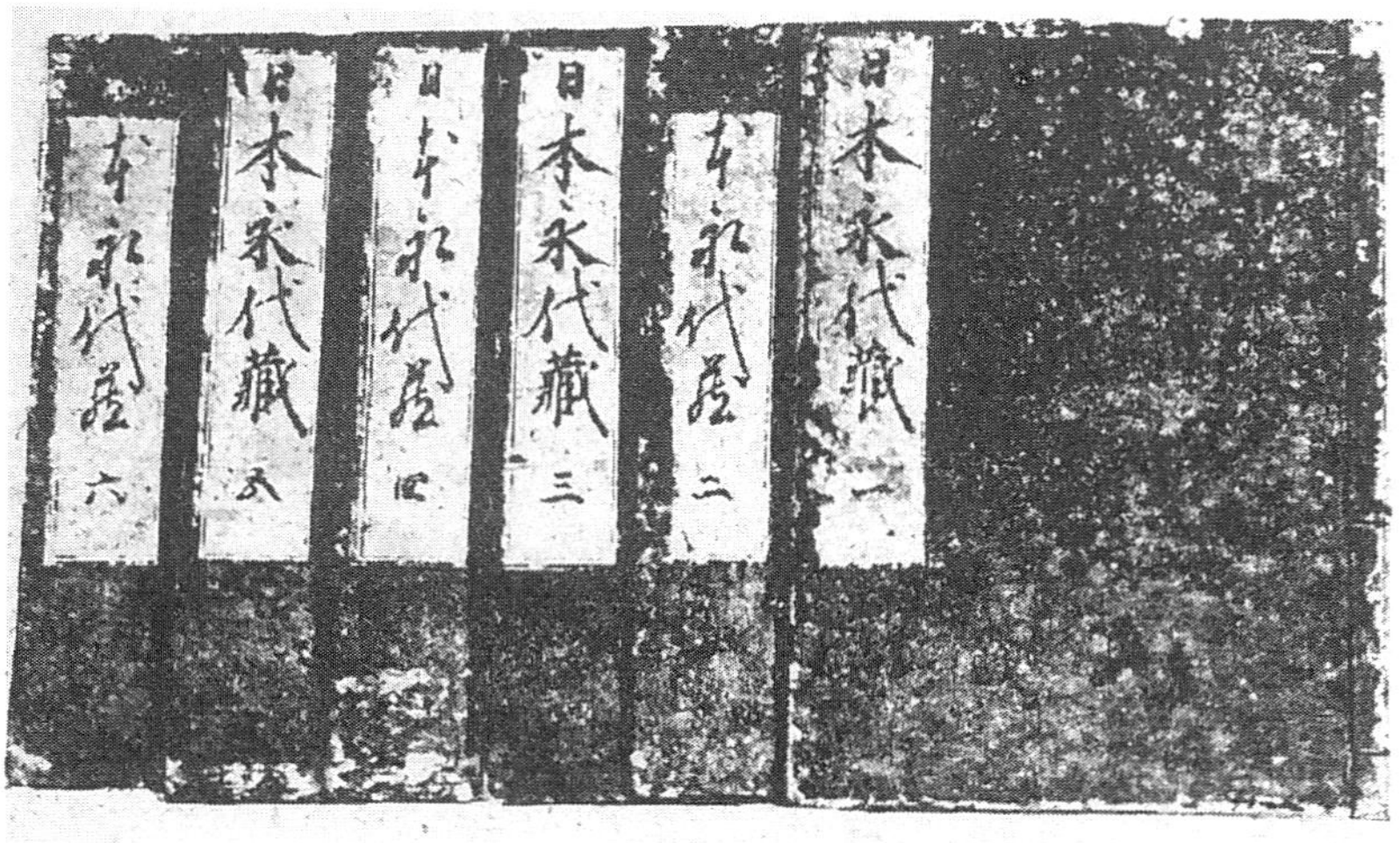

半紙判　六卷　六冊

序　なし

署名　なし

跋　なし

刊記　なし

外題　日本永代藏　上方版と書體を異にす。

内題　日本永代藏《につぽんゑいたいくら》

柱題　卷一江長、卷二大長、卷三西長、卷四東長、卷五近長、卷六京長

板下　本文　上方版の原板と異り板下を全然改めしもの也。

挿畫　原板（吉田半兵衛畫）を用ふ。但し上部を少し截斷せり。

行數　**本文**　**十五行**

句讀點　**・及び。を用ふ**

章數　**挿畫**　**丁數**

卷	章數	挿圖	丁數	備考
一	五	大二 小三	一三丁	外に目錄一丁
二	五	大二 小三	一四丁	〃
三	五	大一 小四	一三丁	〃
四	五	大二 小三	一四丁	〃
五	五	大一 小四	一四丁	〃
六	五	大二 小三	一四丁	〃

奥附

書林　大坂心齋橋筋　柏原屋佐兵衛

表装　紺表紙

巻序　原本との巻序の異同左の如し。序に異本美濃判本の巻序をも併記す。標題略記。

原本	異本半紙判本	異本美濃判本
巻一　初午　二代　浪風　昔は掛算　世は欲の入物	巻一　初午　昔は掛算　仕合　才覺　前じやう	巻一　半紙判本巻六
巻二　世界　怪我　才覺　天狗　舟人	巻二　高野山　身體　世渡り　買置　伊勢海老	巻二　半紙判本巻二
巻三　前じやう　國に移して　世は抜取　高野山　紙子	巻三　廻り遠き　國に移して　心を　舟人　三匁五分	巻三　半紙判本巻一
巻四　祈る　心を	巻四　銀のなる　見立て	巻四　半紙半本巻三

仕合	朝の鹽籠	
茶の十德	茶の十德	
伊勢海老	紙子	
巻五　廻り遠き	巻五　大豆	巻五　判紙判本巻四
世渡り	世は欲の入物	
大豆	浪風	
朝の鹽籠	天狗	
三匁五分	怪我	
巻六　銀のなる	巻六　世界	巻六　半紙判本巻五
見立て	二代目	
買置	世は拔取	
身體	祈る印	
智惠	智惠	

解　説　所謂江戸版と稱せられてゐるもの、但し江戸版の證跡は全くない。

▲異版日本永代藏　美濃判　六巻　六冊

一見上方版の日本永代藏の如くである。表紙に原版と同樣の題簽が貼付されてゐる。但し内容は、所謂江戸版と稱せらるゝ半紙判本と同一の板木を以つて美濃判刷とせるもので、纔かに巻序が前項に比較掲載せる如く、巻一は半紙判本巻六を、巻二は巻二、巻三は巻一、巻四は巻三、巻五は巻四、巻六は巻五と組替へてあるに過ぎない。奥附はない。（東洋文庫所藏本に依る）

▲異版 日本永代藏　半紙判　一巻　一冊

半紙判本『日本永代藏』巻六をそのまゝ一冊完本の如く裝うて刊出せるものなり。

題簽　日本永代藏　として巻數を示せる文字なし。

内題　日本永代藏　の下に同樣巻數の文字なし。

奥附

此跡ヨリ
人ハ一代名ハ末代　仁儀禮智信之部　板行仕候
甚忍記　全部八册出來二匁
貞享五歳辰　五月吉日
書林　西澤大兵衛重刊

●大福新長者鑑　美濃判　六巻　二册

上方版日本永代藏六卷をそのまゝ前三後三の上下二冊の合綴本とし、「大福新長者鑑」と改題、せるものなり。從つて各卷の內題目錄もそのまゝ原位地にあり、奧附も同樣貞享五年の原本の儘である。猶本書卷頭に大福新長者鑑序一丁あり、文政甲申(七)初秋識於文會書堂山本倌と署す。大坂文榮堂の上梓とす。

○武家義理物語　美濃判　六卷　六冊

序　自序一丁　貞享五戊辰年棋月吉祥日

署名　なし　鶴永　松壽　の二印を押す

跋　なし

刊記　貞享五戊辰歲二月吉祥日

外題　新板繪入武家義理物語二　新板繪入武家儀理物語四　新板繪入武家義理物かたり六
卷一、三、五、未見不詳

內題　武家義理物語

柱題　武家義理物語

板下　本文『好色五人女』の板下に同じ
　　　挿畫　吉田半兵衛といふ。

行數　本文　十一行

句讀點　○印

章數　挿畫　丁數

卷	章數	插圖	丁數	備考
一	五	大一 小三	二〇丁	外に序一丁
二	四	大二 小二	一八丁	
三	五	〃	一八丁	
四	四	大三 小一	一九丁	
五	五	大二 小二	一九丁	第四丁を四五と二丁分に數ふ
六	四	〃	二〇丁	

奥附

（甲）

京寺町通五條上ル丁　山岡市兵衞
江戸日本橋萬町角　萬屋清兵衞
貞享五戊辰歳
二月吉祥日
大坂心齋橋筋淡路町南江入丁　安井加兵衞梓

初刷

（乙）

京寺町通五條上ル丁　山岡市兵衞
江戸日本橋萬町角　萬屋清兵衞
二月吉祥日
大坂心齋橋筋淡路町南江入丁　安井加兵衞梓

後刷

表装　紺表紙　墨表紙

異本　改題本に『武家氣質』あり、その條を見よ。

解説　武家の義理精神や節義思想を中心とした説話集

●武家氣質　半紙判　六卷　六冊

『武家義理物語』の改題本、原本との相違點のみを記す。

序　自序の終りの年號を削る

外題　新板絵入武家氣質一

內題　武家氣質

柱題　武家

奥附　卷六を缺く零本の爲め不明

表裝　紺表紙

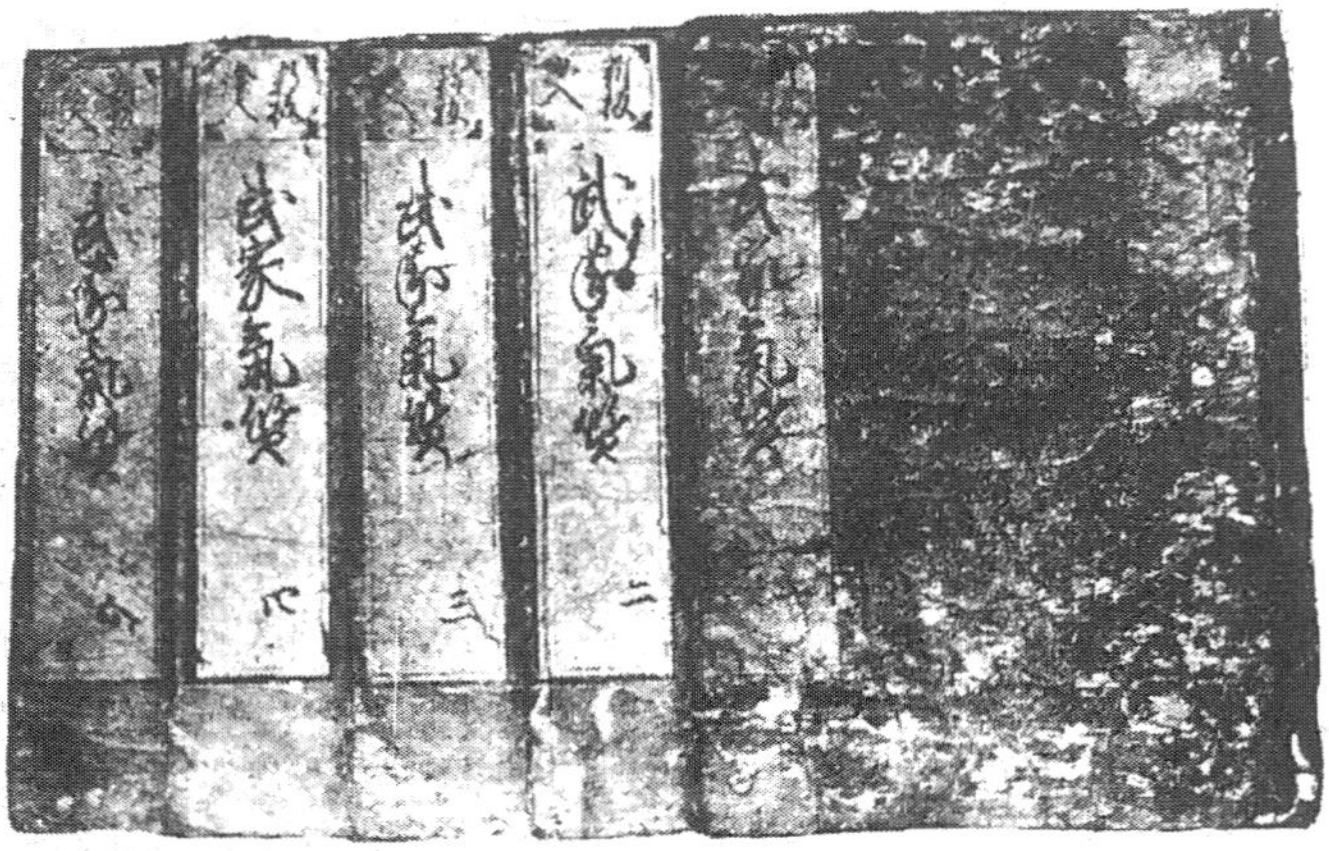

○色里三所世帶　寫本　三冊

本書は、木板本原本の傳存するを聞かず。巷間寫本を以つて傳へられ、國書刊行會の『德川時代文藝資料』本亦寫本を底本として活字複刻をなした。今底本とする所も、紅葉山人所藏の寫本の轉寫本で、原寫は、紅葉自寫のものである。京大坂江戸の三卷三冊ものである。本書に木板原本のあつたであらう事は、此の改題增補本に『好色兵揃』五冊の現存してゐることから充分想像出來る。寫本奥には貞享五歲戊辰六月上旬とあるので、恐らくこれが刊年を意味するのであらう。卷序等に就いては、第七篇　影響史的研究中の改竄の『好色兵揃』の項を見るべし。

解　説　浮世の外右衛門が三都にて色遊びの果て江戸小塚原の草莚に悶死する迄を描く。西鶴作として猶疑義を挾む餘地のあるのは、その內容のやゝ猥雜な點に在る。卽ち『浮世榮華一代男』の如く、當道の實際論であり、祕術の公開ともなつてゐ、餘りに掘り下げたことは、西鶴の文學態度とは異つてゐる如くである。たゞ『好色兵揃』の存在は、矢張何と言つても西鶴作を捨てさせない重要な外部的原因の一つを成す。

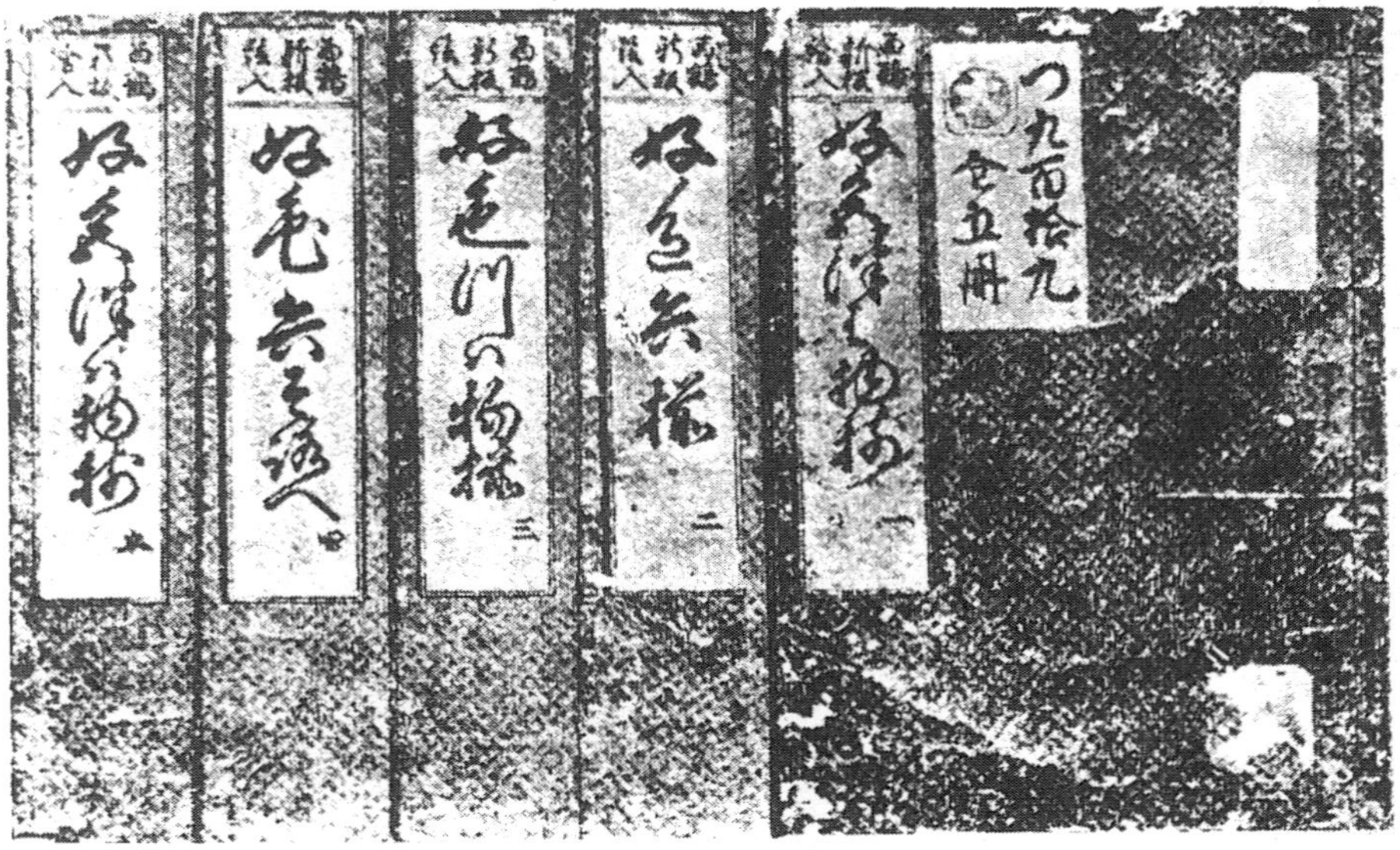

▲好色つは物揃　　半紙判　五卷　五冊

序　なし

署名　なし

跋　なし

刊記　元祿九年二月上旬

外題　西鶴新板絵入　好色津は物揃一　〃　兵　揃二　〃　つは物揃三

〃　〃　兵そ路へ四　〃　津は物揃五

內題　好色兵揃

柱題　色

板下　本文　筆者不明

挿畫　吉田半兵衞といはる。

行數　十一行

句讀點　○・印混用　但し一ノ一、二ノ一、三ノ一、三ノ二、四ノ一の五章句讀點なし。

章數　挿畫　丁數

巻	章數	挿畫	丁數	備考
一	五	大五	一八丁	
二	三	大三	一四丁	
三	五	大三	一七丁	第二、第五に挿畫なし
四	三	大三	一五丁	
五	四	大四	一八丁	

奥附

元祿九年 丙子二月上旬
江戸日本橋　萬屋清兵衞 京二條通　松葉屋平左衞門 大坂上人町　雁金屋庄兵衞

表裝　茶表紙

異本　なし

解說　本書は『色里三所世帶』の異本であり、これに、新に五章を加へ編成替へした改竄本でもある。『三所世帶』と『兵揃』との內容の異同に就いては、第七編　影響史的研究第五章改竄の『好色兵揃』の條を參看すべし。猶本書の解說は、尾崎久彌氏の『江戸文學研究』に依つて成したものである。

○新可笑記　美濃判　五卷　五冊

序　自筆　自序一丁

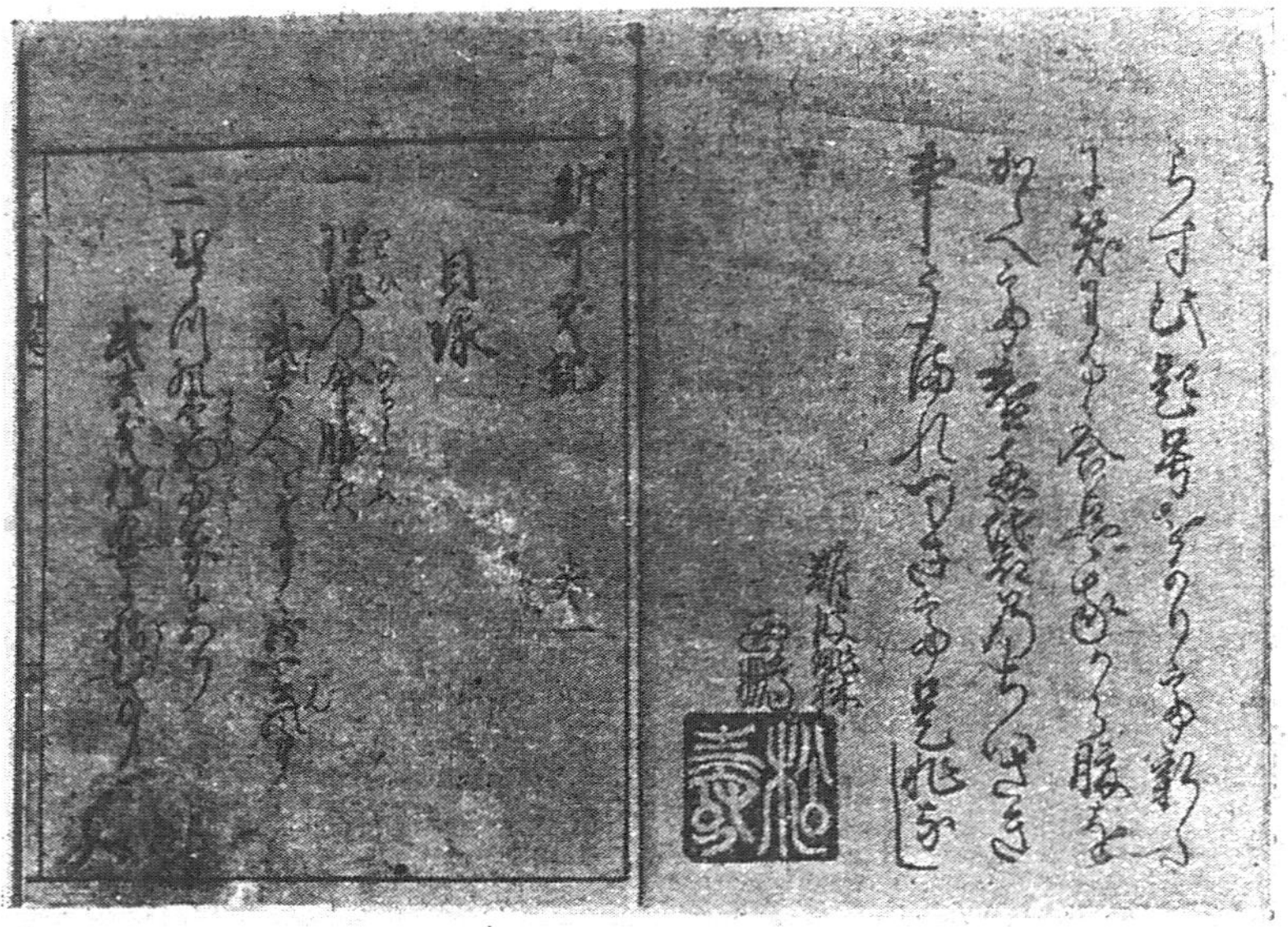

署名　難波俳林西鵬　松壽の白字印を押す

跋　なし

刊記　元祿元戊辰稔十一月吉日

外題　絵入新かせう記一　他は全部　絵入新可笑記二—五

内題　新可笑記

柱題　新笑

板下　本文　『本朝二十不孝』の板下に酷似

　　挿畫　吉田半兵衛畫風

行數　本文　十一行

章數　挿畫　丁數

卷	章數	挿圖	丁數	備考
一	五	大三 小三	三〇丁	丁附二丁を脱す、この外序一あり、第五章目を一とす
二	六	大三 小二	二八丁	丁附二十二丁を二度重ぬ、章の數へ方二よりはじめ五を二度重ぬ
三	五	大二 小三	二四丁	十三ウ十三オの挿畫左右刷違へてゐる。

四　五　大三　小二　二五丁
五　五　大三　小二　二三丁

奥附

元禄元戊辰穐
十一月吉日
江戸日本橋青物町
萬屋清兵衛板
大坂眞齋筋呉服町角
岡田三郎右衞門行

表装　墨表紙
異本　なし
解説　一方に於て所謂武家物を受け繼ぎ、他方裁判小説に至る過渡的作品で、說話も兩樣のものを含み、從つて、これを武家物として取扱ふ人があるが、余は寧ろ探偵裁判小說集と見るのである。

○好色盛衰記　美濃判　五卷　五冊

序　なし

署名　なし

跋　なし

刊記　貞享伍辰年

外題　絵入好色盛衰記　一

内題　好色盛衰記

柱題　盛衰記

板下　本文『好色五人女』の板下に同じ

　　　挿畫　吉田半兵衛畫風

行數　本文　十一行

句讀點　・印

章數　插畫　丁數

巻	章數	挿圖	丁數	備考
一	五	大三 小二	二一丁	外に目録一丁

二	五	大三　小二	二二丁	外に目錄一丁
三	五	大二　小三	二二丁	〃
四	五	〃	二二丁	〃
五	五	大二　小二	二〇丁	〃

奥附

貞享伍辰年

書林　武刕日本橋南壹丁目　平野屋清三郎
　　　攝州大坂折屋町　江戸屋莊右衞門板

表装　澁表紙

異本　改題本に『好色榮花物語』『西鶴榮花咄』あり。就きてその項を見よ。

解說　好色生活を中心とした大臣の榮枯盛衰を主題としたもの、一方に於ては從來見られなかつた金錢への關心が露骨に見えて、町人物との聯關を示し、他方說話形式は『西鶴置土産』の前驅をなしてゐる。

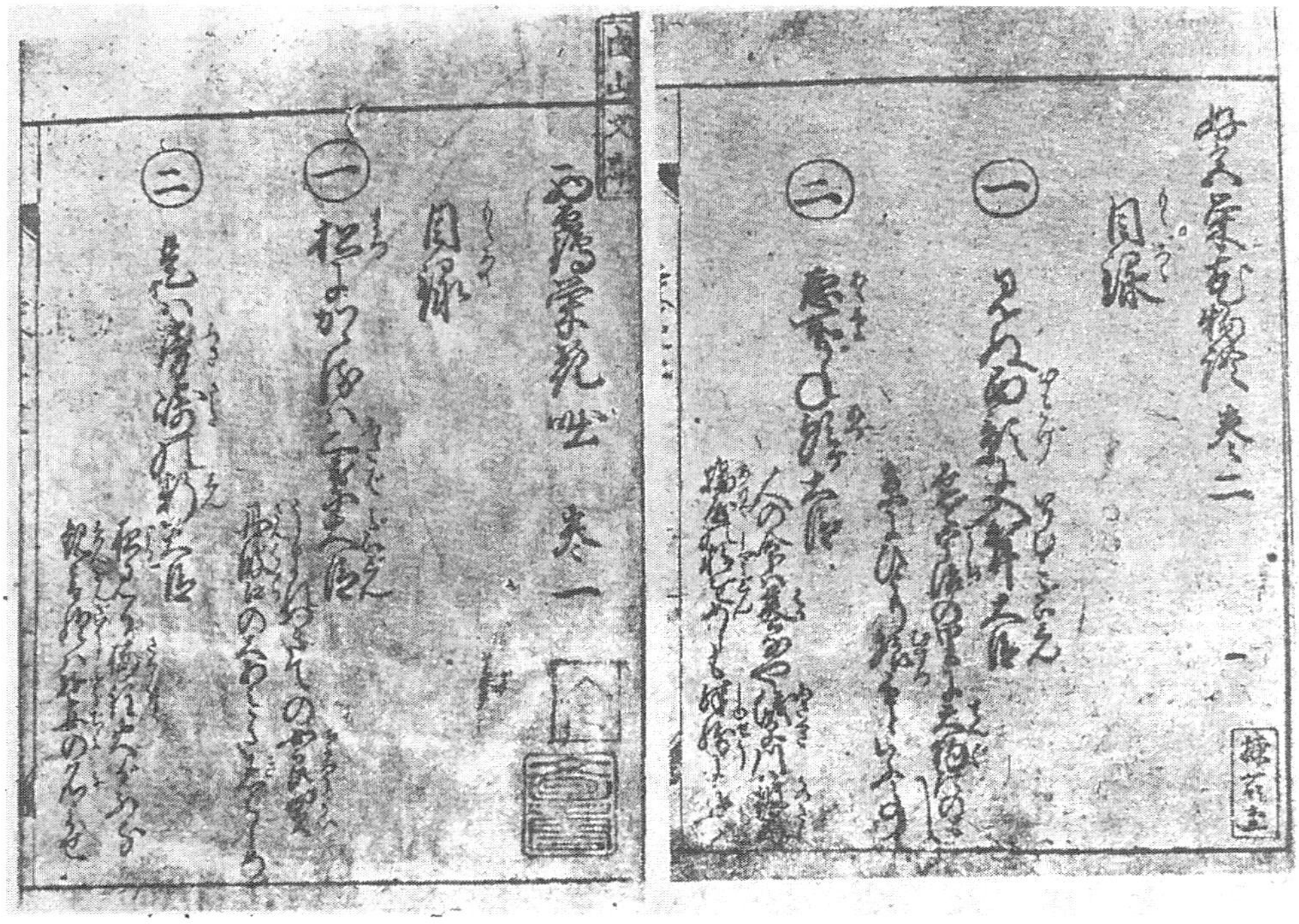

●好色榮花物語　半紙判　巻二（零本）

好色盛衰記の改題本なり。

外題　不明

内題　好色榮花物語

柱題　榮花（西鶴榮花咄に同じ）

奥附　零本の爲め不明

●西鶴榮花咄　半紙判　五巻　五冊

外題　（未見）

内題　西鶴榮花咄

柱題　榮花（好色榮花物語に同じ）

奥附

元禄十四年正月吉日
山口屋權兵衛板

表装　**紺表紙**　見返し、門松に萬才、次丁オ、羽子つき毬つき、同ウラ、寶引縄の圖を加ふ。寶暦頃の圖柄なり。

〕本朝櫻陰比事　美濃判　五卷　五冊

序　なし

署名　なし

跋　なし

刊記　元祿二年己正月吉日

外題　繪入本朝櫻陰比事　卷數を表すに、數字の外、ちゑ小判壹兩ふんへつ小判貳兩、しあん小判三兩、ひ小判四兩、かんにん小判五兩　とせものあり。

内題　本朝櫻陰比事

柱題　櫻陰

板下　本文　西鶴自筆の如し
插畫　吉田半兵衞といはる

行　**數**　本文　十二行

句讀點　○・印混用

章數 挿畫 丁數

卷	章數	挿圖	丁數	備考
一	八	大三 小一	二四丁	
二	九	大三 小二	二四丁	
三	九	大三 小二	二一丁	
四	九	大三 小二	二四丁	
五	九	大二 小二	二〇丁	

奥附

（甲）

元祿二年己正月吉日
江戸日本橋青物町
萬屋清兵衛
大坂高麗橋眞齋橋筋南入
鴈金屋庄左衞門
板行

（乙）

元祿二年己正月吉日
江戸日本橋青物町
萬屋清兵衛
大坂心齋橋筋順慶町
柏原清右衞門

甲を初版、乙を再版と見るへきか。

表装 紺表紙、黄色表紙

異本 なし

一、浮世草紙

解說　探偵裁判說話集

〇一目玉鉾　美濃判　四卷　四册

序　自序一丁半　元祿二年己巳正月吉辰

署名　なし　難波俳林と書し、松壽、鶴の二印を押す

跋　なし

刊記　元祿二年己正月吉日

外題　繪入一目玉鉾一　又は　日本行程一目玉鉾一

內題　なし

柱題　一目玉鉾

板下　本文　西鶴自筆なるべし

　　　挿畫　未詳

行數　本文　十六行

句讀點　なし

章數 插畫 丁數

巻	章數	挿圖	丁數	備考
一	章を分たず	上半本文、下半鳥瞰圖	二五丁	
二	〃	〃	一九丁	
三	〃	〃	二四丁	
四	〃	〃	二〇丁	

奥附

（甲）

元祿二年己正月吉日
大坂高麗橋心齋橋筋南入町
鴈金屋庄左衛門板

（乙）

元祿二年己正月吉日
大坂心齋橋南四丁目
書林 定榮堂 吉文字屋市兵衛藏板

（丙）

享保三戊戌年
五月吉祥日
江戸日本橋南二丁目
小河彦九郎
京寺町松原上ル丁
菊屋七郎兵衛
大坂心齋橋筋順慶町
柏原屋清右衛門

表装

藍色市松模様表紙、紺表紙等あり

異本

今西鶴『筆の初ぞめ』の序文に、「一目玉鉾といへるは昔西鶴廻國の道の記也」とあつて、一目玉鉾の別名の如くも聞え、然らざる如くも聞える。然るに『浮世草紙目錄』には、「一目玉鉾一名西鶴廻國道之記」とある。又『西鶴本』には、「西鶴廻國道之記と改題せるものある由なれど未見」としてゐる。この別名の典據が、若し『筆の初ぞめ』の序文に由來してゐるならば、別名或は改題の問題は猶愼重にその序文を詮議する必要があらう。

解　説　日本鳥瞰圖の上欄に歌枕を配し、一目に見ゆる玉鉾の道しるべとしたもの。

○世間胸算用　美濃判　五卷　五册

序　自序(自筆板下)一丁

署　名　難波西鶴　と署し、松壽印を押す

跋　なし

刊　記　元祿五壬申年初陽吉日

外　題　繪入世間胸算用　大晦ハ一日千金　一

内　題　胸算用　大晦日ハ一日千金

柱題　胸算用

板下　本文　筆者未詳

　　　插畫　蒔繪師源三郎筆意といふ

行數　本文　十行

句讀點　なし

章數　插畫　丁數

卷	章數	插圖	丁數	備考
一	四	大二 小二	二二丁	外に序一丁
二	四	〃	二〇丁	
三	四	大三 小一	二〇丁	
四	四	大二 小二	二〇丁	
五	四	大三 小一	二一丁	

奥附

（甲）

元禄五壬申年初陽吉日
京二條通堺町　上村平左衛門
江戸青物町　萬屋清兵衛
大坂梶木町　伊丹屋太郎右衛門
書肆　板行

初版

（乙）

元禄十二己卯年八月吉日
大坂本町壹丁目
書肆　萬屋彦太郎板

再版

表装　紺表紙、茶表紙等あり。

異本　なし

解説　大晦日を背景に庶民階級の苦しい遣り繰りを活寫したもの。

（）西鶴置土産　美濃判　五卷　五冊

序　團水序半丁　自序一丁

署名　難波西鶴　と署し松壽の白字印を押す。

跋　無署名の跋あり、發行者の物する所ならんか。但し青山板には跋を缺く。

刊記　元禄六癸酉載冬月吉日

外題　繪入西鶴置土產一　繪入西鶴をきみやけ二　繪入西鶴遠記見家計三　繪入西鶴御紀美家計四　繪入西鶴をきみやけ五

內題　卷一、二、西くはくをきみやげ、卷三、西具はく遠記見家計、卷四、五、西くはく置土產

柱題　置土產

板下　本文　三卷より四卷一章迄西鶴自筆なりといふ註記あり。

插畫　蒔繪師源三郎といはる。

行數　卷三及び卷四第一章十二行、他は十一行

句讀點　卷一に所々に・印があり、卷三は・。を混用、他は。印

章數　插畫　丁數

巻	章數	挿圖	丁數	備考
一	三	大二 小一 外に巻頭に肖像	二四丁	外に巻頭序目録三丁、但し第十丁目を十ノ十五として丁數を追ふ。故に實際の數は五丁を差引し數なり
二	〃	〃	二三丁	第十丁目を十ノ十五として丁數を數ふ
三	〃	〃	二四丁	第十丁目を十ノ二十として丁數を數ふ
四	〃	大二 小一	二三丁	第十丁を十ノ十五とす
五	〃	〃	二二丁	〃

奥附

(甲)

京洛寺町五條上ル町　田中庄兵衛
書林　武江青物町　萬屋清兵衛
浪花堺筋備後町　八尾甚左衛門
元祿六癸酉載冬月吉日
西鶴俗つれづれ　自作追付出來申候

初版

(乙)

京五條通舛屋
青山爲兵衛
板行

再版

表装　澁色表紙、草色表紙

異本　『彼岸櫻』、『朝紅』の二本あり。その項を見よ。又改竄本に『風流門出加增藏』がある。
第七編「影響史的研究」第五章の該書の解説を參看すべし。

序に、『凡萬人のしれる色道のうはもりなれる行末あつめて此外になし』とある如く、大臣が遊里に蕩盡してその後に來る零落の姿を取扱つたもの。淡々として靜寂境に住する彼等大臣を見て、西鶴の諦觀が云々されるに至つた。

●彼岸櫻　半紙判　五卷　五冊

序　書林志村の序半丁、團水序半丁、西鶴自序一丁

署名　序の終り、西鶴とあり

跋　なし

刊記　元祿甲戌(七)衣更着下旬（書林序）

外題　西鶴比が無左久羅一　西鶴ひがんさくら二　西鶴彼岸佐具羅三　西鶴ひかむ佐久羅四　西鶴彼岸櫻五

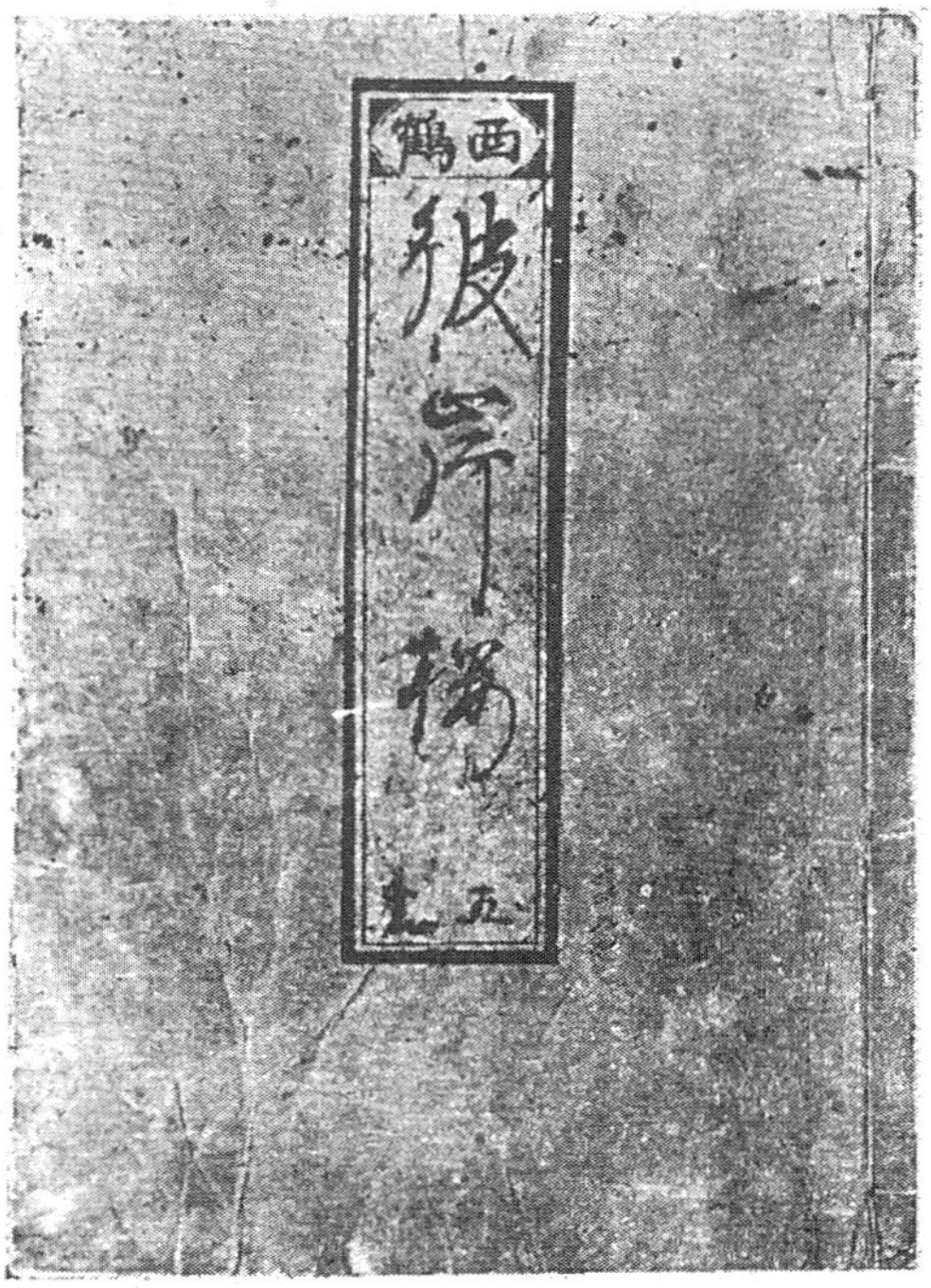

内題　西鶴ひかんさく羅　巻一　西くはく飛かん櫻　巻二　西鶴ひかん佐具維　巻三
　　　西鶴ひかん佐くら　巻四　西くはく彼岸さくら　巻五
柱題　土產
板下　本文・插畫　共に上方版と筆意を異にしてゐるが筆者不明
行數　本文　十五行
句讀點　なし
章數　插畫　丁數

巻	章數	插畫		丁數	備考
一	三	大二小一	外に一丁表に西鶴肖像	一八丁	外に序一丁
二	三	大二小一		一三丁	
三	三	大二小一		一一丁	
四	三	大一小二		一二丁	
五	三	大一小二		一一丁	

奥附　なし　但し、序の終りに　江府之書林志村孫七開板　とある。

表装　薄水色表紙の中央に題簽が貼付されてゐる。

異本　『朝くれなゐ』あり。

●朝くれなゐ　半紙判　五巻　五冊

序　書林志村の序（肖像、辭世、追善句、團水序、西鶴序すべてなし）

署名　なし

跋　書林の跋

刊年　元禄十一戊寅孟春

外題／内題　未調

柱題　なし

板下　本文／插畫　彼岸櫻と同一板木を用ふ。

目録　巻序は原本及び『彼岸櫻』と全く同じであるが、その標題は多少かへてゐる。例へば、巻一ノ二、四十九日の勘忍を、兩月にたらぬ勘忍とし、五ノ一、女郎が野郎が女郎がよいといふとなり、五ノ二、知れぬものは勤女の子の親が勤女の子の親となり、其他テニハを替へた所もある。

奥附

元祿十一戊寅孟春
大傳馬三町目
書林　志村孫七開板

▲風流門出加増藏

第七篇第五章の同書の項を見よ

○西鶴織留　美濃判　六巻　六冊

序　自序一丁　團水の序一丁

署名　難波西鶴　松壽印を押す

跋　なし

刊記　元祿七甲戌年三月吉日

外題　繪入西鶴織留本朝町人かゞみ　一　繪入西鶴おりとめ本朝町人かゞみ　二
繪入西鶴織留世の人心　三　繪入西鶴織留世の人こゝろ　四
繪入西鶴おりとめよの人こゝろ　五　繪入西鶴織留世の人心　六

內題　卷一、二、西鶴織留本朝町人鑑、卷三、五、西鶴織留世農人心、卷四、六、西鶴織留世の人心

柱題　世の人心

板下　本文　筆者不明
插畫　蒔繪師源三郎といはるれども頗る疑はし。

行數　本文　十二行

句讀點　。印

章數　插畫　丁數

卷	章數	挿書	丁數	備考
一	四	大三 小一	二一丁	外に序二丁
二	五	〃	二〇丁	
三	四	大二 小二	一七丁	
四	三	大二 小一	一九丁	後刷四ノ一挿書の水汲女を削除せり
五	三	〃	一八丁	但し第七丁を七九とし八九丁を飛んで十丁に數ふ
六	四	大二 小二	一七丁	

奥附

（甲）

元祿七甲戌年
三月吉日
江戸　萬屋清兵衛
大坂　鴈金屋庄兵衛
京　上村平左衛門板

初版

（乙）

正徳二壬辰年五月吉日
大坂書林　岩國屋徳兵衛
大塚屋權兵衛
油屋與兵衛
開板

再版

表装　紺表紙、茶表紙

異本　なし

解説　卷一、二は『本朝町人鑑』、卷三、四、五、六は『世の人心』と言ふ。もと『日本永代藏』と合せて三部作を意圖したものであるが、完成せずに終つたのである。大體「永代藏』系統の町人の經濟生活を取扱つたものである。

○俗つれ〴〵　美濃判　五卷　五册

序　書林の序　團水の序一

署名　なし

跋　なし

刊記　元祿八乙亥曆孟春吉日

外題　西鶴俗つれ〴〵繪入四

內題　西鶴俗つれ〴〵卷一、卷二　西鶴ぞくつれ〴〵卷三、西鶴俗徒然卷四、卷五

柱題　俗つれ〴〵

板下　本文　『西鶴本』には卷二、四、五及び卷三の一部を西鶴自筆としてゐるが、斷定し難い點もある。

插畫　蒔繪師源三郎といはれてゐるが如何。

行數　本文十二行、但し卷二ノ二及び卷五ノ二は十一行である。

句讀點　卷一、卷三、卷四・印、卷二、卷五。印

章數　插畫　丁數

卷	章數	插畫	丁數	備考
一	四	大五	二三丁	（十丁を十ノ十五とし次ぎに十六丁に進む 故に實際の丁數は五丁を引いた數になる）
二	三	大三	二三丁	〃
三	四	大四	二〇丁	〃
四	四	大二小二	二一丁	〃　第二章の題上に序とある
五	三	大三	二〇丁	〃

奥附

元祿八乙亥暦孟春吉日

書林　京洛寺町五條上ル町　田中庄兵衛

浪花堺筋備後町　八尾甚左衛門

表裝　紺表紙

異本　なし

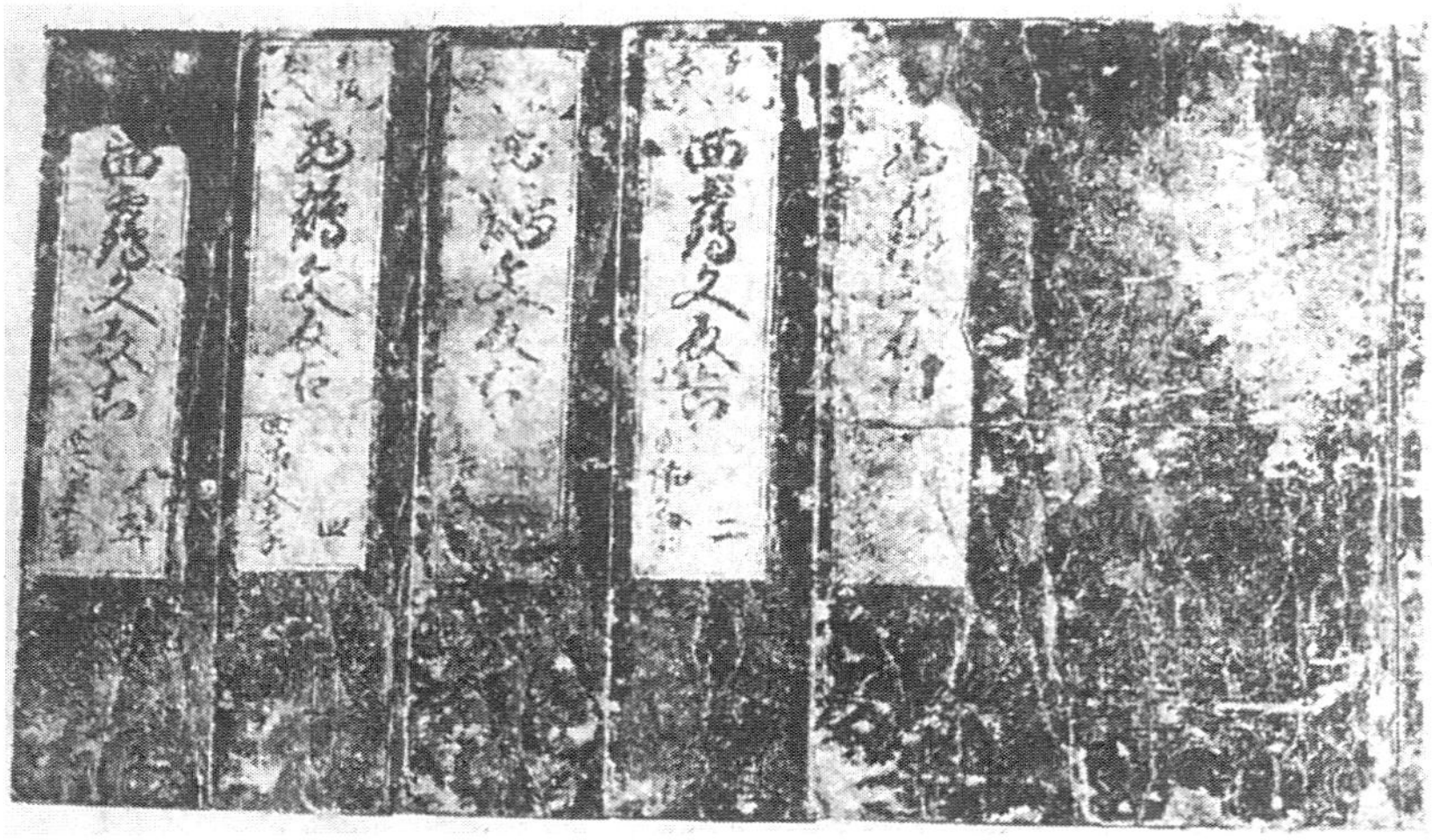

解説　酒に亂るゝ説話が多く、大臣の零落を取扱つたものもあり、内容的に統一はない。團水が遺稿を編輯したもの。

○萬の文反古　大濃判又は半紙判　五卷　五册

序　自序一丁

署名　西鶴　と署し　松壽の白字印を押す

跋　なし

刊記　元祿九年子ノ正月吉日

外題　新板　名入　西鶴文反古　世話文章　一

山口氏所説に、文反古の文字は卷に依りて平假名變體假名にて書きかへてある、といへるは如何

内題　萬の文反古

柱題　卷一、三、四は萬文、卷二は文、卷五は文と萬文を混用

板下　本文　西鶴自筆
　　插畫　蒔繪師源三郎といはる。

行數　本文　十一行

句讀點　卷一ノ一、三、四、卷二、卷五ノ一、三、四句讀點なし、他は。印

章數　插畫　丁數

卷	章數	插畫	丁數	備考
一	四	大二 小一	一八丁	一六丁目單に六とあり
二	三	大二 小一	一七丁	
三	三	〃	一八丁	
四	三	〃	一七丁	
五	四	大一 小三	二〇丁	

奥附

（甲）

元祿九年
子正月吉日
江戸　萬屋清兵衞
大坂　鴈金屋庄兵衞
京　上村平左衞門板

初版

（乙）

正徳二壬辰歳九月吉旦
大坂眞齋橋筋呉服町
他田屋三良右衞門開板

再版

表装　紺表紙、墨表紙、濃緑色表紙（半紙本）、黄表紙（半紙本）等がある。

異本　なし

解説　書簡體に依る短篇小説集。内容は町人物、敵討物、因果物、男色物と雑多であるが遺稿としては稀に見る整頓がある。但し校正の粗漏が目につく。

○新小夜嵐　半紙判　二巻　二冊

序　なし

署名　なし

跋　なし

刊記　正徳五乙未歳（以下不明）

外題　新板繪入新小夜嵐　上（下）

内題　なしカ

柱題　（不明）

板下　本文　筆者不明

插畫　西鶴自筆

行　數　（不明）

句讀點　（不明）

章數　丁數　插畫

卷	章數	插畫	丁數	備考
上	六	大三 小三	（不明）	
下	十二	大三 小九	（不明）	

奥　附　正德五乙未歳（以下缺如して不明）

表　裝　不明

異　本　『椀久二世の物語』が原本で本書はその改題本と推定される。

解　說　『椀久二世の物語』の改題再刷本かといはる。元祿五年の廣益書籍目錄に『わん久二世ものがたり』二冊とあるのはこれであらう。頓死した大臣市太郎が地獄に椀久に會ひ、野郎地獄を見る事が記されてゐる。當時流行した地獄めぐりの趣向を用ひた。

○西鶴名殘の友

美濃判　五卷　五冊

序　團水序　半丁

署名　なし

跋　なし

刊記　元祿十二己卯歲首夏吉辰

外題　繪入西鶴名殘の友　一

內題　西鶴名殘の友

柱題　友

板下　本文　目錄內題下に自筆とあり。

　　　插畫　未詳

行數　本文　十一行

句讀點　○・印混用

章數　插畫、丁數

一、浮世草紙

卷	章數	插畫	丁數	備考
一	四	大一 小二	一六丁	但し五丁目を五九と五丁分に數へ十に進む
二	五	大三	一八丁	但し五丁目を五ノ十と六丁分に數へ十一に進む
三	七（第三說話を一、第七說話を九とす）	大一 小四	一九丁	第九丁を九ノ十三とし十七丁を十三と誤る
四	五	大二 小一	一六丁	但し第五丁を五ノ九とし五丁分に數ふ
五	六	小二	二二丁	第四丁目を四ノ十五と十二丁分に數ふ

奥附

西鶴一生涯のうちあらゆる書をつらね出す
覺書一册あり終焉まて書もらしたる事
おほしかれこれ二册を爭藏と自號して
自筆の物あり近日板行のねかひ菴主に
請もの也
元祿十二己卯歲首夏吉辰　浪花書林開板

表裝　紺表紙

異本　なし

解說　俳人逸話集

二 俳書

生玉萬句 横本 一冊 鶴永撰 寛文十三年六月 大坂阿波座堀 板本安兵衛

寛文十三年六月大阪生玉神社にての萬句興行を毎百韻三句までを集めて上梓したもの。

歌仙 大坂俳諧師 大本 一冊 鶴永撰 延寳元年十月(序)

書畫共西鶴板下なりといふ。然し猶考ふべき點多し。

大坂獨吟集 横本 二冊 宗因判 延寳三年 村上平樂寺

宗因門下九俳士の獨吟百韻十卷を編輯、鶴永の百韻を上卷卷尾に据ふ。

草枕 横本 一冊 片岡旨恕撰 (延寳三年)

西鶴と旨恕の兩吟歌仙、旨恕、西舟、西夕、西鶴の四吟歌仙を收む。

俳諧師手鑑 極大本 一冊 西鶴撰 延寳四年十月二十五日(序)

西鶴自筆の序あり。

西鶴 俳諧大句數　横本　一册(下缺)　西　鶴　撰　延寶五年五月二十五日(序)

大阪生玉本覺寺に於ける獨吟千六百句、うち上卷に千句を收む。

大坂檀林三日千句　横本　一册　青木友雪撰　延寶六年五月　京寺町二條上町　寺田與平治

益翁、益友、友雪、素敬、由平、柴舟、均朋、如昔、本秋、夕烏、西鶴に依る櫻千句及び追加。

難　波　風　横本　二册　片岡旨恕撰　延寶六年八月(序)

旨恕、昌本、貞因、西鶴の四吟百韻を收む。

俳諧物種集　横本　一册　西　鶴　撰　延寶六年九月　大坂南本町一丁目　生野屋六郎兵衛

西鶴の自序は延寶六年霜月朔日としてゐる。附合集なり。

俳諧珍重集　横本　一册　獨長菴石齊撰　延寶六年(序)

西鶴の獨吟百韻一卷を收む。

俳諧 虎　溪　橋　横本　一册　西　鶴　撰カ　(延寶六年)　寺町二條上ル町　井筒屋庄兵衛

西鶴、萍宿、松意の三吟三百韻、及び定俊西鶴の歌仙一卷を收む。

大硯　横本　一冊　西鶴撰カ　寺町二條上ル町 井筒屋庄兵衛

西鶴の序、保友西海、西海任口、西海元順、益翁西海、由平西海、三ヶ西海、如見西海、西海旨恕、西海高政、西海西鶴の兩吟歌仙十卷を收む。

三鐵輪　一冊　西鶴撰　延寶六年

西鶴序、西翁、西鶴、西夕の獨吟百韻三卷

一時軒會合太郎五百韻　横本　一冊　惟中撰　延寶七年一月

梅翁、一時軒、益翁、由平、西鶴、如見、幾音、旨恕、貞因の百韻、一時軒任口の兩吟百韻、一時軒三ケ任口の三吟百韻、西鶴一時軒の兩吟百韻二卷を收む。板下、一時軒惟中の筆

俳諧四吟六日飛脚　一冊　西鶴撰カ　延寶七年二月　京寺町二條上ル町 寺田與平治

西鶴友雪遠舟正察の四吟百韻。無署名の序あれど西鶴のものなるべし。

西鶴五百韻　半紙本　一冊　西鶴撰　延寶七年三月　深江屋太郎兵衛

西鶴、西六、西花、西吟、西友らに依る五吟百韻五卷

兩吟一日千句　横本　一册　青木友雪撰　延寶七年五月　深江屋太郎兵衛

友雪、西鶴兩吟千句及び追加、友雪序、西鶴跋。

句　箱　横本　一册　延寶七年八月　大坂伏見 深江屋太郎兵衛

大和屋甚兵衛(生重)、富永平兵衛(辰壽)、小勘太郎次(重行)ら歌舞伎關係者及び友雪西鶴ら九人に依る歌仙六卷を收む、西鶴の句二十四。

俳諧二葉集　横本　一册　杉村西治撰　延寶七年九月　大坂伏見 深江屋太郎兵衛

付合集『物種集』の姉妹篇、西鶴の句多し。

飛梅千句　横本　一册　西　鶴　撰　延寶七年十月　大坂伏見 深江屋太郎兵衛

序(無署名なれど西鶴)、西鶴、西花、賀子、西伊、仁交、西波、西長、西里、西虎、友雪、満平、一鶴、西雪等に依る千句。

道頓堀 **花みち**　横本　一册　富永平兵衛撰　延寶七年十一月　大坂伏見 深江屋太郎兵衛

發句及び附合集。

わたし船　一冊　旨恕撰　延寶七年十二月
梅翁、旨恕、惟中、江雲、西鶴の百韻二卷。

太夫櫻　一冊　和氣遠舟撰　延寶八年四月　大坂伏見　深江屋太郎兵衛
西鶴の發句及び『藤萬句』の一句を收む。

阿蘭陀丸二番船　横本　二冊　木原宗圓撰　延寶八年八月
西鶴の附句が見えるだけであるが、宗因の獨吟百韻三卷、特に『遊園』に對する返答が入つてゐるので注意さるゝもの。

雲くらひ　横本　一冊　中村西國撰　延寶八年九月　大坂伏見　深江屋太郎兵衛
西國自筆板下、當風拔句と稱するうちに西鶴の句多し。

江戸大坂通し馬　半紙本　二冊　澤井梅朝撰　延寶八年九月　大坂呉服町　深江屋太郎兵衛
下卷に西鶴梅朝の兩吟歌仙一卷、及び卷頭に西鶴の詞書あり。

大坂みつかしら　半紙本　一冊　齋藤賀子撰　延寶九年

賀子西鶴の兩吟百韻、賀子由平の兩吟百韻、賀子遠舟の兩吟百韻、及ひ追加高政賀子の四十四句。

大矢數　横本　五冊　西鶴撰　延寶九年四月　大坂呉服町 深江屋太郎兵衛

延寶八年五月七日生玉本覺寺に於ける四千句興行。

卷一　本文四十丁、大矢數　第十迄

外に鬼翁序　二丁

役人付　三丁

卷二　本文四十丁　大矢數　第二十迄

卷三　本文四十丁　同　第三十迄

卷四　本文四十丁　同　第四十迄

奥附あり（刊記、刊年板元）

西鶴自跋四丁

第五　本文二十六丁半　大矢數第四十一より第百七迄

奥附あり（刊記、刊年及板元）

熱田宮雀　半紙本　二册　兼頼撰　天和元年十一月（序）

西鶴の句八及ひ兼頼と西鶴との歌仙一卷を収む。歌仙に詞書あり。句は延寶五年三月以前の作、歌仙は天和元年十一月頃の作なるへし。

難波色紙百人一句　半紙本　一册　土橋春林序　天和二年一月　大坂伏見 深江屋太郎兵衛

春林の序には、ある闇の夜西鶴の許を訪ねて、今の世の俳諧に就いて談じたとあるが、この本文の畫像及び書が西鶴自畫自筆だとは明記してゐない。然し西鶴の自畫自筆を板下とした事は他の板本及び肉筆ものから斷言出來る。但し『歌仙大坂俳諧師』を、西鶴自畫自筆であるか猶考究すべき點が多いとしたのは、本書との比較に依つて生した疑問があるからである。今二著に於ける同一俳人の畫像を檢するに、

歌仙大坂俳諧師		百人一句
由平	→	由平（六丁オ）
不琢	→	不琢（九丁オ）
久任	→	久任（十三丁ウ）
方女	→	方女（十四丁オ）
貞因	→	貞因（十八丁ウ）
遠舟	→	遠舟（五〇丁ウ）

右は何れも『歌仙大坂俳諧師』を殆んどその儘模倣したもので、一一丁ォの幾音はやゝ似てゐるもの、二三丁ゥの素玄、五一丁ォの西鶴は全然構圖を異にしてゐる。私は二著に於けるこの種構圖の類似模倣に、『歌仙大坂俳諧師』を非西鶴筆との疑ひを深め、その文字も西鶴とはやゝ異る如く思ふのである。

俳諧關相撲　横本　天和二年一月　壽詞堂

西鶴判及び判詞のある歌仙が收められてゐる。

犬の尾　半紙本　一冊　松花軒蛇鱗撰　天和二年一月

巻頭に『皺箱や春しり貌に明まい物』の句を收む。

俳諧三ヶ津　紙谷如扶撰　天和二年四月

未見書なれど、發句入集にして、西鶴畫西吟書を板下とせりといふ點、『一代男』『難波の貌は伊勢の白粉』と共に注意すべし。

高名集　半紙本　一冊　梅林軒風黑撰　天和二年四月　大坂伏見深江屋太郎兵衛

西鶴自筆自畫を板下にせるものなりといふ。但し風黑の序には、彼自らの書畫の如く記しあり、これを西鶴に示したことになつてゐる。この序を信すべきではなからうか。その書畫共に西鶴のものとはやゝ趣を異にしてゐる如く思考される。特に俳句を書せる文字は西鶴とは全く違つてゐる。

精進膾　半紙本　一冊　西鶴撰　天和三年三月二十七日(序)　大坂伏見深江屋太郎兵衛

宗因一周忌に俳諧本式百韻を高津南見庵に興行せしもの。巻頭序及び巻末俳諧本式目は西鶴自筆板下、百韻本文は西吟の板下。百韻は悔翁を巻頭に据ゑて、西鶴、西吟、春林、西長、西戎、西毛、西和、西虎、武仙の九俳士に依つて巻かれた。

俳諧引導集　横本　一冊　中村西國撰　貞享元年八月　大坂伏見 深江屋太郎兵衛

西國自筆板下。『雲喰ひ』の姉妹篇、三句の放れを示した。西鶴の句も多く見えてゐる。

古今俳諧女歌仙　美濃判　一冊　西鶴撰　貞享元年十月　大坂南本町 河内屋市右衛門

西鶴自畫自筆板下。自序あり。

物見車　半紙本　可休撰　元祿三年五月

西鶴點竝に判詞のある歌仙一巻を收む。

大悟物狂　半紙本　一冊　鬼貫撰　元祿三年五月　京 井筒屋庄兵衛

才麿、來山、補天、瓢界、西鶴、万海、舟伴らによる鐵卵追悼の五十韻を收む。

俳諧團袋　半紙本　一冊　團水撰　元祿四年一月　京 井筒屋庄兵衛

西鶴と團水の兩吟連句二卷（共に中途まで）及び『俳諧一言芳談』のうちに西鶴の藝術論とも見らるる偶言說が收められてゐる點注意しなければならない。

俳諧 渡し船　半紙本　一册　島順水撰　元祿四年一月　京寺町 井筒屋庄兵衛

西鶴の句及び西鶴ら連吟の四十四一卷を收む。

俳諧 四國猿　半紙本　一册　琴枝亭律友撰　元祿四年五月　京寺町二條上ル町 井筒屋重勝板

律友西鶴との連句十八句、及び附句を含む。猶「西鵬に逢て」の前書のある吟夕の句「名をもつて鳴門はならぬ霜夜哉」は、西鶴の人と爲りを語るものとして注意さるゝ。

我か庵　半紙本　一册　轍士撰　元祿四年六月（序）　京寺町 井筒屋庄兵衛

西鶴の句及び連句の四十四を收む。

石車　半紙本　四册　松魂軒撰　元祿四年八月　京 村上・大坂 萬屋・江戸 壽善堂

西鶴の匿名。可休の『物見車』に對する反駁書。自筆自畫を板下とせる情熱的快著。

蓮の實　半紙本　一册　齋藤賀子撰　元祿四年八月（序）　京寺町 井筒屋庄兵衛

西鶴の句及ひ賀子西鶴兩吟歌仙一卷、西鶴賀子萬海轍士の四吟歌仙一卷を收む。

河内羽二重　半紙本　一册　麻野幸賢撰　元祿四年十一月（序）　京寺町 井筒屋庄兵衞

幸賢、來山、西鶴の三吟歌仙一卷及ひ句を收む。

難波土產　橫小本　一册　靜竹窓菊子撰　元祿五年一月　江戸 萬屋・京 松葉屋・大坂 雁金屋

前句附集、西鶴點の句に評語を加ふ。

すかた哉　半紙本　一册　朧麿遠舟撰　元祿五年一月（序）　京寺町 井筒屋庄兵衞

西鶴の句を收む。

移徙抄　半紙本　一册　御風山春色撰　元祿五年一月（跋）　大坂高麗橋 雁金屋庄兵衞

西鶴の句及ひ跋文を收む。

八重一重　半紙本　一册　朧麿遠舟撰　元祿五年三月（序）　京寺町 井筒屋庄兵衞

西鶴獨吟の十八句及ひ發句を收む。

熊野烏　半紙本　一册　小中南水・玉置安之撰　元祿七年六月（序）　京寺町 井筒屋庄兵衞

西鶴の句及ひ『獨吟自註百韻』の畫卷で有名な百韻のうち、十八句を揭出せり。

三、演劇關係書

難波の貞は伊勢の白粉　半紙本　三冊　西鶴自畫　西吟自筆板下

道頓堀出枘姿の傍題あり。又卷二序の終りには、「三芝居子共推量物語三卷續」とある。然るに現在卷二一及ひ三の二冊のみの存在しか知られてゐない。然し卷二か嵐三右衞門座、鈴木平左衞門座の若衆方、若女形、卷三は荒木與次兵衞座の若衆方若女形の評判てある所より見て、三芝居は右卷二、卷三の二冊て盡きてゐるから、卷一は卷二、卷三の序或は引となるへき一册であらうかと想像される。この刊記は不明であるか、延寶八年十一月か天和元年正月頃の刊行と思はれる。

卷二、全三十一丁　挿畫、半丁大　一五葉

紙上にのほせられた役者名

○嵐門三郎　若衆方　○上村吉彌　若女形　○上村辰彌　若女形

○松島半七　若衆方　○藤田鶴松　若女形　○嵐今京之助　若衆方

○澤村小傳次　若衆方　○松玉小太夫　若女方　○西川庄太夫　若女形

○岑野小瀑　若衆方　○上村千之助　若衆方　○山本犾之丞　若女形
○西川歌之助　若女形　○岩井重之丞　若衆方　○鈴木源太郎　若衆方

巻三、全二十五丁　挿畫、半丁大　十二葉

紙上に上る役者名

○吉川源八　若衆方　○鈴木平八　若衆方　○岡田佐馬助　若衆方
○小櫻千之助　若女形　○浪江小勘　若女形　○上田才三郎　若衆方
○重山六三郎　若衆方　○竹中半三郎　若衆方　○松井香之介　若衆方
○花村吉三郎　若女形　○山本久米之丞　若衆方　○吉川多門　若女形

（附記）　本書巻三、二十五丁裏汚點のうちに『山本開板』の文字が見えてゐる。恐らく『暦』の板元山本九兵衞と同人の開板と考へられる。

暦

加賀掾正本　半紙本　一冊　貞享二年一月　山本九兵衞

八行四十二丁本。本書に絵入細字本もあるが、板元等不明である。

凱陣八島

加賀掾正本　半紙本　一冊

八行五十六丁本。その他十行三十丁本、十行三十二丁本等がある。猶本書にも絵入細字本があり、宇治加太夫正本、板元は「心齋橋筋安堂寺町」とあり、その板元名は手ずれの爲め判讀し難い。

（附記）『凱陣八島』は近松存名本出現以來、非西鶴作の說か行はれるやうになつてゐるが、筆者は、にも不拘、尙西鶴作說を、解消し難い客觀的情勢に依つて認める者、從つて近松作說を承服するに至つてゐない。

小竹集

加賀掾段物集　小本　一册　貞享二年八月　森田庄太郎開板

西鶴の自序（貞享二年七月十六日）あり。凱陣八島、曆、藍染川、世繼曾我、伊呂波、平安城、三社託宣よりの段物十五曲を收む。全八十四丁、西鶴の編する所なり。

第四篇　複刻刊行史的研究

一　浮世草紙

書名の上の數字は西鶴複刻の年代的順序を示し、書名下の④は該書複刻の回數を現はしてゐる。然して④は完本の複刻でない場合には施してない。卽ち 45. 萬の文反古⑩とあれば、西鶴複刻の四十五番目に現はれてゐる萬の文反古は、文反古として第十回目の複刻である事を知る。

1. 好色二代男　　しからみ草紙　（自明治二二、一〇 至同二三、九）

『しからみ草紙』第壹號　明治二十二年十月二十五日發兌）第四號、第五號、第六號、第七號、第十二號の六回に亙り、その「古曲遺聲」欄に連載、卷二終章「百物語に恨か出る」の半はにして中止となる。原本の平假名を漢字に改めたる所あるも、句讀點も先つ原本に則り、忠實なる活字複刻といへる。唯惜むらくは、複刻に當つて原本の訓を全然施さなかつた。今しはらく複刻の經緯を述べて見よう。

井上外務卿の主唱せる歐化主義、この絕頂は明治十九年てあるか、その性急にして皮相な歐化主義は結局失敗に終り、反動は逆に國粹的に後戻りをし、文藝方面ても古典の複刻事業となつてあらはれ、『日本文學全書』（自明治二十二年 至同二十五年）、『日本歌學全書』（自明治二十三年 至大正七年）、又近世文學ては、近松物を中心とした『武藏屋本』（明治十四五年に複刻を開始し明治二十二三年頃いよ〳〵盛となる）、『文學資料本』（明治二十四年同二十五年）は共に西鶴物にも手を染めるに至るのである。

然し、これらよりもやゝ早く西鶴を複刻したのか、『しからみ草紙』所掲の『好色二代男』で、西鶴の本文を活字複刻して世に送り出した最初の文獻ではないかと思ふ。

鷗外は如何にして西鶴の『二代男』を『しからみ草紙』のうちに掲出するに至つたか。既に西鶴は早く明治十六・七年の交よりこれを愛頑する好士かゐた。『めさまし草』巻の十九（明治三十年七月刊）の『好色一代女』合評中に、饗庭篁村の言葉かある。

拙寺七本尊の一體、西鶴上人の御作一代女、諸君の御許にてます〳〵信仰を増すはかり、讃歎の一句もなく候　〔註〕十三四年前わさ〳〵銀座の槍屋町に居をもとめ、變體な俳句なと吐き、友人よりの手紙に「槍屋町樣」と名宛さるゝを何より嬉しき事に存じたるほどの儀唯唯有難く、好んて其よきにまよひ申候（下略）

〔註〕十三四年前とあれは、明治十六七年の交と見てよい。

又淡嶋寒月か、西鶴を慕つて關西に下り（註、明治十七年京阪地方に旅行す）愛鶴軒西鶴なとと號したのも明治二十年以前と見られるし、宮崎三昧か西鶴を愛好してその著書を蒐集したのも明治十七八年の交てある。『高潮』第五號（明治三十九年六月刊）所掲の『私と西鶴』（三昧道人）の一文は、彼の西鶴本蒐集顚末を語つた興味あるものてあるか、文中、

私か西鶴物を初めて手に入れましたのは新可笑記て御座いました。明治十七八年の頃て御座いましたらう

とあり、次いで、つき〳〵と、今から見れは驚くへき安價を以て購入する次第か物語られてゐる。

既に一方に於て古典複刻の機運は熟し、これを西鶴に局限するも、右の如く文學的價値を認めて愛翫する者か相當ゐたのてあるから、これを取つて『しがらみ草紙』の古典複刻欄に埋めたのに何の異とする所もない譯てある。扨て然らはこの『二代男』はその底本を何れに求めたか。明治二十七年の『帝國文庫』本『西鶴全集』二冊はその底本の愛藏者を銘記してゐるか、これの大部分を提供し、且つ鷗外と間接に關係あつた寒月は『二代男』を所持してゐるす、瓦全氏愛藏のものか底本となつてゐる。又饗庭篁村氏も最も早くから西鶴本を集め、鷗外とも知り合ひてあつたのてあるか、篁村の藏書の大部分か納入された早稲田大學に、『二代男は收藏されてゐるす、『鷗外文庫和漢書目錄』中にも西鶴の原本は一冊も見られない。然るに前記宮崎三昧氏の「私と西鶴」のうちに、

次に二代男を京常（此者註、廣町の古本屋）て三圓半

といふ一條かある。彼は早く『二代男』を三圓五十錢て購入してゐる事か分るのてあるか、『二代男』の複刻掲載を中止した翌明治二十四年二月、同じく『しからみ草紙』第十七號に三昧は解説を附して、西鶴作『凱陣八島』の淨瑠璃を掲出しはしめたのてある。この三昧と『しからみ草紙』との關係を見れは、『二代男』か三昧に依つて提供された事は、殆と疑ひなきに近いてあらうと思ふ。

猶本書掲載中止の理由は、尾崎紅葉か『惜工文庫』を計畫し、西鶴作品を續々刊行せんとするにより、この

企てに讓りしものにして、『しがらみ草紙』第十六號（明治二一・四）に、左の廣告記事がある。

西鶴か二代男は紅葉尾崎君訂正の惜玉文庫にゆつりて止まむんとす、　普告

日本之文華　（自明治二三、一 至同　二三、二）

2. 本朝櫻陰比事

雜誌『日本之文華』第壹號（明治二十三年一月三日發兌）、第貳號（一月十八日）、第三號（二月三日）の「古繡」欄に次きの如く掲出された。

春のはしめの松葉山（卷一ノ一）―櫻に被く御所染（卷五ノ一）　第壹號

妻に泣する梢の鶯（卷三ノ九）―聾も爰は聞所（卷二ノ七）―名は聞て見ぬ人の貌（卷五ノ八）　第貳號

御耳に立は同じ言葉（卷一ノ三）―大鼓の中はしらぬが因果（卷一ノ四）　第三號

『日本之文華』は博文館より刊行され、編輯人は同館の松井廣吉、月二回の刊行。その卷頭言によれは、明治の文學は、はしめ洋學を尙ひし爲めその勢地に墮ちてゐたか今や文運漸く興らんとするに際會してゐる。須く今日の我か文學は、和漢洋の長所を撰ひ、之を混陶融化せは絕好絕大のものとならう。この理想實現の爲めに發刊されたものである。該志組織の內容を見るに、論說、詩壇、歌筵、俳林、文苑、小說、逸話、古繡、雜錄、史傳、小品、閨秀才藻、など分ち、挿畫を添へ、當時斯界一流の大家か執筆してゐる。この「古繡」欄に二萬翁西鶴の『本朝櫻陰比事』を撰んたのであるか、最初よりこれの全部を收める該志のなかつた事

は、第一回に巻一ノ一、巻五ノ一と撰擇したのでも分る。その標準は興味本位の說話を第一としたらしいが、必すしも妥當とはいへない。尙、これを活字に植ゑんとするに當つて、假名を漢字に改め、或は漢字に訓を施す等の事をなし原本そのまゝてない事當然である。

3. 好色五人女 ①　早矢仕民治　武藏屋叢書閣　丸善書店　明治二三、一二

四六判　紙裝　假綴　序（黑瘦子）一六　本文　九六頁　定價　十二錢

所謂武藏屋本。早矢仕民治なるもの、はじめ近松門左衞門の淨瑠璃を刊行せしか、時旣に西鶴を云々する者出て、かの『しからみ草紙』は西鶴物複刻のトップを切り、明治二十二年十一月露伴子の「井原西鶴を吊ふ文」か『小文學』第一號に出で、翌二十三年五月同じく露作の「井原西鶴」評傳か『國民之友』第八十三號を飾つてから漸く世の注目をひくに至つた。武藏屋本はかくして『好色五人女』に次いて『好色一代男』を刊行するのであるが、この勢は次いて種々の西鶴複刻本を世に送り出すのである。

『好色五人女』は卷頭に黑瘦子物する所の十六頁に亙る緒言を添へ、西鶴を概評した。黑瘦子は上田敏の「五人女を購ふの詞」に依れは（K U）內田魯庵と推定され、その校訂も同氏が擔當した如くに思はれる。

〔註〕この緒言に就いては批評史的硏究の項參照）

蘇峰の「思ひ出す人々を讀む」（現代日本文學全集所收）中に左の意味の事かある。

明治二十三年春國民新聞創刊の際魯庵は西鶴の一代男原本を携へて來て蘇峰に示した

と。又彼か明治三十四年には丸善の顧問となつた事も二者の關係を物語る資料となるし、露伴の「井原西鶴」(明治二十三年)のうちには、

内田不知庵子海濱に閑居してトストエフスキーと西鶴の書を精讀する一月、歸つて後語つて曰く云々

とあり、逍遙の『柿の蔕』中明治二十三年の文士會を敍した條に、

不知庵(中略)頻りに其周圍を相手に西鶴の作の妙を吹聽す

とあれは、魯庵か西鶴を愛讀し、その眞價を認め、又その校訂を爲したといふ事も、かれこれ可能のやうに思はれる。

その複刻の態度について、凡例中に、

一、原本卑猥の句多きをもてモウレイか「ホソカシオ」を删除せしに倣ひて是を代ふに〇〇を以てす(下略)

一、原本語格の誤多かれど是れ西鶴一家の語法なれは毫しも校定を加へす。

とある。又各巻目録を巻頭に一括して示した。これらは次ぎの『好色一代男』に就いても同斷である、嚴密に原本そのまゝではないか、努めてこれに近からん事を庶幾してゐる事は十分認められるか、句讀點は全く施してない。

本書は西鶴小說の完本を、單行複刻せる最初のものであると同時に、又伏字〇〇を施した最初の文獻とし

て記憶されてゐる。

書評　好色五人女　國民之友　一〇六　明治二四、一

その他五人女の批評は、國會新聞、東雲新聞、東京新報に掲げられ、それらの文は武藏屋本「好色一代男」卷末に載つてゐる。

4. 好色一代男 ①

早矢仕民治　武藏屋叢書閣　丸善書店　明治二四、一

四六判　紙裝　假綴　本文　一四八頁　定價　十二錢

複刻の態度に就いては『好色五人女』の項に述べたから繰返さない。

『好色一代男』原本の跋は落月庵西吟の物する所、振假名句讀點を缺く。然るに本書まゝ振假名を施し句讀點を與へて却つて誤りをなせり。「稻負鳥《いなおひどり》」「娌誹《よめそしり》、田より蹴《かけ》あがり」の如し。「大笑ひ止す」を「大笑に止ず」とし、「手放つそかし」を「手放つそおかし」など誤れる所もあり。

猶原本の插畫及び版元は、『好色五人女』と共にこれを削除してしまつた。

最後に、本書卷末一頁に亙り、既刊『好色五人女』に對する世評を、『國會』『國民之友』『東雲新聞』『東京新報』の諸誌より拔萃掲載してゐる。短文なれども、元祿文學乃至は西鶴に對する世間の動向を窺ふ事が出來る。

書評　好色一代男　高橋五郎　國民之友　一一二　明治二四、三

その他好色一代男の批評は、東京新報（明治二四、二、一八）、自由新聞（明治二四、二、一八）、大阪東雲新聞（明治二四、二、二五）の紙上に載り、これらの文は、武藏屋本『雪女五枚羽子板』卷末に轉載されてゐる。

5. 男色大鑑 ①

尾崎德太郎校訂　古書保存會 吉岡書店　明治二四、二

四六判　紙装　假綴　本文　二六二頁　序　二頁　定價　十八錢

表題『本朝若風俗』として、尾崎紅葉の校訂になるものである。『惜玉文庫』卷之一として刊行。

原本に從つた活字移植ではないが、本文の意味を毀ふ如き誤りは犯してゐない。但し挿畫全部、及び原本目錄丁にある丁附を除外した。『惜玉文庫』なる名の下に、西鶴を世に出ださんとした經緯を少しく探つて見よう。紅葉が美妙思案らと硯友社を結び、『我樂多文庫』を發行したのは明治十八年五月であるが、この青年文人の結社も結局江戸末期戯作者氣質の流れを承けて清新の趣を出す事は出來ずにゐた。然るに偶々紅葉が西鶴に觸るゝに至つてその作風に一轉機を來すのである。紅葉が西鶴の作に接したのは恐らく寒月を知る以前であつたらうが、思案を介して寒月を訪ぬるに及び、稀覯西鶴作品の多くを見る機會が與へられ、彼は大きなショックを蒙り、全く西鶴の洗禮を受けてしまつたのである。彼が寒月を特に訪ねたその動機も、恐らくかねがね知らんと欲してゐた西鶴のよき理解者にして同時に西鶴本の蒐集家なるが故であつたらうと思はれる。その時は明治十八九二十年の交、精々二十一年までと見てよいかと思ふ。彼は寒月の藏本に就き丹念に寫本を

作つて愛讀した。明治二十二年一月の『二人比丘尼色懺悔』より遙かに彼の作は西鶴の影響を濃厚に露はすに至るのである。彼はこの貴重なる西鶴の文學を武藏屋本よりももつと大規模に活字複刻をして、後世に傳へんと志したらしい。當時鷗外とも知り合ふに至つてゐたので、恰も『しからみ草紙』に『二代男』が連載されてゐたから己れの計畫『惜玉文庫』を鷗外に打明け、次いで『しからみ草紙』掲載が中止となつたのである。『惜玉文庫』は第一卷に『男色大鑑』を出し、第二卷は『好色一代男』『俗つれ〴〵』二部の書を合綴し、同二十四年三月十五日發行と豫告したが、未刊に終つたらしい。勿論『好色二代男』も紅葉の腹案にはあつた筈であるが、右の如く一卷で事止んでしまつた。然しこれは西鶴本校訂に就いて更らに大なる計畫を實行する機に惠まれたからである。

書評　本朝若風俗　高橋五郎　國民之友　一一二　明治二四、三

6. 文反古①　金櫻堂　明治二四、三

四六判　紙裝　假綴　本文　一一三頁　定價　印記無し

複刻の態度は原本に準じようとしてゐる。勿論誤りは多く見受けられるが、振假名等も努めて原本に則らうとしてゐる。句讀點は全く除外し、挿畫も削除した。

當時の勃興した西鶴熱に應じてあらはれたものゝ一つである。本書の形式は武藏屋本を模倣した形跡があ

り武藏屋本の聲價を裏書きするものである。編輯兼發行者内藤加家は、書肆金櫻堂の主人と思はれるが、彼の校訂になるものなるやは詳かにし難い。

7. 西鶴おきみやげ ①　三三文房　明治二四、三

四六判　紙裝　假綴　本文　八九頁　定價　十三錢

文藝資料本第四卷として刊行された。卷頭に『置土産』所揭の西鶴圖像を載せ、西鶴略傳を添へ、挿畫十葉を別刷して本文中に配した。

『文學資料本』とは、明治二十四年より五年にかけ、三三文房より刊行された近世文藝叢書にして、第一、天鼓　第二、一代女　第三、平家女護島　第四、西鶴置土產　第五、栬狩劍本地　第六、釋迦如來誕生會　第七、御前おとぎはうこ　第八、孕常盤等を含むものである。この『文學資料』本に對し、同年同日頃これと類似の樣相を僞せる『文學材料』本なるもの文學書院より出で、第一、女殺油地獄　第二、相模入道千疋犬　第三、嵯峨天皇甘露雨を出し、各卷に西鶴の作品をも出版する豫告をしてゐるが、『文學材料』本も右三篇にて中絶したものかと思ふ。

書評　西鶴置土產（三三文房）　都新聞　一八六三　明治二四、三、二六

8. **好色一代女** ①　吉田廣作　三三文房　明治二四、四（再版）

四六判　紙裝　假綴　本文　一三八頁　定價　十五錢

『文學資料』本第二巻として刊行したものである。巻頭に西鶴肖像及び略傳を掲げる事前項『置土産』に同じい。挿畫數葉を入れ、巻尾に三三文房主人の西鶴調の短かき跋文を添ふ。底本再版にて初版の刊記未詳。

書評　好色一代女　高橋五郎　國民之友　一一二　明治二四、三

9. **胸算用** ①　足立庚吉　礫川出版會社　明治二四、七

四六判　紙裝　假綴　本文　七九　定價　五錢

古今小説名著集　第十巻とし、前半に種彦の邯鄲諸國物語大和巻、後半に胸算用、二部を合綴せるものなり。

胸算用は、原本の序文を凸版にて掲げ、挿畫三葉を複刻して添へてゐる。

古今小説名著集　は礫川出版會社刊出の叢書、馬琴三馬京傳種彦等江戸時代の作品を結集したもので、十一巻を出してゐるが、それ以後を詳にしない。西鶴のものは『胸算用』一作である。

10. **西鶴全集** 上下　二冊　尾崎紅葉　渡邊乙羽　校訂　博文館　明治二七、五―六

四六判　クロース　洋綴　本文　上一〇一八頁　下一〇二二頁　定價　各五十錢

一、浮世草紙

『帝國文庫』　第十三、第十四編として刊行。

紅葉か西鶴の作品に接し、これを逐次校訂公刊せんとして『惜玉文庫』なるものを目論見、その第一巻に『男色大鑑』を刊行した事は曩に述へた如くであるか、第一巻のみにして止んだ。これは博文館に『帝國文庫』か計畫されたからてある。

『帝國文庫』は、徳川時代の稗史・小説・歌舞伎・浄瑠璃・随筆類を結集した尨大の叢書て、明治二十五年に組版にかゝり、二十六年三月に第一回の配本を行つた。この叢書中に西鶴の小説を除外する筈もなく、その第十三、第十四編二册を西鶴全集上下に當てた。校訂者は前記の如く紅葉と乙羽てある。乙羽は思案を知つて硯友社に入社し、紅葉と交りを結ふに至るのてあるか、明治二十七年には博文館の女婿となつた。彼か西鶴を愛好し、西鶴を理解してゐた事は『西鶴全集』卷頭に物した「西鶴是非」の一文に依つても分るか、博文館の帝國文庫本西鶴全集に、紅葉乙羽か共同校訂するに至る事情も推するに難くない。

本書上巻、西鶴肖像を近土産より轉載し、紅葉乙羽の井原西鶴、乙羽の西鶴是非の文を掲けた。收むる所西鶴作品及ひ附錄を合せて全部二十篇。

＊印　既に完本か活字複刻されたもの

〔上巻〕　（底本提供者）

＊好色一代男②　淡島氏所藏

好色二代男①	瓦全氏所藏
*好色一代女②	淡島氏所藏
*好色五人女②	淡島氏所藏
本朝二十不孝①	楢崎氏所藏
*男色大鑑②	天幸堂氏所藏
武道傳來記①	淡島氏所藏
日本永代藏①	淡島氏所藏
〔下卷〕	
俗つれ〴〵①	小池氏所藏
*胸算用②	淡島氏所藏
本朝櫻陰比事①	淡島氏所藏
織留①	淡島氏所藏
武家義理物語①	淡島氏所藏
*萬之文反古②	淡島氏所藏
諸國咄し①	巖谷氏所藏

（諸國咄は四巻本として紹介されたれば、参考に、原本巻序との異同を左に掲ぐ）

巻一
公事は破らずに勝―見せぬ所は女大工。
大晦日はあはぬ算用―傘の御託宣―不思議の足音
（原本巻一）

巻二
雲中の腕おし―狐の四天王
姿の飛乗物―十二人の俄坊主―水筋のぬけ道
残物とて金の鍋―夢路の風車
（原本巻二）

巻三
樂の男地蔵―神鳴の病中
蚤の籠ぬけ―面影の焼残
お霜月の作髭―紫女[注]―行末の寶舟
（原本巻三）

巻四
八疊敷の蓮葉―因果のぬけ穴
形はひるのまね―忍び扇の長歌
命に替る鼻先―驚は三十七度
夢に京より戻る―力なしの大佛
（原本巻四）

以下缺
覗のちらし紋
灯挑に朝顔―戀の出見世―樂の鱷鮎の手
闇の手形―執心の息筋―身捨る油壺
銀かおとして有
（原本巻五）

注　原本巻三ノ四に當る「紫女」の一篇を此の校訂本は缺いてゐる。

*置　土　産②　　淡島氏所藏
新可笑記①　　〔記名ナシ〕
好色三代男　　〔記名ナシ〕
〔附錄〕
日本新永代藏　　若菜貞爾氏所藏
元祿太平記　　〔記名ナシ〕

本書に依つて始めて世に紹介された作品八篇、西鶴作品都合十七篇にて、小說の殆ど大部分を結集した事は正に西鶴複刻史上劃期的の事業であつた。然も底本提供者を名記し、校訂を新たにした事は良心的といつてよい。挿畫は數葉づゝを添へた。本書校訂に當つては、風紀上如何と思はるゝ點は伏字にしたが、發賣後月を經て（明治二十七年七月五日）發禁の厄に遭ひ、爲めに愈々紙價を高からしめた。猶發禁後更らに內容を削除し、『西鶴名著集』二册として再び世に出たが、これも發禁となつた。今この書を持たず、その削除程度を檢してゐない。

猶『諸國咄』の卷序は、原本との異同を對照詳記せる如く、

卷一ノ一、二、三、四、五を校訂本は↓　卷一
卷一ノ六、七、卷二ノ一、二、三を　↓　卷二

一、浮世草紙

巻二ノ四、五、六、七、巻三ノ一、二を　↓巻三
巻三ノ三、五、六、七、及び巻四ノ一、二を↓巻四
とし、以下缺如せり。然も章數を原本の㈠㈡㈢……に對し、初、二、三………と通巻に計算し、目錄各章見出し下に、原本「知惠」「不思議」とあるを、「此段知惠」といふ如く此段の文字を添へたり。巻序と共に甚たしく原形と異る如く思はれるか、後人の手を入れたものて、恐らく異本てはないてあらう。

書評　西鶴全書　早稻田文學　四二　明治二六、六
西鶴全集の發賣禁止　G・R生　讀賣新聞　明治二七、七、一三

11. 懐硯①　西鶴名殘の友①　博文館　明治二八、四

『帝國文庫』第三十一篇　珍本全集　上卷のうち。共に始めて世に紹介されたものである。博文館編輯局校訂て、乙羽の序かある。

12. 近代艶隱者①　博文館　明治二八、六

『帝國文庫』第三十二篇　珍本全集　中卷のうち。

13. **新小夜嵐** ①　めさまし草　明治三〇、六—七

淡島寒月校訂

『新小夜嵐』が西鶴の作品である事は今日殆んど疑ふ餘地がない。淡島寒月は早くこれに目をつけ、西鶴作と推定せる解說を附し、彼の校訂を以つて鷗外の『めさまし草』第十八、十九、二册に掲載された。寒月が鷗外の『めさまし草』に關係を持てるは、鷗外の弟三木竹二の橋渡しに依るものである。

14. **一目玉鉾** ①　めさまし草　自明治三二、九　至同　三四、七

『めさまし草』卷三九、四〇、四二、四三、四四、四五、四六、四七、四八、五〇、五一、五二、の十二回に分載された。『めさまし草』が『一目玉鉾』を選んだ理由及びこれの校訂者等に就いては不明であるか、或は『新小夜嵐』と同樣寒月の物する所であらう。惜むらくは複刻に當つて、『一目玉鉾』の重要部を成せる下半部の挿畫全部を割愛した。

15. **西鶴文粹** 上中下　三册　幸田露伴　尾崎紅葉　校訂　春陽堂　自明治三六、一二　至同　三八、一一

菊判　紙裝　假綴　本文　上 一一二頁　中 二四八頁　下 二九三頁　定價　印記無し。

幸田露伴、尾崎紅葉の校訂にかゝる。嚢に博文館帝國文庫本『西鶴全集』發賣禁止となり、更に『西鶴妙文集』の序文によれば、『前年發賣禁止の厄に遇ひたるもの幾種*』とあり、これらの前轍を踏ます、然も發禁による讀者層の渇を癒やすべく生れたのが本書であらう。即ち書名の示す如く抜萃本である。その內容は左の十六篇よりの編輯に成る。

* 去五日內務大臣は令を下して博文館の「西鶴全集」及び刊本「五人女」「一代女」の諸書を風俗壞亂の廉にて發賣頒布を禁じたり――「早稲田文學」第六十七號、文學現象欄より――

上卷

○一代男　一ノ七、二ノ三、四ノ一、四ノ二、四ノ三、五ノ二、六ノ一、七ノ一、七ノ二、七ノ五
○胸算用　一ノ一、一ノ三、二ノ一、二ノ二、三ノ三、四ノ三、五ノ一、五ノ三
○一代女　一ノ一、二ノ三、三ノ二、五ノ二、五ノ四、六ノ二、六ノ三、六ノ四
○二代男　二ノ三、四ノ五、五ノ三、五ノ四、六ノ四、七ノ四

中卷

○日本永代藏　一ノ二、一ノ四、二ノ一、二ノ二、三ノ三、三ノ四、五ノ三、五ノ四
○武家義理　三ノ一、三ノ二、四ノ一、六ノ一
○二十不孝　一ノ一、二ノ一、二ノ二、四ノ三、五ノ一
○櫻陰比事　一ノ四、二ノ五、三ノ九、四ノ二、四ノ九、五ノ七
○諸國咄　一ノ三、三ノ三

下巻

○五人女 一ノ二、二ノ一、二ノ二、三ノ四、四ノ三、四ノ四、五ノ一
○俗つれ〴〵 一ノ二、二ノ一、三ノ一、四ノ一、五ノ一、五ノ三
○武道傳來記 一ノ一、二ノ四、四ノ一、五ノ四、六ノ三、八ノ四
○萬の文反古 一ノ三、二ノ三、四ノ三、五ノ一、五ノ三
○新可笑記 三ノ三、四ノ五、五ノ四
○織留 一ノ二、二ノ二、三ノ四、四ノ二、四ノ三、五ノ三
○置土産 一ノ一、二ノ一、二ノ二、三ノ一、三ノ二、四ノ二、五ノ二

〔註〕下巻に『男色大鑑』の收載を豫告せしもそのことなくしてやむ。

本書校訂者の一人たる幸田露伴に就いて、茲に少しく西鶴との關係を尋ねて見度い。

露伴は明治十六年電信修技學校に入り十八年電信技手として北海道に赴任するが、事志と違ひ二十年官を捨て悶々のうちに歸京してしまつた。當時彼は二十一歳であつたが、二十二年一月『露團々』につゞいて五月『風流佛』を發表し彼の文壇的地位は確立するが、『風流佛』こそは西鶴の影響をあらはに示した作品であり、これ以後の作品には西鶴の影響を否定する事は出來なかつた。これは又紅葉が同年一月の作『色懺悔』と共に不思議な連關を持つものであり、露伴が西鶴作品を耽讀した年代を暗示するものとして注意されなければならない。彼は明治二十二年十一月『小文學』第一號に「井原西鶴を吊ふ文」を掲げ、翌二十三年正月『國民之友』

八十三號に歴史的な論文「井原西鶴」を發表してゐる。これらに依つて露伴が西鶴を受讀した時期はいよ〳〵明治二十一年頃と推定される。然し彼が北海道赴任以前、修學時代既に江戸時代の稗史戯作物を讀んでゐるから、これらと共に西鶴の作二三に目を通してゐた事は紅葉と同一であらう。彼が西鶴の稀覯書に接する事の出來たのは淡島寒月の門を叩いてからの事である。露伴が寒月を知るに至つた經緯年月等今これを詳かにし得ないが、己れの新生活文筆の業の基礎工作を西鶴のうちに求めんとし、これの蒐集家寒月に刺を通じたものと思はれる。

紅葉は、明治二十二年『都の花』に露伴が『露團々』を發表せる當時、未だ彼を知るに至らなかつたが、間もなく寒月の宅にて二者が邂逅し、こゝに交りは開けたのである。明治の二大文豪が、西鶴の影響を受けてはじめて新天地を開拓するを得た事、然も彼等が共に淡島寒月の門を叩き、その祕篋の西鶴本の恩惠に依つて育まれた事は、一奇觀といふべく、こゝにはじめて交を結んだ二人が、『西鶴文粋』を共同校訂したのも亦意義なしとはしないのである。

〔附記〕本書は明治三十九年九月洋裝菊判の合本となし、更らに大正五年七月菊半截の縮刷本を發行せり。

書評
西鶴文粋 上　帝國文學　九ノ五　明治三六、五
西鶴文粋 中　帝國文學　九ノ六　明治三六、六

16. 日本永代藏 ②

饗庭篁村校訂　冨山房　明治三六、一二

袖珍　紙装　假綴　本文　二二〇頁　定價　上製二十八錢
　　　クロース　洋綴　　　　　　　　　　並製二十錢

饗庭篁村校訂　袖珍名著文庫　巻十六として刊行。巻頭に永代藏原本目録丁及び挿畫を各々一葉寫眞版として掲げ、「永代藏につきて」といふ解説四頁を附す。篁村と西鶴に就きては、既に述べたれば茲に贅せず。西鶴によき理解を持つ篁村を本書の校訂者に求めた事は、まさに當を得たといふべきである。

書評　日本永代藏　帝國文學　一〇ノ二　明治三七、二

17. 西鶴妙文集　小林豊治郎（鶯里）校訂　文學同志會　明治三六、一二

四六判　紙装　假綴　本文　二二一　附録一九　定價　三十五錢

第一『色好一代男』③　第二『好色五人女』③　として二篇を収め、第三は附録的な意味で、井原西鶴、西鶴五百韻の序、俳諧團袋の序、西鶴と俳諧、西鶴と俳句、西鶴の辭世、西鶴の俳系、西鶴の年譜、西鶴の著書、小説略史等の小篇を輯め、巻頭二頁の序文を附した。この校訂本は何も見るべきものはないが、校訂者鶯里は西鶴を愛好したらしく、寫實家西鶴の位置や、明治の紅露と西鶴との關係等についても理解を持つてゐた事が、その序文や、小説略史にうかゞはれる。

18. 校訂 西鶴全集　上下二冊　附一冊　熊谷千代三郎校訂　平民書房　明治四〇、三

一、浮世草紙

菊判　クロース　背革　洋綴　本文 上 八七八 下 八一四 附 四〇六 頁　定價 三圓五十錢 三圓五十錢 一圓八十錢

上巻巻頭に『置土産』より轉寫せる西鶴肖像、及び『石車』の巻頭數葉を凸版として掲ぐ。

序一、石車　一目玉鉾②　武道傳來記②　艶隱者②　懐硯②　西鶴置土産③　本朝二十不孝②
　好色五人女④　（附錄）新永代藏

下巻、西鶴五百韻　日本永代藏③　胸算用③　織留②　武家義理物語②　本朝櫻陰比事②
　俗つれ〳〵②　新可笑記②　諸國はなし②（巻序帝國文庫本に同じ）　萬文反古③　名殘の友②

附巻、西鶴好色本といひ、好色一代女③　一代男④　二代男②　三代男　を收む。

粗悪なる編纂と校訂にして、特に「西鶴好色本」の如きは、無定見なる拔萃を敢てせり。

〔附記〕本書は後、明治四十四年に至り、附册の西鶴好色本を除き、上下二巻を合本改装し、校訂西鶴全集として岡崎屋書店より再刊された。

西鶴が一度世に出づるや、社會の各層がこれに眼を瞠り、學者文壇人は、競つてこれが研究に沒頭したが、『帝國文庫』西鶴全集がその發賣を禁止されて、西鶴を求むる心は却つて助長されたのであつた。それに就てはその後に現はれた、應急の西鶴複刻本に就いて十分うかゞはれるが、明治も四十年代に至るや、西鶴は又別の意味で再認識さるゝに至るのである。それは早稲田派、自然主義派の人々に依る西鶴の檢討卽ち是れである。抱月は早く明治二十八年、『早稲田文學』に「西鶴論」を發表し、水谷不倒亦つゞいて「井原西鶴」を書き、他方、角田柳作は、民友社より『井原西鶴』を單行し、いやが上にも西鶴熱をあふつた。一方、田山花袋ら西歐自然主義の影響を受けた人々は、日本古典に稀に見る寫實家西鶴に目を着けこれに傾倒した。明治四十年代文壇を賑はした自然主義文學は、その重大關心事の一として人間に於ける性慾といふ問題を取上げてゐたから、淺薄な讀者層は、誤つて西鶴を所謂好色本作者とのみ解し、書物供給者は、人間の弱點に付け込まんとし、凡そかゝる相互關係に於て生まるゝ曖昧無責任なる西鶴複刻本は、すべて西鶴にエロ作家の烙印を押して世好に投じ、この狀態は、あらゆる時代に常に首を擡げ、今後永く續かねばならなくなるのである。

19. 元祿時代小說集 上下 二冊　古谷知新校訂　國民文庫刊行會　自明治四三、六 至同 四四、三

菊判　クロース　洋綴　本文 上 七〇二 下 七一四頁　豫約非賣

古谷知新校訂『國民文庫本』として刊行、上卷に西鶴本九部、下卷五部と新永代藏以下八文字屋本六部を合綴、各卷卷頭に解題を添へてゐる。その卷別作品名左の如し。

〔上　卷〕

二　十　不　孝 ③

武　道　傳　來　記 ③

〔下　卷〕

織　　　　留 ③

俗（註）つ　れ　ぐ ③

一、浮世草紙

武家義理物語③　萬の文友古④
懐　硯③　名残の友③
日本永代藏④　諸國咄③
新可笑記③　（巻序帝國文庫本に同じ）
櫻陰比事③
胸算用④
置土産④

校訂の方針に就いて、例へば女房を「にうばう」「によばう」等種々あるもこれらは原本を尊重じ、たゞ原文を損ぜざる限り假名遣はほゞ一定したと斷つてある。

〔註〕五巻本の巻一を除き、巻五を巻一とせるもの。青山爲兵衞板の異版四巻本か。

20. 西鶴集 三冊　圖書出版協會　自明治四三、一〇 至同 四五、一

三五判　クロース　洋綴　西鶴集 本文 四二五頁　第二西鶴集 同 四一六頁　第三西鶴集 同 四四八頁　定價 各二十五錢

日本名著文庫として刊行

西鶴集　本朝二十不孝④　日本永代藏⑤　胸算用⑤　萬の文反古⑤

第一西鶴集　武道傳來記④　武家義理物語④　諸國咄し④（巻序帝國文庫本を襲ふ）

第二西鶴集　俗つれ〴〵④　本朝櫻陰比事④　織留④　置土産⑤

第一、第二、巻頭に緒言ありて所收作品を簡單に解說し、第二西鶴集に於ては、幸田露伴の「弔西鶴文」を轉載してゐる。

所收作品選擇の標準は、緒言に依れば、好色本を採らず專ら勸善懲惡の趣旨に叶ふものとし、且つ原本と嚴密に校合せる旨を附記してゐる。好色物を恐れ、勸懲物を結集した事は時勢上止むを得ないとしても、この態度は決して學的でもない。然し好色を賣物にしようとする如き點のなかつた、割合に堅實なものといへる。

因みに「第二西鶴集」の巻末には近刊豫告として、「好色本西鶴集」を廣告してゐる。猶緒言の記者は香雪園主人である。『日本名著文庫』の全內容は、今これを詳にしないが、西鶴集は恐らく第三で完結したものと推定してよい。事は、後に本書の紙型をそのまゝ使用して、『西鶴傑作集』天地人三册を刊行してゐる事でもその事が言へるのである。

21. 校訂 西鶴全集　熊谷千代三郎　岡崎屋書店　明治四四、一（四版）

菊判　クロース　洋綴　本文　一六九一頁　定價　五圓

18の附巻を除き、上下二巻を合綴改裝し、その版元を變へたものである。所收書目左の如し。

一、浮世草紙

石車、一目玉鉾③、武道傳來記⑤、鶴隱者③、懐硯④、置土產⑤、二十不孝⑤
五人女⑤、新永代藏、西鶴五百韻、永代藏⑥、胸算用⑥、織留⑤、武家義理物語⑤
本朝櫻陰比事⑤、俗つれ〴〵⑤、新可笑記④、諸國咄⑤、萬の文反古⑥、名殘の友④

22. 西鶴物　　三教書院　　明治四四、五

袖珍　クロース　洋綴　本文　二九〇頁　定價　二十五錢

袖珍文庫　第四十編　西鶴物一輯　として刊行

俗つれ〴〵⑥　櫻陰比事⑥　萬の文反古⑦　の三篇を收む。卷頭に袖珍文庫發刊の主旨、及び解題八頁を添へ、各著の卷頭に夫々挿畫を附した。本書の解説は沼波瓊音の物する所と聞く。猶本書の發行所は、同年十二月五版を出すに當つて、集文館と變更されてゐる。

袖珍文庫は萬葉、古事記、神皇正統記、山家集等も含んでゐるが、その大部分は江戸時代の文學を網羅し、數十篇を刊出、富山房の「袖珍名著文庫」と共に、その安價と小形と比較的良心的校訂の爲めに世の大衆に迎へられたものである。

23. 西鶴文集　　千代田書房　杉本梁江堂　　明治四四、六

袖珍　クロース　洋綴　本文　二四二頁　定價　二十錢

『千代田文庫』叢書中の一　日本永代藏⑦　胸算用⑦　の二篇を收む。

袖珍叢書の流行に從つたものであらう。『千代田文庫』はその所收作品の選擇は、大體『袖珍文庫』と同じで、三十篇を出してゐるが、その後の近刊豫告にあるものゝすべてを完了したか不明である。

24. 西鶴佳作集　幸田露伴校訂　東亞堂書房　明治四四、七

袖珍　紙裝　洋綴　本文　二三六頁　定價　二十錢

日本文藝叢書　第十二卷として刊出。

日本永代藏⑧　世間胸算用⑧　西鶴置土産⑦を收む。幸田露伴の校訂するところ。卷頭に露伴の題言及び「西鶴佳作集第一册卷首に題す」の文を載す。

日本文藝叢書は、廣告に依れば、全二百卷を豫定し、既刊二十五卷、竝製の外に特製美本をも用意し、これが校訂は全部露伴の擔當する所とある。して『西鶴佳作集』も、第一とあれば、第二第三の案がなくはなかつたらしいが、これらの全貌を明かにしてゐない。

25. 西鶴名作集　石川兼次郎　精文館書店　明治四四、九

四六版　紙裝　假綴　本文　二二八頁　定價　三十錢

一、浮世草紙

所收說話を整理すれば左の如くである。

1諸　國　咄　一ノ二、二ノ一、二ノ四、三ノ二、三ノ五、四ノ二、

2二十不孝　一ノ三、二ノ二、三ノ一、三ノ二、四ノ一、四ノ二、四ノ三、四ノ四

3武道傳來記　一ノ一、一ノ二、一ノ三、二ノ一、三ノ二、三ノ四、四ノ一、五ノ二、六ノ一、八ノ一、八ノ二

4武家義理　一ノ三、二ノ三、三ノ四、四ノ一、四ノ二、五ノ三、五ノ五、六ノ二、六ノ三、六ノ四

5永 代 藏　一ノ五、四ノ一

6胸 算 用　二ノ三、三ノ三、四ノ三

7新可笑記　一ノ四

8文 反 古　一ノ二、二ノ一、二ノ二、二ノ三、三ノ一、四ノ一、五ノ三、五ノ四

卷頭の序に依れば、「徒らに西鶴の名に依つて世の好奇に投ずるにはあらず」といひ、その選擇必ずしも無定見といふ譯でもないが、各說話排列の亂雜は非難さるべく、紅露の西鶴文粹の如く、作品別にし、卷次を追ふべきであつた。

26. 西鶴文集　幸田露伴校訂　博文館　大正、二

菊判　クロース　洋綴　本文　七九〇頁　定價　一圓

文藝叢書　第三册として刊行。

卷頭四頁に亙る序を兼ねたる解説文あり。各篇に一二葉づゝ挿畫を配す。

所收作品左の十二部なり。

○日本永代藏⑨　○本朝二十不孝⑥
○武道傳來記⑥　○懷硯⑤
○諸國咄⑥卷序帝國文庫本を襲ふ　○萬の文反古⑧
○新可笑記⑤　○武家義理物語⑥
○胸算用⑨　○西鶴置土產⑧
○西鶴織留⑥　○西鶴名殘の友⑤

文藝叢書は露伴、篁村、澁柿三氏の校訂にかゝり、江戸時代の演藝、小說を輯錄せる十二卷の叢書にして、西鶴文集は好色物を除いて編輯し、前轍を踏まずして、世の需めに應ぜんとしたものであらう。

27. 西鶴文集 上下 二册　藤井乙男校訂　有朋堂書店　自大正二、六、五 至同 三、三

三五判　クロース　洋綴　本文　上六六〇頁 下五二八頁　豫約非賣

一、浮世草紙

有朋堂文庫　のち。

所收作左の九篇。

○大下馬近年諸國咄⑦（巻五缺但し從來缺如のまゝ翻刻されてゐた巻三ノ四、巻四ノ三、四、五、六、七が新に活字にされた）

○武道傳來記⑦　○日本永代藏⑩（異版との校異を示す）

○胸算用⑩　○置土産⑨　以上、上巻

○好色五人女⑥　○織留⑦　○俗つれ〴〵⑦

○萬の文反古⑨　附　晝夜用心記　以上、下巻

各巻巻頭にそれ〴〵解説　六頁五頁を添へて明快なる紹介をなせり。その校訂は漢字傍訓、送り假名等に至るまで細心の用意を以つて當り、原本の面目保持に努めた。『諸國咄し』の巻五を拾ふ事は出來なかつたが、帝國文庫以來踏襲して來た缺章を補つて、四巻までを原態に復した事、及び『永代藏』の校訂に、異版を參照した事、及び要語に頭註を加へた事、巻末に五十七頁に亙る語句索引を附した事等、從來と異る學究的な特色が多い。西鶴は既に、藤岡作太郎博士の如き學者に依つて眞摯に研究され出したのであるが、本書こそ、學者の手に依つてはじめて校訂され、眞面目に編まれた最初の西鶴選集といふ點に於て記念さるべき好著である。

28. 椀久一世の物語 ①上下二冊　宮崎三昧校訂　珍書會　自大正四、一〇 至同四、一一

四六判　紙裝　假綴　本文 上二二一頁 下一七頁　豫約非賣

賞奇樓叢書　二期第五集として刊行。

卷頭解題二頁を附し、本書の稀覯と、これが入手の經緯を誌す。

29. 浮世草子 七卷　向陵社出版部　自大正四、一〇 至同五、四

四六判　布裝　洋綴　豫約非賣

江戸文學研究會の編輯發行にて、蘇武綠郎等の校訂なり。卷別收錄作品左の如し。

卷一　武道傳來記⑧　日本永代藏⑪　懐硯⑥　艶隱者④

卷二　武家義理物語⑦　織留⑧　本朝二十不孝⑦　櫻隱比事⑦（卷頭に「元祿の文化」八頁を添ふ）

卷三　胸算用⑪　萬文反古⑩　俗つれ〴〵⑧　諸國ばなし⑧（帝國文庫本の卷序のまゝ）名殘の友⑥　置土産⑩（卷頭、佐々醒雪の叙一頁を添ふ）

卷四　一目玉鉾④　石車　新可笑記⑥　新日本永代藏

卷五　一代男⑤　一代女④　五人女⑦　諸藝太平記

一、浮世草紙

巻六　二代男③　三代男　男色大鑑③
巻七　西鶴冥土物語　小夜嵐物語　西鶴傳授車

七巻に收められた西鶴の小説は二十篇、その他俳書僞作等を併せて全部二十八篇、その書名も『西鶴全集』といふ意味てある事が序中に見え、校訂も帝大出文學士數氏か披露された。西鶴全集てかゝる浩翰の計畫は最初てあり、新進の文學士が專任校訂といふ觸れ出しは時人に少しく驚きを與へた。然しこのうちに學者はなく、その編輯校訂も杜撰の譏りを逸れ得ない。例へば『諸國咄し』の如き、藤井氏か既に、『有朋堂文庫本』て從來の誤れる巻序を正したにも不拘、本校訂本は又再び帝國文庫本系統に逆行させてしまつたのてある。

30. 西鶴艶物 第一輯　人文社　大正五、四

四六判　紙装　洋綴　本文　三二六頁　非賣品

好色五人女⑧　男色大鑑④　の二篇を收む。奥附に非賣とあり。書名に記された如き觀念を以つて編輯秘密發賣されたものか。

31. 西鶴傑作集　時代文學社　大正五、八

四六判　クロース　洋綴　本文　四〇八頁　非賣品

一代女⑤　五人女⑨　一代男⑥を收む。奥付に「非賣品」とある曖昧なる刊行物なる事前者に等し。甚たしき伏字と、無責任なる校訂見るにたへず。

32.『浮世草紙本』五冊　石川巖校訂　浮世草紙刊行會　自大正五、一〇 至同　六、五

四六判　布裝　洋綴　豫約非賣

○近代艶隠者⑤　宇津山小蝶物語 新竹齋、花の名殘と合綴

○男色大鑑⑤　好色貝合、關東名殘の袂 男色歸新座、俗枕草紙 と合綴

○椀久一世の物語②　今源氏空船、契情手管三味線 色道懺悔男、風流譁屯談 と合綴

他の二冊は、○風流友三味線、島原大和暦、徒然時勢粧、西鶴傳授車

○御伽名題紙衣、梅のかほり、難波の田鶴、武道繼穂の梅

33. 浮世榮花一代男 色里三所世帶①　石川巖編　國書刊行會　大正五、一一

『江戸時代文藝資料』卷五のうち

34. 新小夜嵐②　宮崎三昧校訂　珍書會　大正六、二

四六判　紙裝　假綴　本文　三八頁　豫約非賣

『賞奇樓叢書』四期　第一集として刊行、宮崎三昧の校訂、卷頭二頁の解題あり。

35. 一目玉鉾⑤　　珍書刊行會　大正六、五

四六判　クロース　洋綴　本文　一八四頁　豫約非賣

『珍書刊行會叢書』中、江戸趣味文庫　第四篇として刊行、卷頭に西鶴の半身像を掲ぐ。下半の挿畫を全部省略せり。

36. 好色一代女⑥　一、二、三合册 四、五、六合册 二册　石川巖校訂　珍書保存會　大正六、一〇

半紙判　和紙　和裝　豫約非賣

『珍書保存會叢書』の一、謄寫版刷。本文を圍む枠を除いて他は全部原本に則つて複製す。他に美濃判の特製本あり。

37. 一代男畫譜　二册　石川巖編　珍書保存會　大正七、

半紙判　和紙　和裝　豫約非賣

『珍書保存會叢書』の一、謄寫版刷複製、江戸版一代男の挿畫集なり。

38.

入繪 好色一代女 ⑦ **六冊**

美濃判　和紙　和裝　非賣

刊年不明未調なるも、大體大正六七年代のものかと思はれる。謄寫版に依る複製なるも、脱文の箇所多く本文挿畫とも謄寫版技術拙劣なり。

39.

西鶴傑作集 天地人三冊　**日本名著會編輯**　**内外出版協會**　大正八、五

縱五寸五分横三寸　クロース　洋綴　定價　四圓二十錢

天　二十不孝⑧、永代藏⑫、胸算用⑫、文反古⑪

地　武道傳來記⑨、武家義理物語⑧、諸國はなし⑨（卷序帝國文庫本に同じ）

人　織留⑨、俗つれ〲⑨、櫻陰比事⑧、置土産⑪

本書は紙型を20の西鶴集三冊に負ひ、内容をそのまゝにした改題改裝本である。

40.

西鶴傑作集 一冊　**名著刊行會**　大正一〇、七

三五判　クロース　**洋綴**　本文　四四八頁　非賣品

一、浮世草紙

39の改裝合綴本なり。二十不孝⑨、永代藏⑬、胸算用⑬、文反古⑫、武道傳來記⑩、武家義理物語⑨、諸國咄⑩、織留⑩、俗つれ〴〵⑩、櫻陰比事⑨、置土產⑫

41. **當世女容氣**⑩　一冊　石川巖校訂　珍書保存會　大正一〇、八

半紙判　和紙　和裝　豫約非賣

『珍書保存會叢書』の一、『好色五人女』改題本、謄寫版複製。

42. **吉原常々草**①　一冊　石川巖校訂　珍書保存會　刊年不明

半紙判　和紙　和裝　豫約非賣

『珍書保存會叢書』の一　謄寫版複製　本書頭註者世之助は西鶴なりといはれてゐる。

43. **新選繪入西鶴全集**　五冊　石川巖校訂　從吾所好社　自大正一一、四　至同一四、一一

四六判　紙裝　假綴　本文　第一、一七九頁　第二、二一〇頁　第三、二七〇頁　第四、二三八頁　第五、四七〇頁　豫約非賣

驕樂篇と俳諧篇より成る。（最初驕樂篇、武家篇、町人篇、雜篇、俳諧篇に分つて編輯する意圖であつた。）

驕樂篇所收内容左の如し。(俳諧篇一册の内容は俳諧の部を見よ)

第一卷　好色盛衰記①　椀久一世の物語③　新小夜嵐物語③

第二卷　好色一代男⑦

第三卷　好色五人女⑪　好色一代女⑧

第四卷　諸艶大鑑④

第五卷　好色盛衰記②　好色三代男

第二卷以下より伏字を廢し、校訂を嚴密にし、挿畫を殆んど全部入れた事は本書の價値を高め、西鶴出版史上一つの時期を劃するものである。猶第一卷卷頭『西鶴全集の出版に就て』一二頁は西鶴出版略史をなし、卷末に『西鶴本を讀む』一五頁、解題八頁、卷二卷末に附錄四頁、卷四卷末に解題二頁、卷五卷末解題二頁を添へ繙讀の便を計つてゐる。第五卷の『好色盛衰記』は、第一卷所收のものとは面目を一新してゐる。

44. 西鶴近松抄　鴻巢、次田、栗原三氏編　裳華房　大正一三、一一

四六判　背クロース　紙表紙　洋綴　本文　八九頁　定價　一圓二十錢

西鶴物は、武家物、町人物、曆屋物語より成つてゐる。

武家物　○武家義理三ノ二、○武道傳來記二ノ二、六ノ三

町人物　○日本永代藏一ノ四、二ノ一、三ノ二、五ノ三　○胸算用一ノ四、三ノ三、三ノ四、五ノ三
○曆屋物語全五章、但し不穩當の點を削除せり。
本書は高等學校教科書として編まれたものである。教科書に西鶴の題名を附して刊行された嚆矢をなす。

45. 抄本日本永代藏　　藤村作校訂　至文堂　大正一四、三

菊判　クロース　洋綴　本文　七八頁　定價　八十錢

卷頭に『永代藏』原本の表紙及び西鶴の肖像を掲げ、卷末に附圖（髭籠、置頭巾、角前髪、銀箔、蓬萊）を添ふ。欄外に頭註あり、左の諸章より成る。本書に『抄本日本永代藏參考書』あり。（註釋史的研究の項參照）

一ノ一、一ノ三、二ノ一、二ノ二、二ノ三、二ノ四、三ノ一、三ノ二、三ノ三、三ノ五、四ノ一、四ノ四、四ノ五、五ノ一、六ノ二、六ノ三、六ノ五、以上十七章

高等學校教科用として編みしもの。

46. 萬の文反古 ⒀　文藝日本社　大正一四、六

菊半截　紙裝　假綴　本文　一五〇頁　定價　五十錢

『古典叢書』第一篇として刊行

47. 抄本 胸算用　藤村作校訂　至文堂　大正一四、一一

菊判　クロース　洋綴　本文　七〇頁　定價　七十錢

頭註を加ふ。次ぎの十四章より成る。一ノ一、一ノ二、一ノ三、一ノ四、二ノ一、二ノ四、三ノ一、三ノ二、三ノ三、四ノ一、四ノ三、五ノ一、五ノ二、五ノ三

48. 校訂 西鶴全集 上下二冊　有宏社　大正一四、一一

菊判　クロース　洋綴　本文　上卷七九九頁 下卷七九二頁　定價　各五圓五十錢

佐澤和軒校訂とあれど、21番熊谷千代三郎編の『西鶴全集』を再び分册改裝し、これより『新日本永代藏』を除き、順序を變へしのみにて、紙型まで前者を盗用せる俗書也。猶卷頭に西鶴肖像、『櫻陰比事』の本文一葉を寫眞版として掲げ序四頁を添ふ。

上卷　西鶴五百韻　諸國咄⑪　艶隠者⑦　五人女⑫　二十不孝⑩　懐硯⑦　武道傳來記⑪　永代藏⑭　武家義理物語⑩　新可笑記⑦

下卷　櫻陰比事⑩　一目玉鉾⑥　石車　胸算用⑪　置土産⑬　織留⑪　俗つれづれ⑪　文反古⑪　名殘の友⑦

一、浮世草紙

＊　＊　＊　＊　＊　＊　＊

昭和期は、經濟的には大正十二年九月の東京大震火災に依る混亂が漸次整頓平生に復し、政治的には大正天皇崩御につゞく昭和新政に入り、世は概して和平を享ける事が出來たが、思想的には漸次マルクス主義的社會觀が濃厚となり、これらに依る組織的陰謀は四年頃より逐次表面化したが、昭和六年の滿洲事變を楔機としてこれの反動が現はれ、右翼的、國家社會主義的、全體的な傾向をたどつて今日に及んでゐる。出版界はこれら時勢を反映し、文學藝術の一般的興隆に幸ひせられて愈々隆昌に赴き、單行本の外、叢書、全集、文庫等良書俗書共間斷なく發行された。

49. **西鶴全集**　十一冊　正宗敦夫校訂　日本古典全集刊行會　自大正一五、八 至昭和三、四

四六半截　紙裝　假綴　豫約非賣

日本古典全集のうち

第一　好色一代男⑧　日本永代藏⑮

第二　本朝櫻陰比事⑪　新可笑記⑧

第三　西鶴諸國咄⑫〔第五卷を缺く。但し後に五の卷を補へり。〕世間胸算用⑮

第四　諸艶大鑑⑤〔本巻當局の忌諱に觸れ、再刊の際改訂版を出せり。因みに初刊大正十五年八月改訂版は昭和三年二月なり。〕　近代艶隠者⑥

第五　好色一代女⑨　俗つれぐ⑫

第六　好色五人女⑬　本朝二十不孝⑪

第七　武道傳來記⑫

第八　武家義理物語⑪　西鶴織留⑫

第九　一目玉鉾⑦　西鶴置土産⑭

第十　好色盛衰記③　懐硯⑧　萬の文反古⑮

第十一　男色大鑑⑥　名殘の友⑧

第十一巻を除く各巻巻頭に解題を添へ、本文を凸版として見本に据ゑ、挿畫を多く加へ、又本文校訂に就いても、努めて原本の博捜を怠らなかつた事は良心的といへる。但し、往々本文は原本通りにしたといふ解題の言葉に從へかねるものがある。猶解題の文は親切であるが、校訂者が西鶴の研究家でない爲め、啓發さるゝ文字に乏しい。本書、紙装假綴本の外に、クロース洋綴の特製本を刊行した。

50. 絵入 好色一代男 ⑨ 八冊　　愛鶴書院　　大正一五、九

美濃判　和紙　和裝　豫約非賣

神谷鶴伴氏が、西鶴原本木版複製の第一次業績で、原本の趣を忠實に復原した最も良心的のものとして、永く西鶴複刻史上に輝くものである。猶この奥附は完結の年月である。

51. 西鶴好色物全釋

岡部美二二著　廣文堂書店　昭和二、三

好色五人女⑪　好色一代女⑩を收む。本書は註釋書、口譯書として取扱ふを本態とするが、前記二書の本文を收めてゐる爲め、便宜本項にもその書名を記す事にした。以下これに從ふ。

52. 井原西鶴集

國民圖書株式會社　昭和二、三

四六判　クロース　洋綴　本文　九四九頁　豫約非賣

近代日本文學大系　第二卷として刊行。笹川臨風の解題五二頁。

好色一代男⑩　好色五人女⑮　好色一代女⑪　本朝二十不孝⑫　武道傳來記⑬　日本永代藏⑯　世間胸算用⑯　西鶴織留⑬　西鶴俗つれ〴〵⑬　の九部を收む。卷頭に『置土產』所載の西鶴肖像を添ふ。

本書、後、昭和七年に入りて發行所を誠文堂に變へたり。

53.
西鶴全集 正篇 巻一　鈴蘭社　昭和二、四

四六判　クロース　洋綴　本文　二九六頁　定價　一圓五十錢

西鶴置土産⑮ 胸算用⑰ 懐硯⑨ の三篇を收む。巻頭、井原西鶴略傳あり。編輯兼發行人を蘇武文子とす。俗書也。全集といふも正篇巻壹より他を見ず。刊否不明なり。

54.
好色一代男⑪ 好色一代女⑫　江戸軟派全集刊行會　昭和七、二

菊半截　紙装　洋綴　本文　二五六頁　非賣品

巻頭、西村新の解題四頁を添ふ。江戸軟派全集本として刊行せるものなるも、江戸軟派全集の全貌不明。

55.
繪入 好色一代女⑬ 六冊　愛鶴書院　昭和二、九

大濃判　和紙　和装　豫約非賣

神谷氏の第二次複刻事業なり。『好色一代男』同樣忠實なる原本木版複刻にして、特に書誌學的には、表紙に貼付せる色紙型題簽の完態を紹介せるものとしても注目されてゐる。

一、浮世草紙

56. 西鶴輪講　**好色一代男**　⑫　八冊　鳶魚編　春陽堂　自昭和二、九　至同三、六

四六判　紙装　假綴　總紙数　七八四頁　定價　各七十錢

本文及び語句考證より成る。註釋篇に詳述すへし。

57. **岩波文庫西鶴本**　十一冊　岩波書店　自昭和二、一〇　至同一五、一

菊半截　紙装　假綴

書名	文庫番號	刊年	本文	解説	校訂者
好色一代男⑬	九四	昭和二、一〇	一三六頁	二頁	和田萬吉
好色五人女⑯	一一〇	同	九五頁	二頁	同
好色一代女⑭	一二二	同	一一二頁	二頁	同
日本永代藏⑰	二一三	昭和三、一	二一三頁	二頁	同
世間胸算用⑱	二三二	同	九六頁	二頁	同
西鶴織留⑭	二四一	昭和三、五	二四一頁	二頁	同
武家義理物語⑫	四八三	昭和四、一	九八頁	一頁	同

武道傳來記⑭　八三五　昭和七、八　一八四頁　二頁　同
西鶴諸國咄⑬　八五三　昭和七、一一　一六六頁　二頁　同
本朝櫻陰比事⑫
西鶴置土產⑯　一五四五　昭和一二、七　一〇四頁　八頁　片岡良一
西鶴文反古⑯　二一八五　昭和一五、一　八四頁　一〇頁　同
本叢書は解説要領を得、校訂親切、印刷鮮明、携帶至便、廉價等の故により讀書界の信用を博せり。

58. 西鶴五人女⑰評釋　文獻書院　自昭和三、一　至同三、一二

菊判　紙裝　假綴

國文學講座のうち。鈴木敏也氏擔當。本文、語釋、評釋より成る。昭和六年一月の受驗講座刊行會本は本書と同一紙型なり。

59. 西鶴全集　蘇武利三郎編著　中央出版社　昭和三、二

四六判　布裝　洋綴　本文　九六四頁　定價　三圓

卷頭伊原西鶴略傳は、53番西鶴全集卷頭の文と同一なり。收むる所、好色一代男⑭、好色二代男⑥、諸國

一、浮世草紙

はなし⑭（巻序帝國文庫のまゝ）好色三代男、好色五人女⑱、本朝二十不孝⑬、好色一代女⑮、美男大鑑（原名男色大鑑）⑦、懐硯⑩、武家義理物語⑬、日本永代藏⑱、新可笑記⑨、胸算用⑲、西鶴置土産⑰、織留⑮、名殘の友⑧、等十六篇、俗書也。

本書、普及版とあれど、これと同内容異裝幀のものを出せるや不明也。

60. 續西鶴全集　　啓發社　　昭和三、二

四六判　クロース　洋綴　本文　三六〇頁　定價　三圓八十錢

近代艶隱者⑦、山路の露、小夜嵐、諸艶大鑑⑦を收めたもので、西鶴作に非ざるものが多い。文學士山本春雄なるものゝ編輯とあるが、取るに足らぬ俗書である。『續西鶴全集』とあるが『正西鶴全集』に相當するものを未だ見てゐない。本書卷末廣告頁に『絶版物三種』といふ書名を見、うちに『好色一代女』を收めてゐるが、該書未見に屬す。

61. 好色一代男　　潮文閣　　昭和三、三

三六判　背革クロース　洋綴　本文　四三八頁　非賣品

內題「西鶴撰集」といふ。萬有文庫　第四卷として刊行。監修者に和田萬吉の名を署す。

一代男⑮、一代女⑯、五人女⑲、附錄に大句數（上卷のみ）、卷首に井原西鶴小傳、及び所收書目の解說がある。但し永代藏を收めてゐる如く解說してゐるが、實際には載つてゐない。

62. 新板繪入 新小夜嵐④　山口剛校訂　日本名著全集刊行會　昭和三、四

日本名著全集　江戶文藝之部、第九卷「浮世草子集」のうちに收載。嘗つて三昧の「賞奇樓叢書」に入り、石川巖の西鶴全集に收めしものと同一の底本を以て校訂せしも、本書に於ては、用字等すべて原本のまゝとし、挿畫を全部挿入して舊態を一新せり。猶卷頭に懇切なる解說あり。

63. 萬の文及古⑰　吉田九郎校註　廣文堂　昭和三、九

菊判　布裝　洋綴　本文　一〇四頁　定價　七十錢

『要註國文定本總聚』本、頭註及び索引一五頁を添ふ。

64. 好色西鶴傑作選集　文久社書房　昭和三、四

四六判　紙裝　洋綴　本文　三五四頁　定價　一圓五十錢

一代男⑯、一代女⑰、五人女⑳、を收めてゐる。

一、浮世草紙

65. 西鶴輪講 好色一代女⑱ 六冊　鳶魚編　春陽堂　自昭和三、七 至同 四、四

四六判　紙裝　假綴　總紙數　四五五頁　定價　各七十錢

本文と語句考證より成る。

66. 西鶴好色本集　桃林房　昭和三、一二

菊半截　紙裝　洋綴　本文　三四三頁　定價　八十五錢

好色一代男⑰　一代女⑲　五人女㉑　附錄に『吉原大全』を收む、江戸軟派文庫として刊行。卷頭西村新の解題あり。一代男、一代女は、54の『江戸軟派全集』本と同一紙型なり。猶昭和九年の項の更生閣本を見よ。

67. 西鶴好色本集　有敎社　昭和四、五

66を改裝してその版元を變へた。言ふ迄もなく俗書の尤なるもの也。一代男⑱　一代女⑳　五人女㉒

68. 校註 日本永代藏⑲　潁原退藏著　明治書院　昭和四、七

四六判　背クロース　紙裝　洋綴　本文　一五三頁　定價　八十錢

頭註を加へ。巻末に「井原西鶴」の一文（一〇頁）を添ふ。校訂、註釋、共に信すへき編著なり。

69. 好色五人女㉓ 五冊 愛鶴書院 昭和四、八

美濃判 和紙 和裝 豫約非賣

神谷氏第三次複刻事業として本書を選んだ。原本の忠實なる木版複刻のこと前の『一代男』、『一代女』に同し。原本に準ずるものとして永く珍重されよう。但し嚴密に見て誤りなきを保し難い。複製本の誤りの一例

	原本	複刻本
一ノ一	書のない國をしてあそふ	してあそふ
二ノ三	御番替《ごばんがはり》	——替《がわり》
三ノ一	雪踏《せつだ》	雪《ゆき》踏《た》

70. 西鶴名作集 上下二冊 山口剛校訂 日本名著全集刊行會 自昭和四、八 至同 四、一〇

菊半截 クロース 洋綴 本文 上一一三二 下一〇三〇頁 豫約非賣

『日本名著全集』江戸文藝之部、第一、第二巻として刊行

上巻 一代男⑲ 二代男⑧ 諸國はなし⑮ 艶隠者⑧ 五人女㉔ 一代女㉑ 二十不孝⑭ 男色大鑑⑧ 懐

硯⑪　武道傳來記⑮

下卷　武家義理物語⑭　日本永代藏⑳　新可笑記⑩　櫻陰比事⑬　一目玉鉾⑧　胸算用⑳　置土産⑱

織留⑯　俗つれ〴〵⑭　文反古⑱　名殘の友⑩

本書校訂の用意は、下卷卷頭例言に窺ふ事か出來るので、爰に引用する。

西鶴名作集上下二卷を校訂するに方つて、最も努めたのは、原本の面影を髣髴することてあつた。誤字にも訛字にも、また今の假名つかひに合はぬものにも、一切私意を加へまい。見す〳〵脩書の誤脫とおもはれるものにも、斧正を施すまい、之れかために、一讀直に誤植多き書と豫斷せられるのも致し方かないと考へた。後から書き足した文字か、行の右また左に小さく添へられてゐるのさへ、その儘に寫し出さうとした。かういふ事からも、後の研究者が意外な問題を見出しはせぬかと思つたからてある。

西鶴の著作の飜刊されたのは少くない、しかも、多くは今の文法により、今の字義に從つて校訂されてゐる。かくては、西鶴本來の面目を逸し、西鶴獨特の語法、また用語用字の例を考へる重要な資料を棄てさせはしまいか、その氣つかひか、一に原本に忠ならんとしたのてあつた。

句讀點と振假名とに、特に注意を拂つたのも同し理由による。それ等を精しく、また音の淸濁を明にするためには、もとより書每に數本を準備する必要かある。さいはひに、『懷硯』と『名殘の友』とか、一部の完本、二三册の缺本を得たにとゞまる外、參照ほゞ意にかなふものかあつた。（中略）

西鶴の書には、他の浮世草子に於いて、つひに見出し難き幾多の新造字がある。それらは漏すところなくそのまゝ移した。さうすると、略字までも棄て難くなり、はては古の木版の約束と今の活字の世界の約束の相異をも忘れ、一途に明朝活字の書法のかたさを嘆じ、用なき略字三昧に陥つた事も尠くなかつた。また草書體をそのまゝに楷書風に結晶させ、或は草體のあとを露はに残して、前後との調和を破つたのも二三てない。（下略）

これは、校訂者山口氏の學術的な複刻態度と、苦惱と苦鬪を語るものであるか、この努力は、三段組前後二千百六十二頁の本文をして、たゞに西鶴複刻史上にとゞまらす、古典の活字複刻史上實に劃期的の業績として永遠に燦たる光を放たしむるに至らせたのである。用字、用語、句讀點、その他微細に亙つて原本原態を尊重し、活字にて爲しうる極限を示したといへよう。但しこの彪大なる二册に、誤植誤讀は尙多くあり、特に下卷織留に甚た多くこれを發見するか、又止むを得ない所であらう。

猶本書原本の序跋奥附、目錄丁を必す凸版にて示し、挿畫は全部に亙つてこれを收め、一の除外も敢てしなかつた。下卷卷頭には二〇八頁に亙る解說文を添へ、示唆に富む論究を發表してゐる。

71. 井原西鶴集

日本文學叢書刊行會　昭和四、九

菊判　クロース　洋綴　本文 七四二頁　解說 三七頁　豫約非賣

一、浮世草紙

『新釋日本文學叢書』第二輯　第十卷として刊行。卷頭に寫眞（肖像及び諸國咄し）を掲ぐ。

二十不孝⑮　武道傳來記⑯　武家義理物語⑮　永代藏㉑　胸算用㉑　置土產⑲　織留⑰　文反古⑲　諸國咄し⑯　上欄に語句の註釋あり。本書は內海弘藏、物集高量が擔當し、卷頭の解說者は藤村作、彤田藤太、校訂者は土井重義の諸氏である。

72. **日本永代藏㉒詳解**　岡田稔　大同館書店　昭和四、九

菊判　クロース裝　洋綴　本文　三二四頁　定價　二圓八十錢

本文　語句通釋より成る。語句索引二三頁を添ふ。

73. **古典文庫西鶴本　四冊**　日本古典全集刊行會　自昭和四、一〇 至同　四、一二

菊半截　クロース裝　洋綴

一、諸國咄⑰　昭和四、一二

二、一目玉鉾⑨　昭和四、一〇

三、置土產⑳　同

四、好色盛衰記④　同

文庫本の一般的流行につれて、既刊古典全集本を分冊單行せるもの。校訂者、紙型、解説等すべて同じ。猶同書古典文庫目錄中に、『諸艶大鑑』を示してゐるが、これは未刊に終つた。

74. 校註 世間胸算用㉒ 潁原退藏校訂 明治書院 昭和五、二

四六判 背クロース 紙装 洋綴 本文 一一二頁 定價 七十錢

附錄に、「西鶴年譜」、「胸算用のよみ方について、」一四頁あり。原本そのまゝの複刻ではないが、頭註校訂共に信ずべきものなり。

75. 西鶴全集 前後 二冊 博文館 自昭和五、一一 至同 五、一二

四六判 背革 クロース 洋綴 本文 前六四〇頁 後九二三頁 豫約非賣

『帝國文庫』第二十、第二十一篇として刊行、校訂解説者藤村作

前篇 一代男⑳ 二代男⑨ 五人女㉕ 一代女㉒ 男色大鑑⑨ 三代男、色里三所世帶② 好色旅日記

後篇 諸國咄⑱ 近代艶隱者⑨ 二十不孝⑯ 懐硯⑫ 武道傳來記⑰ 永代藏㉓ 武家義理物語⑯ 新可笑記⑪ 櫻陰比事⑭ 胸算用㉓ 置土産㉑ 織留⑱ 俗つれ〴〵⑮ 文反古⑳ 名殘の友⑪

解説要を得、『三代男』、『三所世帯』、『旅日記』、『近代艶隠者』等には西鶴作として疑ひを存してゐる。

校訂は山口氏本と同様嚴密で山口氏本の誤りを正した所も多いが、同様の誤りを犯してゐる所もある。『本朝櫻陰比事』目錄丁全般には誤讀がある。然し昭和期の代表的複刻本たること論を俟たない。

76. 日本永代藏㉔評釋　佐藤鶴吉著　明治書院　昭和五、三

菊判　クロース　洋綴　本文　三四四頁　定價　二圓六十錢

はしがき四頁、解題三四頁、本文語句註、上欄に口譯を添ふ。評釋を目的とせる好編著なり。

77. 本朝櫻陰比事　博文館　昭和五、四

菊半截　クロース裝　洋綴　豫約非賣

『世界探偵小説全集』第一卷、「古典探偵小説集」中に収む。田中長太郎、田中早苗編
完本に非ず。所收卷章左の如し。
一ノ四、太鼓の中はしらぬが因果。二ノ一、十夜の半弓。二ノ七、聾も爰は聞所。三ノ一、惡事見へすく揃帷子。三ノ四、落し手有拾ひ手有。三ノ九、妻に泣する梢の鶯。四ノ一、利發女の口まね。四ノ七、仕掛物水になす桂川。四ノ九、大事を聞出す琵琶の音。五ノ三、白浪のうつ脈取坊。

78. 日本永代藏㉕　文藝社　昭和四、五

菊半截　紙装　洋綴　本文　一三八頁　定價　三十錢

『世界文藝叢書』第十五巻として刊行

79. 日本永代藏㉖輪講(十九回完)　鳶魚編　自昭和五、七 至同六、四

『日本及日本人』誌　二〇四號より二三三號に連載、本文及び輪講より成る。

80. 好色五人女㉖詳解　尾形美宣著　大同館書店　昭和五、四

菊判　クロース装　洋綴　本文　二五三頁　定價　二圓八十錢

本文、註釋、通釋より成る。本文二二四、附錄に「井原西鶴の研究」、二九頁、語句索引一九頁あり。

81. 好色五人女㉗輪講　鳶魚編　龍生堂書店　昭和五、一一

菊判　クロース装　洋綴　本文　三二六頁　定價　三圓

本文及語句考證、索引とより成る。

一、浮世草紙

82. 西鶴五人女㉘評釋　　鈴木敏也著　　受驗講座刊行會　　昭和六、一

菊判　紙裝　假綴　本文　二三九頁　豫約非賣

鈴木敏也著、國文學講座のうち。解說五　本文、語釋、評釋より成る。猶、昭和十年の項の同名書を參看すへし。

83. 諸艶大鑑　　藤井紫影等　　自昭和六、一 至同　六、一二

『上方』誌一、二、五、六、八、一二號に連載。一代男の輪講六回にて卷二の一迄。本文語註全釋より成る。

84. 五人女㉙詳解　　藤井乙男著　　木鐸社　　昭和六、二

四六判　クロース　洋綴　本文　二六二頁　定價　二圓八十錢

はしかき四頁。本文、註釋、上欄に口譯、卷尾に索引あり。

85. 好色一代女㉓　　蘇武綠郎編　　大鳳閣書房　　昭和六、四

『花街風俗叢書』第三卷、『浪花遊里風俗篇』中に収む。

86. 井原西鶴選　中興館　昭和六、四

遠藤、藤田共編『元祿文學新抄』の第一編を『井原西鶴』とし、『諸國咄』『武道傳來記』『武家義理物語』『日本永代藏』『櫻陰比事』『胸算用』『置土產』『織留』名殘の友』より十九篇を抄出。頭註を加ふ。高等學校教科用也。

87. 西鶴織留⑲輪講（十九回完）　自昭和六、五 至同 七、五

『日本及日本人』誌に連載。鳶魚、樂堂等八氏に依る輪講。本文を揭げ語句の考證等をなす。

88. 西鶴織留⑳輪講　早稻田大學出版部　―不明―

菊判　本文二七六頁　校正刷本

前者に追補を加へしもの、但し本書は校正刷のみにて單行には到らなかつたらしい。從つてその流布は殆んどないものと考へられる。

89. 西鶴全集　九冊　正宗敦夫校訂編纂、古典全集刊行會　自昭和六、六 至同 一〇、一〇

一、浮世草紙

縦五寸七分五厘、横四寸　クロース装　洋綴　非賣品

巻一　好色一代男㉑
巻二　諸艶大鑑⑩　諸國咄⑲　近代艶隠者⑩
巻三　五人女㉚　一代女㉔　二十不孝⑰
巻四　男色大鑑⑩　懐硯⑬
巻五　永代藏㉗　武道傳來記⑱
巻六　武家義理物語⑰　新可笑記⑫　好色盛衰記⑤　櫻陰比事⑮
巻七　一目玉鉾⑨　世間胸算用㉔　置土産㉒
巻八　織留㉑　俗つれ〴〵⑯　文反古㉑　名殘の友⑫
巻九　西鶴評傳　暦

『世界婦人文獻增補』として刊行、正宗敦夫校訂編纂。裝幀卷序を變更せるも、舊『古典全集』そのまゝにて、特色と意義更になし。特に第九卷の如き、紙裝假綴僅か二十頁の小册子にして、評傳としての價値なし。

90. 西鶴文撰集　山崎麓編著　春陽堂　昭和七、一

四六判　クロース　洋綴　本文　二〇六頁　定價　九十錢

日本永代藏八篇、胸算用八篇、織留六篇、文反古七編、諸國ばなし三篇、武道傳來記三篇、武家義理物語三篇、俗つれ〲二篇、二十不孝一篇。頭註を加へ、卷頭に「西鶴について」三頁、卷末西鶴著作年表を添ふ高等學校教科用書として編纂せしもの。

91.

西鶴名作選

冨倉德次郎編著　平野書店　昭和七、四

四六判　クロース　洋綴　本文　一三〇頁　定價　七十五錢

本朝二十不孝　二篇　武道傳來記　三篇
懐硯　二篇　永代藏　四篇
武家義理物語　一篇　櫻陰比事　一篇
胸算用　四篇　置土產　一篇
織留　二篇　文反古　一篇

簡單な頭註、卷頭西鶴肖像　卷末西鶴浮世草子年譜、高等學校教科用に編まれしもの。

92.

好色一代男㉒

愛鶴書院　昭和七、八

四六判　布袋　洋綴　會員頒布　參圓

一、浮世草紙

神谷鶴伴の西鶴原文の複刻事業は、『一代男』、『一代女』、『五人女』まで進展し、ついで江戸版『一代男』に移らんとせし時、從來の複製本の發禁を命ぜられ、こゝにこの事業も一頓挫を來した。依つて氏は、再び『一代男』の凸版縮刷の頒布をなせるもの卽ち本書也。原本の趣を忍ぶに十分也。

93. 西鶴織留㉒新註　松浦一六著　春陽堂　昭和七、一

菊判　クロース　洋綴　本文　二六六頁　定價　三圓

序（山崎麓）三頁、はしがき二頁、解題一一頁、凡例二頁、卷索引一六頁

上欄に詳註、下を本文とし、本文校訂にもよき注意が拂はれてゐる。

94. 西鶴榮花咄⑥　蘇武綠郎　今關良雄編　文新社　昭和八、八

『未刊珍本集成』第一輯に收む。本書『好色盛衰記』の改題本なり。

95. 新註 西鶴町人物集成　鈴木敏也校註　大倉廣文堂　昭和九、一

菊判　クロース　洋綴　本文　三五一頁　定價　一圓五十錢

永代藏㉘　胸算用㉕　織留㉓　これに解題と頭註を加へ、卷末に、「西鶴の町人小說」一一五頁を添ふ。所々

挿畫及び本文を凸版として收めたり。

96. 武家義理物語⑱輪講　鳶魚編　早稻田大學出版部　昭和九、一

菊判　紙裝　假綴　本文　二〇〇頁　定價　一圓三十錢

本文及び語句考證より成る事從來の論講に同じ。卷末に索引あり。

97. 好色一代女㉕　大鳳閣　昭和九、三

四六判　紙裝　假綴

『風流好色誌纂』中に收む。84番の花街風俗叢書本『一代女』と同一紙型なり。

98. 好色一代男㉓註釋　神谷鶴伴著　改造社　昭和九、八

菊半截　布裝　洋綴　本文　四七一頁　定價五十錢

『改造文庫』第二部　第二四九篇、神谷鶴伴著、本文、大意、語釋より成る。卷頭上田萬年、幸田露伴の序あり。但しこれは昭和六年七月愛鶴書院より『好色一代男註釋』卷上に與へられし序文と同一。同書は卷下を刊行せず。又本文を掲げず。右卷上に更に、後半の稿を加へ、本文を添へて成りしもの本書也。

99.　好色一代男㉔　更生閣　昭和九、一〇
四六判　和紙　和綴　本文　一五〇頁　定價　一圓五十錢

100.　好色一代女㉖　更生閣　昭和九、一〇
四六判　和紙　和綴　本文　一〇四頁　定價　一圓三十錢

101.　好色五人女㉛　更生閣　昭和九、一〇
四六判　和紙　和綴　本文　一〇四頁　定價　一圓五十錢
『傾城買二筋道』と合綴

右三冊は54江戸軟派全集本、66江戸軟派文庫と同一紙型を踏用せる俗書なり。

本書奥附を見るに、初版を昭和二年二月とす。江戸軟派全集本は昭和二年七月なり。果して二月の版ありや疑はしい。何となれば、同書奥附の再版昭和二年八月とあり。信ずるに足らざるものなり。

102.　抄註 西鶴近松選　塚田芳太郎編　白帝社　昭和九、一〇

103. 好色五人女講義　藤村　作　自昭和一〇、一 至同　一〇、二

四六判　クロース　洋綴　本文　一一〇頁　定價　六十錢

世間胸算用より十篇を選び、本文上欄に抄註を施す。高校專門學校教科用書

『むらさき』誌二の一より四の二に亙る十九回、『五人女』卷二まで。本文、語註より成る。

104. 世間胸算用 ㉖ 詳解　植村邦正著　大同館書店　昭和一〇、四

菊判　クロース　洋綴　本文　二七〇頁　定價　二圓五十錢

藤井乙男序二頁、はしがき二頁、解説一〇頁、寫眞四

本文、語義、通釋より成る。卷末年表と索引を添ふ。

105. 西鶴五人女 ㉜ 評釋　日本文學社　昭和一〇、二

菊判　クロース　洋綴　本文　二三九頁　定價　二圓五十錢

81の同名の書を前半とし、頴原退藏氏の『西鶴胸算用選釋』を後半に合綴せり。轉賣より生じたる無責任なる刊行なり。本文二三九頁は五人女のみの頁數なり。

106. **西鶴名作集**　藤井乙男著　大日本雄辯會講談社　昭和一〇、七

菊判　布裝　洋綴　本文　七八五頁　豫約非賣

好色一代男㉕　五人女㉝　一代女㉗　永代藏㉙　胸算用㉗の五部を收めた。序言三頁、解題三六頁、上欄に詳註、卷末追考（語句考證）一二三頁。本文校訂の方針は、原本のまゝといふ譯ではないが、味讀主義を取り、挿畫も全部入れ、註釋書としての權威のみならず、活字複刻本としても注意すべき好著である。

107. **西鶴物**　三教書院　昭和一〇、八

四六判　和紙　和綴　本文　二四四頁　定價　五十錢

日本永代藏㉚　櫻陰比事⑯の二著を收む。所謂「いてふ本」の複活である。校訂者に、往年の沼波、山田以下十一人を竝ぶ。卷頭の解題は沼波瓊音の筆と傳ふ。明治四十四年「珍袖文庫」本卷頭に倣ふ。

108. **世間胸算用㉘全釋**　市場直次郎著　文泉堂書房　昭和一〇、九

四六判　クロース　洋綴　本文　三三〇頁　定價　二圓

本文、語釋、通解、評より成る。卷頭に胸算用原本の全景を寫眞版にして掲ぐ。

109. **西鶴置土産輪講**　西鶴輪講會　自昭和一〇、一一 至同 一三、一〇

『國文國史』誌一ノ一―四、二ノ一―二號に連載。六回にて卷二を了す。本文及び註より成る。

110. **西鶴織留**　藤村作　自昭和一一、五 至同 一三、八

織留の選擇で、『解釋と鑑賞』誌に連載。一より一五號の十二回に亙り、織留の一ノ一、二ノ四、四ノ三、五ノ二、六ノ一、六ノ二、六ノ三の七篇に及ぶ。本文、譯、語釋より成る。

111. **攷註日本永代藏**　上　守隨憲治著　山海堂出版部　昭和一二、三

菊判　布裝　洋綴　本文　二八四頁　定價　三圓八十錢

貨幣寫眞四葉、藤村作序二頁、緒言五頁、解說一三頁

本文上欄に江戸版との校異を示し、通釋、語釋、通譯より成る。卷三まで。本文の校訂の嚴密、特に異版を校合したるは注意すべき事である。

112. **日本永代藏** ㉛ 六冊　山海堂出版部　昭和一二、三

美濃判　和裝　定價　六圓五十錢

原本の凸版複製。守隨氏の解說一葉を添ふ。

113.
日本永代藏㉜新講　大藪虎亮著　白帝社　昭和一一、三

菊判　クロース　洋綴　本文　六〇〇頁　定價　四圓八十錢

卷頭寫眞四葉、はしがき、本書著述の方針　各々一頁、解題、批評、鑑賞　七二頁

本文、語釋、批評、上欄に口譯あり。卷末に語句索引三二頁、六〇〇頁餘より成る尨大なる編著也。

114.
西鶴近松新選　守隨憲治編　白帝社　昭和一一、三

四六判　クロース　洋綴　本文　二八七頁　定價　一圓十錢

永代藏十三篇、胸算用六篇、織留二篇、俗つれ〴〵一篇より成る。頭註を加ふ。高校專門學校教科用として編まれしもの。

115.
雄山閣文庫西鶴本　雄山閣　昭和一一、六

菊半截　紙裝　假綴

好色一代男㉖　番號13　昭和一二、六　本文　一二四頁　鶴見誠校訂

日本永代藏㉝　12　同　九九頁　同

はじめ雜誌『古典研究』の附錄として刊出。後これをそのまゝ文庫として單行した。その奥附共に昭和十二年十月と改まり、表紙圖案の色彩を變へた。

116. **本朝二十不孝**⑱　藤村作　自昭和一二、九 至同一五、一

『解釋と鑑賞』誌一六號より四四號に至り、二十五回に及んで『二十不孝』を完結。本文、譯、註とより成る。

117. **懷すゝり**⑭五冊　稀書複製會　昭和一三、一〇

美濃判　和紙　和裝　豫約非賣

原本通りの木版複製。

118. 新註 **日本永代藏**㉞　大藪虎亮著　白帝社　昭和一二、一二

四六判　クロース　洋綴　本文　一三六頁　定價　七十錢

一、浮世草紙

頭註を加へ挿畫を以つて解明を助けてゐる。高等專門學校教科用として編まれしものなり。

119.　**本朝二十不孝**⑲　藤村作　栗田書店　昭和一三、六

四六判　紙裝　假綴　本文　一三二頁　定價　五十錢

解說及び下欄に語句の註釋あり。以下三篇これに同じ。

120.　**世間胸算用**㉙　藤村作　栗田書店　昭和一三、七

四六判　紙裝　假綴　本文　一六八頁　定價　五十錢

221.　**西鶴俗つれぐ**⑰　藤村作　栗田書店　昭和一三、一〇

四六判　紙裝　假綴　本文　一〇八頁　定價　五十錢

122.　**西鶴**　近藤忠義著　日本評論社　昭和一四、五

四六判　紙裝　洋綴　本文　三〇七頁　定價　一圓五十錢

『日本古典讀本』卷九。本文篇に近年諸國咄⑳　五人女㉞　織留（卷一、二）、自註獨吟百韻を收め頭註を添ふ。

萬の文反古㉒　藤村作　栗田書店　昭和一四、五

四六判　紙裝　假綴　本文　一三八頁　定價　五十錢

男色大鑑　三田村鳶魚等　自昭和一五、一 至同一五、七

『江戸讀本』誌三卷一號より掲載された輪講で、本文と輪講とより成り、昭和一五年八月號(三卷八號)まで

に『男色大鑑』卷二ノ二に到りて中絶

世間胸算用㉚　守隨憲治校註　改造社　昭和一五、一

菊半截　紙裝　假綴　本文　一三九頁　定價　三十錢

『改造文庫』第二部第四二九篇。解說、凡例及び各卷末に語句の註解あり。

日本永代藏㉝　守隨憲治校註　改造社　昭和一五、一

菊半截　紙裝　假綴　本文　一七三頁　定價　三十錢

『改造文庫』第二部四三〇篇。解題、註解等すべて前掲『世間胸算用』に同じ。

127. **萬の文反古**　　藤村作　　昭和一五、二　昭和一五、二

『解釋と鑑賞』誌五卷二號より『文反古』一篇づつを掲げて解釋。五ノ一二迄に卷二を掲出了。本文、解、註より成る。繼續中。

128. **西鶴諸國はなし**㉑　五册　　稀書複製會　　自昭和一五、一一　至同一六、三

美濃判　和紙　和裝　豫約非賣

稀書複製會の西鶴叫第一次業績。木版複製。猶『武道傳來記』『二十不孝』『胸算用』、及び俳書『虎溪橋』『精進膾』が順次複製さるゝ筈である。

〔附記〕尙この他本文を含んだ註釋等に、『彗星』（江戶生活研究）（大正一五、五、及び六）所揭の五人女輪講、「日本文學」一ノ一（昭和一三、五）の「日本永代藏選釋」の如き、その量から言つても本文複刻史に何等足跡を印しない程度のものはこゝから除外した。又『現代筆禍文獻大年表』（齊藤昌三編）に『西鶴好色文』林甲子太郎（明治四〇年一二月）とあるが未見である。

二　俳諧

西鶴の俳諧及び俳書は、夙に種彦等、好事家考證家に珍重されたが、明治以後のめまぐるしい進展はこれを見るに遑なく、蕪村すら子規に依つてはじめてその價値を發見された位で、況んや文學的に價値低く、全く遊戯的文學視されてゐた談林俳諧が一般から注目されなかつたのは當然である。從つて西鶴俳諧竝びに關係俳書の出版も、その浮世草紙に比較すべくもない寥々たる有樣であつた。然し西鶴の俳諧は今後あらゆる角度から見直されなければならないし、見直す價値を十分に持つてゐるので、關係俳書の搜索と共に、これの整理刊行が要望されねばならない。

〔掲載の俳書は西鶴に關したものを及ぶ限り拾ふ事にした〕

西鶴五百韻　　博文館　明治三〇、一二

俳諧文庫　第三編　芭蕉以前俳諧集　下卷のうち　大野洒竹校訂

太夫櫻　　博文館　明治三〇、一二

俳諧文庫　第三編　芭蕉以前俳諧集　下卷のうち　大野洒竹校訂

發句及連句の一句を收む。

誹諧團袋　博文館　明治三〇、一二
俳諧文庫　第三編　芭蕉以前俳諧集　下卷のうち　大野洒竹校訂

兩吟一日千句　明治三三、五
俳諧文庫　第十八編　俳諧珍本集のうち　大野洒竹校訂

石車　熊谷千代三郎　校訂　西鶴全集上　平民書房　明治四〇、三

西鶴五百韻　熊谷千代三郎　校訂　西鶴全集下　平民書房　明治四〇、四

西鶴抱一句集　竹の家主人編　文藝之日本社　明治四一、一二
西鶴俳句集、抱一俳句集、西鶴迸句集より成る。
俳書として西鶴の名を冠した最初の活字印刷の單行本。

難波土産　國書刊行會　大正三、八
德川文藝類聚　第十一　雜俳のうち　饗庭篁村校訂

西鶴句集　藤井乙男編　有朋堂　大正三、九（序）

有朋堂文庫　名家俳句集のうち

春、夏、秋、冬、雑に分類收載せり

石車　浮世草子四　向陵社出版部　大正五、一

俳諧師手鑑　石川巖編　從吾所好社　大正一一、一〇

新選絵入　西鶴全集　俳諧篇　第一のうち。校訂者石川巖。以下八篇を收む。

大句數

虎溪の橋

物種集

西鶴五百韻

二、俳諧

兩吟一日千句

大坂獨吟集

三　鐵輪

俳諧六日飛脚

精進膾　石川巖編　從吾所好社　大正一一、一二

新選繪入 西鶴全集　俳諧篇　第二　のうち。次きの一篇を含む。

大矢數

新選繪入 西鶴全集　俳諧篇二册は、西鶴俳諧を最も多く輯錄せるもので、その驕樂篇と共に記念すべき好編纂である。校訂も嚴密である。

西鶴五百韻　有宏社　大正一四、一一

校訂西鶴全集上卷（梅澤編）のうち

俳諧胴ほね　米山堂　大正一五、二

由平、西國、西鶴三吟三百韻のうち西鶴自筆の百韻をコロタイプ複製。猶他の二百韻に就きては次條を見よ。稀書複製會　第四期複製書目のうち。

俳諧胴ほね　米山堂　大正一五、一〇

元來胴骨三吟三百韻は、各百韻を、それぞれ西鶴、由平、西國が自筆したものであるが、稀書複製會は、その第四期に、右のうち西鶴自筆の分を寫眞複製し、餘を『稀書解説』第四編のうちに活字複刻して解說したのである。但しこれを原本と校合するに、誤字あるのみならず、一句を脫落してゐる箇所がある。

大坂獨吟集　春秋社　大正一五、一二

日本俳書大系　第七卷　談林俳諧集のうち。以下四篇も同じ。

虎溪の橋

庵櫻

の實

矢數

右『談林俳諧集』は、勝峯晉風の編で、『俳諧文庫』中の『芭蕉以前俳諧集』下卷、石川巖の『西鶴全集』俳諧と共に、談林並びに西鶴俳諧研究の好編著である。

梅千句　松宇竹冷文庫刊行會　大正一五、一二

俳書集覽　第一卷のうち

すのみ　松宇竹冷文庫刊行會　昭和二、五

俳書集覽　第三卷のうち。次ぎの二篇も同じ

し舟

姿かな

俳諧鬪角力　浪速叢書刊行會　昭和二、五

浪速叢書　第二のうち（二八六―二八七頁）、攝陽奇觀　卷六十九に收められ凸版を以つて印刷に附せらる。

これは又、早く『俳家奇人談』中に摸刻されてゐる。

大句數　潮文閣　昭和三、三

萬有文庫　第四卷のうち

大坂俳歌仙　米山堂　昭和四、一一

稀書複製會　第六期に原本通り木版複製

但し、本書原名は『哥仙大坂俳諧師』といふものなり。

俳諧師手鑑　厚生閣書店　昭和五、一一

伊藤松宇氏所藏本を以つて凸版に複製、但し原寸よりやゝ縮小、猶複製本は原本の跋文を序とす。

西鶴篇

俳人眞蹟全集　第二卷『談林時代』のうち　野田別天樓編　平凡社　昭和五、二

西鶴俳諧の自筆自畫ものを最も多く收錄せり。

松壽軒西鶴獨吟百韻　大阪三越　昭和六、八

和歌山津田信美氏所藏自畫自註の自筆長卷を、部分的にコロタイプ、他を活字にして複製せるもの。卷頭藤井乙男氏の解說文を掲く。

高名集　米山堂　昭和七、八

稀書複製會　第七期に原本通り木版複製

難波色紙百人一句　米山堂　昭和八、九

稀書複製會　第八期に原本通り木版複製

西鶴俳諧研究　改造社　昭和一〇、七

『大坂獨吟集』中鶴永の獨吟百韻なり。はじめ『俳句研究』誌（一ノ一―四、六―八）に連載。

井原西鶴　大日本雄辯會講談社　昭和一〇、九

評釋 江戸文學叢書『俳諧名作集』のうち

西鶴の名句に解説を附したもの、註疏の項に入るへきものである。潁原退藏編著

西鶴句集　改造社　昭和一二、五

『俳句研究』第四巻第五號に掲載。潁原退藏氏編輯

春、夏、秋、冬、人事、動物、植物、天文、地理等に分つ。西鶴の句を最も多く輯錄してゐる。

江戸大坂 通し馬　池上義雄校訂　潁原退藏解説　若竹吟社　昭和一三、一〇

自註獨吟百韻　近藤忠義　日本評論社　昭和一四、五

『日本古典讀本』の『西鶴』のうちに取む。

古今俳諧女歌仙　瀧田貞治複製竝校註　野田書房　昭和一五、五

西鶴資料叢刊　第一册として刊行。
原本を原寸大にコロタイプ複製、解説及び原本活字複刻竝に略註の別册一册を添ふ。

大矢數　奥山徹郎校註　雄山閣　昭和一五、八

古典研究　第五卷第九號附錄、雄山閣文庫第一部五十三として刊行、俳書大系本に依つて校訂した。

三　雜

西鶴の著作は小說と俳諧がその主要部をなすのであるが、その他に演劇歌謠に關するものが幾分遺存してゐる。それらをこゝに一括する事にした。

凱陣八嶋　宮崎三昧校訂　自明治二四、二 至同　二四、七

『しからみ草紙』一七號より、一八、一九、二〇、二一、二二號に亘り、三昧の校訂にて複刻。

春日野　國書刊行會　明治四〇、八

新群書類從　第六　歌曲篇の『松の葉』のうち。

色香　國書刊行會　明治四〇、八

右二曲は長歌にして、『歌系圖』に依ると、共に西鶴作なりとしてゐる。猶『松の葉』は、袖珍文庫　第三十八、以下、有明堂文庫、近代歌謠集成　卷六等に收められ、謄寫版刷の複製本も出た。尚「春日野」のみは『攝陽奇觀』に收められて『浪速叢書』として刊行されてゐる。

暦　黒木勘藏校訂　名著全集刊行會　昭和二、一二

淨瑠璃名作集　上のうち

暦　藤井乙男校訂　朝日新聞社　昭和三、一〇

近松全集　第十二卷のうち

暦　藤井乙男解説　文獻書院　昭和三、一一

淨瑠璃稀本集のうち

小竹集　貴重圖書影本刊行會　昭和五、七

原本をコロタイプに複製す。

三、雜

暦　**貴重圖書影本刊行會**　昭和七、八

原本をコロタイプ版に複製す。

暦　**日本古典全集刊行會**　昭和一〇、一〇

世界婦人文献追補、西鶴全集　第九巻のうち

西鶴尺牘　**「俳句研究」二ノ六**　昭和一〇、六

「俳句研究」二ノ六に野間氏の解説を附し寫眞を添へ、活字を以つて書簡一通を示す。

難波の㒵は伊勢の白粉　二冊　**瀧田貞治複製竝解説**　**野田書房**　昭和一五、一二

西鶴資料叢刊　第二、第三册として刊行。

道頓堀の嵐、鈴木、荒木三座の野郎評判。一巻を缺く零本。原寸コロタイプ複製。解説書一册を添ふ。

第五篇　註疏史的研究

はしがき

古典が難解である場合、これに對して或は註疏、或は口譯意譯飜案等が試みられて、古典理解の階梯とした例は、古く源氏物語や謠曲等にも見られる所である。

西鶴に於ては、一は年代の比較的新しい爲め、一はこれら草紙が俗文學として卑しめられ、學者の齢すべからざるものゝ如く考へられてゐた爲め、馬琴の如く一二語句をあげつらつた例を除いては、これの註解事業は遙かに遲れ、近世も昭和に入つて漸く盛んに試みられる樣になつたのである。尤も西鶴に於ては、源氏その他の古典の場合とは異り、流布甚だ尠なく、先づ何よりも稀覯書の大衆化即ち活字複刻が最初に要求されたので、註疏口譯の如きは、一應これら活字複刻本が出揃ふのを待つてからなさるゝのが順序でもあつたのである。

扨て然らば古典に對しての註疏考證と、口譯類が何れを先にして現はれたかといふと、これは一概に斷じ難い。同一の書物が語句の註釋と意譯を併記してゐるものも多いし、それが、語釋を先に口譯を後に、又はこれの順序を反對にしたものもあり、結局二者に前後はつけ難いが、語句を解いて然る後に意味を知るといふ點から見れば、註疏事業が意譯等より一歩前に現はるゝと見るべきであらう。

又この口譯意譯等も、見方に依れば註疏事業の一分野とすべきであるが、こゝにはしばらく二者を別途に扱ひ、「口譯史的研究」を次篇に準備する事にした。又飜譯、飜案類は、明かに註疏的な意圖に出たものではないから、これは又全然別篇を樹てたのである。

猶本篇は小說、俳諧、淨瑠璃の別を分たず、年代に從つてその註疏事業の展開を見るといふ方法をとる事にした。

1. 西鶴の句十句　內藤鳴雪　文章世界 四ノ九　明治四二、七

「蓬萊の麓に通ふ鼠かな」以下十句の註解を試みたもので、註解者は、流石に談林の精神を理解して筆をとつてゐる。

2. 西鶴文集 二册　藤井乙男編註　有朋堂文庫　大正二、五　同 三、三

『諸國咄し』以下所收九篇に對し、簡單な頭註を施した。

3\. 西鶴の言葉　佐藤鶴吉　文章俱樂部　大正一三、六

西鶴の使用した特殊な言葉・文字と目さるべきものを例記論述されたもので連載されたらしいが未調也

4\. 西鶴近松抄　鴻巢次田栗原共編　裳華房　大正一三、一一

所收作品に簡單な頭註を施した。

5\. 抄本日本永代藏　藤村作著　至文堂　大正一四、三

永代藏中十七說話に對し頭註を施した。

6\. 抄本日本永代藏參考書　藤村作著　至文堂　大正一四、三

書名の示す如く「抄本日本永代藏」の參考書にして、十七說話中の重要語句に詳細な註解を加へた。

西鶴の作品に組織的な註解を試みた文獻の最初のもの。但し非賣品。

7\. 抄本胸算用　藤村作著　至文堂　大正一四、一一

胸算用中十四話に頭註を施した。

8. 西鶴輪講 好色五人女、（二回）　彗星江戸生活研究　一ノ三、四　大正一五、五—六

林若樹、木村仙秀、野々村蘆舟、鶴岡春蓋樓、笹川臨風、笹野堅、山口剛、池田孝次郎、三田村鳶魚によつて成されたる西鶴輪講にして、『五人女』巻四を二回に完結。本文の次に語句の考證を記載せり。

9. 三段式 西鶴好色物全釋　岡部美二二著　廣文堂書店　昭和二、三

好色五人女、好色一代女の二篇を、語義、原文、口譯の三段式に進行せしめた。但し語義として取上げられた語句も少く、必ずしも適切とはいひ難いが、この方面のトップを切つた業績である。

10. 西鶴輪講 好色一代男八冊　三田村鳶魚編　春陽堂　自昭和二、九 至同三、六

臨風、不倒、若樹、山中共吉、鳶魚、樂堂、仙秀、晉風、服部普白、春蓋樓、孝次郎、柴田宵曲、鈴木南陵、吉田里子、間民夫ら彗星一派に依る輪講。本文の後に語句件名等に關する註解考證を試みたもの。所謂古老、數寄者、物知りを一堂に會し、衆知を集めたゞけあつて、誤謬はあり乍ら此の輪講に依つて西鶴が開拓された點が多い。この功績は、以下續々現はるゝ一派の輪講全部に就いても同樣な事がいへる。

11. 西鶴對問　彗星江戸生活研究　二ノ一〇、一一、一二　昭和二、一〇—一二

西鶴輪講好色一代男一、二卷に就いて、その語句解釋に疑義あるものに批判したもの。南方、忍頂寺、岡、木村氏らの短文を揭ぐ。就中南方熊楠氏の說に傾聽すべきもの多し。

12. 好色五人女評釋　鈴木敏也　國文學講座 文獻書院　自昭和三、一 至同 三、二

本文、語釋、評釋より成る。講座ものといふ大衆相手の爲めであらうが、語釋に就いて、も一步突込んだ解釋がほしいし、その解釋はもつと實證的であつたならばと思はれる。

本書は後に合本單行され、平凡社より(昭和六、一)、日本文學社より(昭和一〇、二)、それぐ〻裝幀をかへて刊行された。

13. 萬の文反古　吉田九郎　廣文堂　昭和三、四

要註國文定本總纂中の一册。頭註あり。

14. 西鶴輪講 好色一代女 六册　鳶魚編　春陽堂　自昭和三、七 至同 四、四

彗星一派、共古、不倒、樂堂、鳶魚、鈴木南陵、松本龜松、宵曲、若樹、仙秀、間民夫、竹波、笹野葵園、臨風、青果らに依る輪講。その構成及び本講の功績に就いては既に述べたるが如し。

15. 日本永代藏（十三回）　佐藤鶴吉　國語國文の研究　自昭和三、八　至同四、一

『國語國文の研究』第二三、二四、二五、二六、二七、二八、二九、三〇、三一、三二、三三、三四、三五、三八號に亙つて連載された永代藏の評釋で、本文、註釋、評釋より成る。卷二ノ二までにて止む。これ本稿を更らに取まとめて單行する要に迫られたからである。

16. 西鶴俳句研究　柴田勉治註　雨田　昭和三、九

『雨田』第十二輯を西鶴俳句研究の特輯號とし、西鶴の句を柴田外數氏にて輪講せしものを揭ぐ。

17. 元祿文學辭典　佐藤鶴吉　新潮社　昭和三、一〇

西鶴及び近松の著作より語句を摘出し、それに註解を施した、西鶴近松辭典と稱すべきもの。本書の出現は西鶴の註疏史上に一時期を劃するものであり、元祿文學を解く一つの鍵となつたともいひ得よう。

18. 西鶴と近松用語について　潁原退藏　國語國文の研究　三二　昭和四、五

——元祿文學辭典の著者へ——

辭典の語義に對する修正異見。

19. 西鶴選釋世間胸算用　潁原退藏　文獻書院　自昭和四、一 至同四、八

『江戸文學講座』自一至五、胸算用巻五ノ一中途まで。本文、語釋、批評(意釋)より成る。良心的の著述

〔附記〕江戸文學講座が七號以下發刊されしや不明、猶本講の續は存在して世に行はれてゐる。

20. 校註日本永代藏　潁原退藏　明治書院　昭和四、七

頭註精緻

21. 日本永代藏詳解　岡田稔　大同館書店　昭和四、九

書評　岡田氏の『日本永代藏』　小柴値一　國學院雜誌　三六ノ一　昭和五、一

22. 井原西鶴集　日本文學叢書刊行會　昭和四、九

新釋日本文學叢書、所收作品、本朝二十不孝、武道傳來記、武家義理物語、日本永代藏、世間胸算用、西鶴置土産、織留、萬の文反古、諸國咄の九篇に頭註を施した。

23. 浮世草紙選釋西鶴織留(七回)　佐藤鶴吉　國語國文の研究　自昭和四、一二 至同五、一〇

『國語國文の研究』第三九、四一、四五、四六、四七、四八、四九に亙つて連載。卷一ノ一、卷二ノ二、卷四ノ二の三章の選釋

24. 校註世間胸算用　頴原退藏　明治書院　昭和五、二

頭註精緻

書評　校註世間胸算用　小柴値一　國學院雜誌　三六ノ八、昭和五、八

25 日本永代藏評釋　佐藤鶴吉　明治書院　昭和五、三

『國語國文の研究』誌掲載のものに增補修正を施し完結して單行せるもの。語註、評の外に上欄に譯を添ふ。永代藏評釋を愈々高めたもの。

26. 日本永代藏輪講（十九回）　日本及日本人　自昭和五、七 至同六、四

若樹、鳶魚、山口剛、森銑三、間民夫、遠藤萬川、樂堂、仙秀、春夏園子、青果、南陵、宵曲らによてつ成された輪講なり。『日本及日本人』誌二〇四―二二三號（二〇九號缺）に連載さる。

27. 西鶴のつかつた文字　眞山青果　スバル　七、八　自昭和五、七 至同五、八

佐藤鶴吉氏のいふ西鶴獨得とか造字とかいふ文字に對し、例證して當時の慣用なる事を示したもの。

28. 西鶴好色五人女輪講　鳶魚編　龍生堂書店　昭和五、一一

若樹、鳶魚、仙秀、南陵、銑三、民夫、宵曲らに依つて成された輪講。卷末に南方、山田孝雄ら數氏の文を以つて追補一束を掲げてゐる。

29. 西鶴五人詳解　尾形美宣　大同館書店　昭和五、一一

[書評]『好色五人女詳解』　小柴値一　國學院雜誌　三七ノ一　昭和六、一

30. 諸艶大鑑輪講（六回）　藤井紫影、横澤憲治、穎原退藏、鹽澤亮　上方　自昭和六、一 至同六、一二

雜誌『上方』第一、二、五、六、八、一二、に連載された。卷二ノ一「大臣北國落」迄。本文（第一回缺）、語註、全譯（口譯）より成る。

31. 西鶴五人女詳解　藤井乙男　木鐸社　昭和六、二

本文、註釋、上欄に口譯あり。はじめ「國語國文の研究」四四號（昭和五、五）四五號の二回に亙り「口譯五人女」として五人女一卷を全譯したが、本書はそれを底本としたものである。猶該稿は原文と口譯とのみより

成つてゐたが、本書に至つて語句の註釋を添へたのである。

32. 元祿文學新抄　遠藤、藤田編　中興館　昭和六、四

第一篇を「井原西鶴」とし、諸國咄、武道傳來記、武家義理物語、日本永代藏、胸算用、櫻陰比事、置土產、織留、名殘の友より十九篇を拔萃して頭註を施せり。

33. 西鶴織留輪講（十九回完）　日本及日本人　自昭和六、五 至同七、五

樂堂、萬川、鳶魚、鶴吉、銑三、宵曲、仙秀、澤田章らに依る輪講、『日本及日本人』225 226 227 228 229 230 231 232 233 236 237 238 240 242 244 246 247 248 249（以上）に連載さる。

34. 西鶴織留輪講　早稻田大學出版部　―不明―

菊判　本文　二七六頁　校正刷本

前者の輪講に追補を加へしもの。刊記なく、公刊に至らざりしものゝ如し。

35. 好色一代男註釋　上卷　神谷鶴伴　愛鶴書院　昭和六、七

大意、語釋より成る。語釋には猶考ふべき所がある。

36. 江戸難語考　穎原退藏　方言　自昭和六、一二 至同一〇、一二

必ずしも西鶴の語句のみとは限らないが、難語の考證　註疏として注目すべき勞作。「方言」一ノ四、二ノ一、七、一二、三ノ八、一二、四ノ五、七、五ノ一二の九回に亙つて連載された。

37. 西鶴文撰集　山崎麓　春陽堂　昭和七、二

頭註あり

38. 西鶴名作選　富倉德次郎　平野書店　昭和七、四

頭註あり

39. 西鶴織留新註　松浦一六　春陽堂　昭和七、一一

上欄に詳註す。その語釋に見るべきものあり。猶本註は、『日本及日本人』誌上の西鶴輪講に負ふ所多しと斷つてゐる。

書評　西鶴織留新註　佐藤鶴吉　國語と國文學　一〇ノ四　昭和八、四

40. 好色一代男解釋難　神谷鶴伴　文藝春秋　昭和八、三

又「東炎」巻二（昭和八年）にも同題のものが掲載されたとあるが、その號數及び月、內容未調

41. 新註西鶴町人物集成　鈴木敏也　大倉廣文堂　昭和九、一

永代藏、胸算用、織留三篇に詳註あり

42. 西鶴武家義理物語輪講　鳶魚編　早稻田大學出版部　昭和九、一

問民夫、鳶魚、和田曼子、不倒、蘆舟、宵曲、樂堂、銑三、鶴吉、南陵、仙秀らによる輪講

43. 西鶴俳諧研究輪講（七回）　俳句研究　自昭和九、三 至同九、一一

孝雄、次郎、正雄、典嗣、光知、豐隆、義惠諸氏による『大坂獨吟集』中鶴永の獨吟百韻輪講なり。該誌一ノ一、二、三、四、六、七、八に連載す。

44. 好色一代男註釋　神谷鶴伴　改造社　昭和九、八

改造文庫　第二部、第二百四十九篇、前掲の『好色一代男註釋』上卷につゞく下卷が未刊となつてゐたが、

これを完成合册して新刊せるもの。

45. 源氏酒考　野間光辰　國語國文　四ノ八　昭和九、八

―西鶴難語考その一―

46. 抄註西鶴近松選　塚田芳太郎　白帝社　昭和九、一〇

頭註あり

47. 好色五人女講義（十九回未完）　藤村作　むらさき　自昭和一〇、一　至同一二、二

雜誌『むらさき』巻二ノ一―一二號、巻三ノ二、四、六、一一、一二巻、四ノ一、二、まで。『五人女』巻二を終つて中絕した。本文、語註より成る。

48. 西鶴置土産論講（六回）　西鶴輪講會　國文國史　自昭和一〇、一一　至同一二、一〇

大阪女專の國文國史學會機關誌『國文國史』一ノ一、二、三、四、二ノ一、二、に揭載されしもの。置土產二ノ三迄完了。

49. 世間胸算用詳解　植村邦正　大同館書店　昭和一〇、四

原文、語義、通解より成る。

50. 西鶴織留語考　松浦一六　國語國文　昭和一〇、七

『國語國文』卷五ノ七に掲載。織留新註の追補。傾聽すべき點多し。

51. 西鶴名作集　藤井乙男　大日本雄辯會講談社　昭和一〇、七

評釋江戶文學叢書。一代男、五人女、一代女、永代藏、胸算用に頭註及び追考を附す。その語句件名の解釋考證甚だ精到緻密、西鶴註疏史上一時期を劃する記念すべき好著なり。

52. 西鶴俳諧研究　改造社　昭和一〇、七

43番の『俳句研究』誌に物せる輪講を單行せるもの。

書評　西鶴俳諧研究　潁原退藏　國語國文　五ノ一一　昭和一〇、一〇

53. 世間胸算用全釋　市場直次郎　文泉堂書房　昭和一〇、九

本文、語釋、通釋、評より成る。

54. **俳諧名作集**　穎原退藏　大日本雄辯會講談社　昭和一〇、一〇

井原西鶴の項に西鶴の句八句を選んで評釋す。

55. **西鶴織留**　藤村作　解釋と鑑賞　自昭和一一、五 至同一二、八

『解釋と鑑賞』誌　1 2 3 4 5 6 7 8 9 10 11 12 13 14 15に亙り織留の一ノ一、二ノ四、四ノ三、五ノ二、六ノ一、六ノ二、六ノ三の七篇を、本文、譯、語釋と分つて進行した。

56. **西鶴語彙考證**　眞山青果　中央演劇　自昭和一二、二 至同一三、一

『中央演劇』誌卷二ノ二、三、八、九、一〇、卷三ノ一に掲載されしもの。西鶴語句中從來誤解され難解とされたものを根本資料の博捜に依つて考證解決せるもの。その勞作眞に敬服すべく傾聽すべき說に富む。

57. **校註日本永代藏上**　守隨憲治　山海堂出版部　昭和一二、三

卷三迄。語釋に誤りがなくはないが、新說も多く、良著たるを失はない。

書評　日本永代藏の註疏事業　瀧田貞治　臺大文學　二ノ二　昭和一二、五

58. 日本永代藏新講　大藪虎亮　白帝社　昭和一二、三

前者と時を同しうして出てし大著、傾聽すへき新說も多い。但し語釋は今少し整理すへきてあつた。

書評　日本永代藏新講　中村幸彥　立命館文學　四ノ一〇　昭和一二、一〇

日本永代藏の註疏事業　藺田貞治、臺大文學　二ノ二　昭和一二、五

59. 西鶴近松新選　守隨憲治　白帝社　昭和一二、三

頭註あり

60. 本朝二十不孝（二十五回）藤村作　解釋と鑑賞　自昭和一二、九 至同一五、一

『解釋と鑑賞誌』一六號―四四號（五ノ一）に至る。揭載號數（通卷）一六―三一、三三―三四、三六―三七、三九―四〇、四二―四四。

本文、譯、註とより成る。

61. 新註日本永代藏　大藪虎亮　白帝社　昭和一二、一二

頭註あり

62. 日本永代藏選釋　鈴木敏也　日本文學　自昭和一三、五 至同　一三、七

雜誌『日本文學』一ノ一より三に至る。『永代藏』卷頭「初午は乘つて來る仕合」の釋

63. 本朝二十不孝　藤村作註解　栗田書店　昭和一三、六

新選近代文學註解叢書のうち。卷頭に解說、下欄に語句註あり。以下64 65 67の三篇とも同じ。

64. 世間胸算用　藤村作註解　栗田書店　昭和一三、七

65. 西鶴俗つれぐ　藤村作註解　栗田書店　昭和一三、一〇

66. 西鶴　近藤忠義　日本評論社　昭和一四、五

諸國咄、好色五人女、織留、卷一卷二、自註百韻に詳細なる頭註あり。『日本古典讀本』卷九。

67. 萬の文反古　藤村作註解　栗田書店　昭和一四、五

68. 世間胸算用　守隨憲治校註　改造社　昭和一五、一

改造文庫　第二部第四百二十九篇、卷頭解説、各卷末に語句の註解あり。

69. 日本永代藏　守隨憲治校註　改造社　昭和一五・二

改造文庫　第二部第四百三十篇、各卷末に語句註解あり。

70. 男色大鑑輪講（八回）　江戸讀本　自昭和一五、一 至同一五、七

本輪講はもと昭和四年一月にはじまり八月に講了したものである。『江戸讀本』誌三卷一號より連載。一號一章で進み、三卷八號を以つて大鑑卷二ノ二に至つて中絶す。本文と輪講より成る。林若樹、山崎樂堂、三田村鳶魚、木村仙秀、佐藤鶴吉、森銑三、柴田宵曲の六氏

71. 萬の文反古　藤村作　解釋と鑑賞　自昭和一五、二 至同一五、一二

『解釋と鑑賞』誌、五卷、二號（通卷四五號）より五ノ三、五、七、八、九、一一、一二までに『文反古』一篇つつを逐次解釋卷二を終る。本文、解、註より成る。なほ繼續中である。

第六篇　口譯史的研究

はしがき

本文が難解の場合、その理解に、語句の註疏事業が先づ第一に要求さるゝのであるが、これは往々語句の註釋考證に重點が置かるゝ結果、全體の理解の上に缺くるの憾みがある。故に語句の註疏と竝行して、全體の精神を攫んだ口語譯ともいふべきものがどうしても必要となつて來る。西鶴に於ては、獨立した口譯の外に、註釋書は殆んど全部といつてもいゝ位口譯を添へてゐる。今これらを年次的に一瞥する事にする。猶この項に收めたものは、口譯、通釋、通解等は勿論所謂「物語」といふものに迄及んでゐる。

1. 五人女　眞山靑果著　新潮社　明治四三、一〇

口譯として最も早く現はれたものかと思はれる。平福百穗の裝幀本書は後大正六年九月に改版し菊半截の小本、竹久夢二の裝幀で新潮社より刊行、更らに大正十五年十二月、再び四六判小松榮の裝幀を以つて南宋書院より刊行した。然し內容は全く同しく、同一の紙型を使用してゐる。後者には著者の序文を添へてある。

2.　西鶴 一代男物語　石川巖　東紅書院　大正二、六

「好色一代男を現代語に譯してその梗概を語らうとしたのか本書てある。」と序中にある。卷末近刊廣告に『一代女物語』『二代男物語』『五人女物語』を擧け、印刷中とあるか、未刊に終つた。

3.　新譯 櫻陰比事　秋山湖風 太田柏露 共譯　須原啓興社　大正六、一

秋山湖風は文學士とあるか二氏共その經歷を知らない。但し原文の簡潔の爲めもあらうか、その譯は要領を得た注意すへき出來榮ゑを示してゐる。

岡本一平の裝幀

4.　西鶴情話　長田幹彥　新潮社　大正六、九

一代女、一代男の現代語譯、但し一代男は一ノ三及ひ四ノ四の二章を缺く。竹久夢二の裝幀

5.　五人女　秋山湖風 太田柏露 共譯　豐文館　大正七、四

小　本文二一七頁

〔附〕裏廣告に、「浮世の情」井原西鶴原著とある。一代男か一代女の改題出版なるへし。未見に屬す。

6. 西鶴物語 一代女　吉井勇　春陽堂　大正七、一二

一代女、本朝二十不孝の全譯。二篇とも各章說話の題名を示さず、たゞ數字を追つたのは、二十不孝の如く各章獨立の短篇集には、穩當な方法ではない。竹久夢二裝幀

7. 新譯 西鶴五人女　田村西男　名作人情文庫刊行會　大正九、六

名作人情文庫本のうち。五人女の外に『春色惠の花』を添ふ。新譯とあれど、殆んど原文のまゝにて價値少なきものなり。本書後昭和二年四月、綱島書店より改裝刊行された。それに依れば、背及び內題下竝びに奧附に譯著田村西男とあり、函に中內蝶二譯著とある。直接田村氏に照會せしに、氏の語る所に依れば、中內氏との共著にて、如山堂より刊行せるものを轉賣されしものなるべしと。

8. 福々物語　高柳淳之助譯　大東社出版部　大正一五、一二

『日本永代藏』『世間胸算用』を現代文に譯した本書は、その題名の示す如く、又序文中にいふ「どこかに致富の祕訣を暗示し又家政上我等が日常心得てゐなければならぬ事を敎へてゐる。」といふ功利的な觀方が中心思想をなしてゐる。その各章の題も掛取、書置、貧乏神、手形、質屋、せり市、といつた風に改められてゐる。

9. 三段式 西鶴好色物全集　岡部美二二　廣文堂書店　昭和二、三

好色五人女及び好色一代女を口譯す。

10. 西鶴選釋世間胸算用　頴原退藏　文獻書院　自昭和四、一 至同四、八

江戸文學講座　自一至五。胸算用及五ノ一まで、批評として意譯が添へてある。

11. 日本永代藏詳解　岡田稔　大同館　昭和四、九

通釋欄に口譯を添ふ。

12. 日本永代藏評釋　佐藤鶴吉　明治書院　昭和五、三

上欄口譯にを添ふ。

13. 口譯五人女　藤井乙男　自昭和五、五 至同五、六

『國語國文の研究』第四十四、四十五號に連載。五人女卷一のみ。原文と口譯より成る。

14. 好色五人女詳解　尾形美宣　大同館　昭和五、一一

通釋欄に口譯を添ふ。

15. 諸艷大鑑輪講（六回未完）　藤井紫原等　自昭和六、一　至同　六、一二

雜誌『上方』創刊號より掲く。『二代男』卷一ノ一迄にて中絶、語註・全譯（口譯）より成る。

16. 西鶴五人女詳解　藤井乙男　木鐸社　昭和六、二

『口譯五人女』を完成せるもの。上欄に口譯あり

17. 武道傳來記口語譯　新名登　自昭和六、四　至同　六、一〇

『國漢研究』二五、二六、二七、二八、二九、三〇、三一に連載。卷一ノ三まで。

18. 現代語西鶴全集　十冊　春秋社　自昭和六、六　至同　八、二

文壇人を動員した大規模な西鶴の現代語復活事業として注目に價するものである。その本書刊行の趣旨に時代を流るゝ獵奇趣味に迎合する如き態度を見せ、却つて本書に惡印象を與へた。猶各卷の細目及び口譯の

擔當者次の如し。

第一卷　好色一代男　里見　弴譯

第二卷　好色二代男　久米正雄譯

第三卷　武道傳來記　菊池　寛譯

　　　　武家義理物語　同

　　　　譯者の序あり

第四卷　世間胸算用
　　　　俗つれぐ
　　　　萬の文反古　｝尾崎一雄譯
　　　　　　　　　　　志賀直哉譯

第五卷　好色五人女
　　　　好色一代女　｝長田幹彥譯

第六卷　近年諸國咄　久保田萬太郎譯

　　　　懷硯　同

　　　　名殘の友　同

第七卷　本朝二十不孝　吉井　勇譯

本朝櫻陰比事　同

第八卷　日本永代藏　谷　孫六　譯

西鶴織留　同

第九卷　西鶴置土產　佐藤春夫　譯

近代艶隱者　同

新可笑記　同

第十卷　本朝若風俗　菊池　寬　譯

書評　德田秋聲氏の挑戰文　胸別亭　日本及日本人　二二八　昭和六、七

太夫を殺す（卷二の評）　吉永孝雄　近世文學　四ノ二　昭和一三、四

19. 好色一代男註釋上　神谷鶴伴　愛鶴書院　昭和六、七

大意（意譯）語釋より成る。一代男前半のみ。

20. 西鶴「町人もの」口譯　加藤順三　昭和六、七

月刊日本文學、一ノ二に掲載、胸算用五篇、永代藏四篇、織留二篇、置土產四篇、二十不孝三篇

21. 好色一代男縮譯　大西利夫　昭和六、七

月刊日本文學、第一卷第二號に掲載、文字通りの縮譯である。

22. 好色一代男註釋　神谷鶴伴　改造社　昭和九、八

前揭19の分を完成、改造文庫として刊出せるもの。

23. 西鶴名作集　藤村作　至文堂　昭和一〇、六

『物語日本文學』第十八卷として刊出、五人女全部と、日本永代藏一、世間胸算用一、武家義理物語一、櫻陰比事六、諸國咄六、懷硯一、都合十話を現代語に譯した。猶これらに對して解說を附してゐる。

24' 世間胸算用全釋　市場直次郎　文泉堂　昭和一〇、九

通釋欄に現代語譯あり。

25. 西鶴織留　藤村作　自昭和一一、五 至同　一二、八

『解釋と鑑賞』誌に連載、織留中七篇に口譯を加ふ。詳細「註疏史」の項を見よ。

26. 攷註日本永代藏 上　守隨憲治　山海堂　昭和一二、三

通釋欄あり。

27. 日本永代藏新講　大藪虎亮　白帝社　昭和一二、三

上欄に口譯あり。

28. 現代語譯 西鶴名作集 上下 二冊　非凡閣　自昭和一二、五 至同 一三、六

現代語譯國文學全集　第二十　二十一卷として刊出

上　好色一代男・二代男　石割松太郎　暉峻康隆　共譯者暉峻氏の序說あり

下　好色五人女・一代女・置土產　武田麟太郎譯　譯者の解說あり

書評　現代語譯西鶴名作集(上)　野間光辰　國語國文　七ノ八　昭和一二、八

29. 本朝二十不孝　藤村作　自昭和一二、九 至同一五、一

『解釋と鑑賞』誌六一―四四(通卷)に至る。

本文、譯、註より成る。

30. 西鶴物語　長田幹彥　新潮社　昭和一三、一

一代男、一代女の口譯

31. 日本永代藏選釋　鈴木敏也　自昭和一三、五 至同一三、七

雜誌『日本文學』一より三に揭載、永代藏卷一ノ一の口語譯。

32. 萬の文反古(繼續中)　藤村作　自昭和一五、一 至同一五、一二

『解釋と鑑賞』誌五卷一號より文反古一篇づつ逐次口譯す。五卷一二號(通卷五十五)までに卷二を譯了す。

本文、解、註より成る。

第七篇　影響史的研究

はしがき

本篇に於ては、西鶴作品の流布影響が、一方に於ては、商品としての西鶴本自身の上に如何に現はれ、他方亞流作品の上に如何なる働きかけをしたかを見、これを年次的に排列して必要な註解を加へる事にした。然して、これら影響に就いての考察研究は、第八篇第二章第二節の(一)に、作風影響の項を設けてそこに一括することゝしたのである。

第一章　版數

西鶴の作品は、實用的價値と、生活的興味を兼備したものが最も流行したものゝ如く思はれる。『日本永代藏』、『本朝櫻陰比事』等その一例であるが、初版の部數及び何版を重ねたかその數を知る事は、それに就いての記錄乃至は印記がないので、殆んど期し難い。たゞ、一作を取つて見ても、用紙、裝潢（紺、墨、黃、茶等の表紙）の相違、同一版式にて美濃判本、半紙判本を有する『萬の文反古』の如きもの、又同じ美濃判本にしても、明かに原裝本なるにかゝはらずそこに著しい大小が認めらるゝ『日本永代藏』の如き例、及び版の磨滅の程度等客觀的の條件に依つて、多くの版を重ねた事だけは容易に推斷する事が出來るのである。然しこれらに就いては、今後の精緻な書誌學的操作の成果を俟つてその大體の範圍を知るより外致し方がない。

第二章　異　版

本文の板下を改めた場合、上方版『好色一代男』に對する江戸版『好色一代男』、初版『西鶴置土産』に對する江戸版『彼岸櫻』の如きは勿論、こゝには、單に板元が變更された江戸版『好色一代男』の異板元本三種の如きものをも同樣本章中に含ませる事にした。これは西鶴作品に對する社會動向を反映するものでもあるからである。但し異版に關しては第三篇の「西鶴原本の書誌的記述」の條に各作品に異版を持つもの〻爲めに異版の欄を設けてあるので、こゝには重複を避けて特別の記述をせず、異版の持つ影響史的意義を確認するにとゞめる事にした。尤も異版と同等の取扱ひを爲しうる改題・改作・改竄に就いては、夫々次章以下を參照されたい。

第三章　改　題

本文を改めず單に外題のみを替へたものを指した。この改題本に就いては、『西鶴原本の書誌的記述」の條の夫々の項に記したので、こゝには改題本名を列記して置くにとゞめる。猶改題の年月に就いては明確にし難いものが多い。

改題本		原題
當世女容氣	享保五年	好色五人女
古今武士形氣	寶暦七年	男色大鑑
武家氣質		武家義理物語
匹身物語		懐硯
好色榮華物語		好色盛衰記
西鶴榮華咄		同右
彼岸櫻		西鶴置土産
朝くれなゐ		同右

右のうち『古今武士形氣』は『男色大鑑』八巻全部の改題ではない。猶これに聯關して、第五章の改竄の條を參照されたい。

第四章　改　作

本章は、專ら後人が本文の內容を改めたものを取扱はうとするのであるが、明治以後の活字複刻に於ける局部的削除乃至は伏字等に就いては、改作といふにはやゝ性質が異るから、觸れない事にした。さういふ見地で改作といひ得るものは、異板の『日本永代藏』位であらうと思ふ。就中「煎じやう常とはかはる問藥」の一章は、特に加筆削除の跡がひどい。

第五章　改　竄

西鶴作の內容に改作を添加し、改題して新板の如く裝ひたるものに、便宜改竄の名を與へたのである。これに左の三作を數へる事が出來る。

好色兵揃　五冊　元祿九年　『色里三所世帶』の改竄

『三所世帶』は坂本として傳はつてゐる事を紹介した文獻はなく、わつかに紅葉山人筆寫の謄寫本及びこれを活字に移したものか世に流布してゐるに過きない。これは京、大坂、江戸の三卷に分れ、各卷五章てあるが、『兵揃』は、これに新たに五章を加へ、五巻に分けてる。猶本書外題簽の角書は西鶴新板繪入で、この文字を三行に分ち、西鶴作たる事を標榜してゐる。巻序左の如し。尾崎久彌氏『江戸文學研究』に依る。

「三所世帶」

（京の巻）

一、戀に關あり女相撲

二、戀に風あり女凉み

三、戀に焚く火あり女行水

四、戀に種あり女帶の女

五、戀に違あり女形氣

（大坂の巻）

一、戀に勢あり女かけろく

二、戀に座敷あり女髪切

第四章　改作　　第五章　改竄

「兵　　揃」

（巻　一）

一、▲戀に聲有女上手

二、京の巻　一

三、京の巻　二

四、京の巻　三

五、京の巻　四

（巻　二）

一、▲戀につよ藏有女によはし

二、大坂の巻　一

三、大坂の巻　二

（巻　三）

一、▲戀に甲斐なき女勤め

三、戀に網あり女川狩
四、戀に松蔭あり女執行
五、戀に數有女床

（江戸の卷）

一、戀に堪忍あり女持たす
二、戀に隙あり女奉公
三、戀に違あり女のはたへ
四、戀に燒附あり女の鍋尻
五、戀に果あり女きらひ

二、▲戀に隱居有女身過
三、大坂の卷　三
四、大坂の卷　四
五、大坂の卷　五

（卷　四）

一、▲戀に品有女のによろり
二、京の卷　五
三、江戸の卷　三

（卷　五）

一、江戸の卷　一
二、江戸の卷　二
三、江戸の卷　四
四、江戸の卷　五

（註）兵揃の各卷の章名の肩に▲印を附したものは新作添付である、卽ち、卷一ノ一、二ノ一、三ノ一、二、四ノ一の五章は新たに附加されたものである。

風流門出加増藏　五冊　　寶永五年　『置土産』の改竄

置土産の巻頭「大釜のぬき殘し」を削つて、新に「親は後家江戸くだり」の一章を加へ、且つ巻序はそのまゝに置土産の各篇の標題を左の如く改めてゐる。

「置土産」	「加増藏」
(巻　一)	(巻　一)
一、大釜のぬき殘し	一、親は後家江戸くだり
二、四十九口の堪忍	二、妻子の爲に何も身すき
三、僞もいひ過して	三、親父の代參り
(巻　二)	(巻　二)
一、あたご颪の袖さむし	一、二十兩は上代の二千兩
二、人には棒振蟲同前に思はれ	二、天目に殘す金銀の光
三、うきは餅屋つらきは碓ふみ	三、唐臼ふみは越前が定紋
(巻　三)	(巻　三)
一、おもはせすがた今は土人形	一、世渡るわざにかや町人形

二、子が親の勘當さかさま川をおよぐ	二、逆のかんどう
三、算用して見れは一年に二百貫目つかひ	三、小遣の高二百目
（巻　四）	（巻　四）
一、江戸の小主水と京の唐士と	一、日に五兩宛二十八代ことかゝす
二、年越の伊勢參わらやの琴	二、伊勢參はわらやの琴
三、戀風は米のあがり	三、雲にしる有米つほね
（巻　五）	（巻　五）
一、女郎かよいといふ野郎かよいといふ	一、これからさきが色くるい
二、これぬ物は勤女の子の親	二、上林しら菊がおちや
三、都もさびし朝腹の獻立	三、のぞみ次第に鼻歌獻立

（註）『江戸時代文藝資料』第三には本書の挿畫を奥村政信筆としてゐるが、本文板下が原板に對して變更されてゐるやとうかに言及してゐない。恐らく改板されたものと思惟される。

筆の初ぞめ　五冊　　寶永二年頃　『懷硯』の改竄

『懷硯』の各巻より總計七章を除き、新たに二章を編入、巻序を改めて五巻各巻四章とした。然して各章の標題を夫々改めた。序文は「今西鶴」なる者が署名してゐる。編成替の詳細は次表を見るべし。猶、「徳川時代文藝資料」に複刻された本書の挿畫一葉を見ると原板を用ひ、それに作爲（削除）を施してある。本文板下に就いては全く不明である。

×印「筆の初ぞめ」に不收載

「懐　硯」	「筆の初ぞめ」	移動
（巻　一）	（巻　一）	
×一、二王門の綱	一、出雲の國女かたきうち	新編入
二、照を取晝舟の中	二、善悪ふたつの堺町	（懐硯一ノ三）
三、長持には時ならぬ太鼓	三、浮世を渡る觸舟	（同　一ノ四）
四、案内しつて昔の寢所	四、鎌倉はひなの都	（同　一ノ五）
五、人の花散疱瘡の山		
（巻　二）	（巻　二）	
一、後家に成そこなひ	一、越後にかくれなき道人	（同　四ノ一）
×二、付たき物は命に浮桶	二、彼の妙薬も渡世の種	（同　四ノ三）
三、比丘尼に無用の長刀	三、是は諸國一見の法師	新編入

四、鼓の色にまよふ人

五、椿は生木の手足

（巻　三）

一、水浴は涙川

×二、龍燈は夢の光

三、氣色の森の俄石塔

四、枕は殘るあけぼのゝ縁

五、誰かは住し荒屋敷

（巻　四）

一、大盜人入相の鐘

×二、憂目を見する竹の世の中

三、文字すはる松江の鱸

×四、人眞似は猿の行水

×五、見て歸る地獄極樂

四、仕合の風吹付る風俗　（懐硯　一ノ二）

（巻　三）

一、跡式はさか馬の詰物　（同　二ノ一）

二、禍は霜夜の通路　（同　二ノ三）

三、今も居られぬ仙人　（同　二ノ四）

四、現の宮作り　（同　二ノ五）

（巻　四）

一、果報はき出すほうき　（同　三ノ一）

二、魂は不便や文鰩魚　（同　三ノ三）

三、藥もなし否といふ病　（同　三ノ四）

四、姿の繪虚言　（同　三ノ五）

（巻　五）　（巻　五）
一、俤の似せおとこ　一、形見は天狗の爪跡　（同　五ノ一）
二、明て悔しき養子か銀箱　二、內證を問屋の花聟　（同　五ノ二）
三、居合もたますに手なし　三、喧嘩は血染の降物　（同　五ノ三）
×四、織物屋の今中將姫　四、いかなる種の上野櫻　（同　五ノ五）
五、御代のさかりは江戸櫻

第六章　僞作・擬作・模倣作

本章に於ては、西鶴の盛名を慕つて現はれた諸作を一括して見た。この西鶴憧憬の結果は、或は西鶴作なりとして彼の名を濫用し、又は態と彼の作にまぎらはしき姿を以つて世に行はしめたのである。但しこれらの作の中には、斷定を避けて猶愼重に考究しなければならぬものもある。

イ、西鶴の名を與へしもの

浪花鉦　六冊　一名諸分店颪　延寶八（序）

柳亭好色本目錄に

西鶴作とあるは後人の彫り入れしものなればこれは信じ難し、されども實は西鶴作歟

とある。後版の見返しに、

新版絵入　浪花鉦　西鶴翁作　諸分店颪　とある。

眞實伊勢物語　三冊　元祿三年

序文に「西くはく」と署名してゐる。

浮世榮華一代男　四冊　元祿六年

序文に松壽軒西鶴と署し、その文及ひ文字は西鶴のものと思はれるが、本文は西鶴とするに躊躇する。たた本書か、他作に西鶴か序文を與へたといふのなら問題は自ら別に屬する。

小便嵐物語　十冊　元祿十一年

題簽に西鶴とあり、卷末に西鶴書とある。

西鶴跡追　元祿七年

『飛鳥川當流男』の改題本。内容的に西鶴とは緣もゆかりもない本である。

西鶴冥途物語　洛下泡影　元祿十年

西鶴傳授車　天狗堂轉蓬　正德六年

最後の二者は、共に地獄巡りの形式をとつたもので、冥途にある西鶴を取扱つてゐるから、特殊異例に屬するが、要するに、西鶴の名を冠してその盛名に應じようとしたものであらう。

ロ、西鶴作をよそほへるもの

新吉原常々草　二册　元祿二年

本書は磯貝捨若作。一代男世之助註となつてゐる。これに就いては少くとも註は西鶴であらうといふ風に積極的に支持してゐる學者もある。珍書保存會本(謄寫版刷)に就いて見ると、本文竝びに註の書體が西鶴に類似してゐる如くも思はれるが、原刻本を見なければ確たる事は言ひ兼ねる。然も猶、註の「一代男世之助」などといふ所に、態度としても解し難い點があるやうに思はれるのである。言ふ迄もなく、江戸版一代男は世之助と標題してゐる。

丹波太郎物語　三册　正徳五年

誠に瓦石は百歳磨ても、清光出ぬ類なるべし、是を笑止がりて同し心の難波の友、鶴翁自筆の草案を持來りてせめては是を綴りなをして、愚作にまきらかせよといへり、あらもつたいなや、およはぬ筆を添へてよごさうより、自筆そのまゝ梓にちりばめ、我にひとしき人に見せはや　―同書其磧の序文より―

第七章　題名を模倣踏襲せるもの

好色三代男　「好色一代男」「好色二代男」の名を襲ふ

新日本永代藏　「日本永代藏」の名を襲ふ

新武道傳來記　「武道傳來記」の名を襲ふ

本朝藤陰比事　「本朝櫻陰比事」の名を襲ふ

其磧置土産　「西鶴置土産」の名を襲ふ

傾城文反古　「萬の文反古」の名を襲ふ

俳諧手鏡後集　「俳諧手鑑」に準す。

男色子鑑　「男色大鑑」を追ふ

邯鄲諸國物語　「諸國咄」を模す

第八章　影響されし作家作品

本章に於ては、西鶴文學の影響を受けて成つた作家作品を鳥瞰する事が目的である。勿論(五)の改竄(六)の僞作擬作模倣作、(七)の題名踏襲模倣、(一〇)の飜譯飜案脱化等も共に影響されし作品のうちに概括してよいのであるが、分類の便宜に從つて項を新たにした。

扨て、西鶴の影響を蒙つた作家作品は、仔細に檢討すれば、その數は枚擧に遑がないであらう。或はその形式を西鶴に學びしもの、或はその精神に大なる影響を與へられしもの、又は巧みに西鶴の文を剽竊して己れの文中に鏤めしもの等があり、この剽竊の如きは、書誌學的には、各作各個に亙つて詳細な指摘を行はなければならない筈である。然しこれらに關してはその四五の例示を行ふにとゞめて他を省略概觀する事にした。猶一言注意して置かなければならないことは、たとへば一作品が西鶴の模倣剽竊としてあげられたとしても、その作品は猶他のいくつかの先行文學に學んでゐる點もないとは言へないのであるから、こゝに云爲された所のものを表面的に取り上げて、該作品が全面的に西鶴の影響下にあり、卽ちこれを取つて以つて直ちに西鶴の偉大さを誇張してしまふ事は愼まなければならない。八文字屋作家に與へた影響は、その殆んど大部分が西鶴文學であつたと言つてよからうが、それ以前の都の錦、西澤一風らは、西鶴を模倣しようとした跡があると同時に、他の先行文學をも同樣に自家藥籠中のものとしようとしてゐるのである。これは亦西鶴に就いても言へるので、彼自身の文學が、數多くの先行文學を攝取してゐるのである。であるから、この章は、西鶴の文學が後代文學に如何なる影響網を張つたかを見るに便ではあるが、その記錄面のみを見て、遽かに西鶴文學の價値を決定するのは早く、それには自ら又別の方途に依らねばならない。

今、後代文學への影響を見る爲めに、次ぎの如く年代順に作家群を雜列し、それを中心にして概觀して行く事にしよう。

Ⅰ　一風・都の錦及び同時代作家の作品

Ⅱ　近松門左衞門

Ⅲ　八文字屋小說作家の作品

IV　上田秋成の作品

V　馬琴・京傳・种彦・春水

VI　篁村・寒月・三昧

VII　紅葉・露伴・一葉

VIII　魯庵・梅花・學海・忍月

IX　鷗外の「そめちがへ」

X　自然主義作家

XI　人道主義作家

XII　プロレタリヤ作家

XIII　散文精神を唱ふる作家

I　一風・都の錦及び同時代作家の作品

一風　西澤一風（與志）は早く西鶴を模した作家の一人であるが、專らその形式外形を西鶴に學んだにとゞまり、その精神には到れなかつた。『新色五卷書』（元祿十一年）、『風流御前義經記』（元祿十三年）の構成或は形式は、それ〴〵西鶴の『好色五人女』や『好色一代男』を襲つたものであつた。

都の錦　元祿末葉に多くの作品を發表した都の錦は、『元祿太平記』（元祿十五年）には西鶴を罵倒し乍ら西鶴の價値を早く認めた一人であつたらうと思ふ。その著『元祿曾我物語』（元祿十五年）は『武道傳來記』『武家義理物語』『西鶴名殘の友』の文章のそこ〳〵を取り、挿畫をも模した所がある。『御前伽婢子』（元祿十四年）も『新可笑記』に依る所があり、『元祿太平記』にも『男色大鑑』の關係を認める事が出來る

北條團水と月尋堂　藤岡博士はその著『近代小說史』のうちに、西鶴の模倣者として特にこの二人の名をあげてゐる。團水の『新武道傳來記』（寶永三年）『晝夜用心記』（寶永四年）『日本新永代藏』（正德三年）、月尋堂著『儻偶用心記』（寶永六年）『鎌倉比事』（寶永五年）『今樣二十四孝』『子孫大黑柱』（共に寶永六年）等何れも西鶴の影響を否定する事の出來ないもので、或は町人物、比事物又は二十不孝等に、內容的に制作の動機の上に影響を蒙つてゐる。

好色萬金丹・好色敗毒散　元祿七及び十六年の刊。作者は「夜食時分」といふ戲名に匿れてその本體を明かにし難い。西鶴模倣作中上乘の部である。

男色大鑑系統の作　『當流風體男色子鑑』（元祿六年）九思軒鱗長の作、『男色木芽漬』（元祿十六年）漆屋團齋の作、『男色比翼鳥』（寶永四年）東の紙子（戲名）の作、等がある。

好色一代男系統　一代男の盛名を慕ひ、これを模倣せんとし、又亞流の作品と見らるゝものに、『諸國好色三代男』(貞享三年)、『好色文傳授』(元祿元年)由之軒政房作、『眞實伊勢物語』(元祿三年)、『浮世榮華一代男』(元祿六年)、『風流御前義經記』(既出)、『好色河念佛』(元祿十四年)如水軒作、『和漢遊女容氣』の如きものがある。『好色通變占』追加『分大臣命鑑』(貞享元年)は『一代女』からの剽竊多く、『好色小柴垣』(醉狂庵作)(元祿九年)は『一代女』『一代男』からの剽竊が多い。今例を『小柴垣』にとり、これに就いて西鶴作品との連關を指摘して見よう。猶本作は好色に關する笑話集でその內容は俗惡低級のものである。

(小　柴　垣)	西　鶴　作　品
卷三ノ一「晝の夢さめて現」……	『一代女』、二ノ三「世間寺大黑」に依る所多し
卷三ノ三「思ひ寄らぬ浮世」……	『一代男』、二ノ六「出家にならねばならず」に依る所あり
卷四ノ二「旅枕執着の責」……	『一代男』、四ノ三「夢の太刀風」に依る
卷四ノ三「誓文拂ひゑびす講」……	『一代女』、五ノ四「濡問屋硯」蓮葉女の項の所に同じ
卷五ノ一「悋氣の附藥」前半……	『一代女』、四ノ二「墨繪浮氣袖」前半に依る
後半……	『一代女』、三ノ一「町人腰元」後半に依る
卷五ノ二「さたなしの敵討」……	『一代男』、四ノ四「替つた物は男傾城」に依る

卷五ノ三「藪醫者の手柄」　前半…………『一代女』、二ノ四「諸禮女祐筆」に依る
〃　　後半…………『一代女』、四ノ二「墨繪の浮氣袖」の後半を模す

御前獨狂言　寶永二年西鶯作、その形式を『萬の文反古』にかゝりてゐる。

遊色絹籭　刊年、著者共に不明、寶暦頃の著か。『男色大鑑』五ノ五、玉村吉彌を思ひ込む佐渡の男の事は、本書の「思忰」(四七丁)の項に取入れられてゐる。同じく五ノ五の「若衆と庭樹は云云」の文句は、同書「枕返し」(四四丁)にその儘剽竊されてゐる。

II　近松門左衛門

近松は西鶴が五人女に於けると同樣の題材をその淨瑠璃『大經師昔暦』『五十年忌歌念佛』『薩摩歌』に取扱つた。勿論近松はこれら淨瑠璃の制作に當つて西鶴の先行作を參照はしたらしいが、それを以つて直ちに西鶴の影響とは言へない。然し、『大經師昔暦』にはその影響が認められる。又『堀川波鼓』の制作には明かに西鶴の「五人女」の技巧を模倣したと見られる點がある。上卷床右衛門がお種に言ひ寄る所を源右衛門が「邪淫の惡鬼は身を責めて」と謠ふ所は、『五人女』二ノ三（樽屋物語）の樽屋が「戀は曲者皆人の」と語る所に通じ、お種が源右衛門と不覺の枕を交はす邊りは

三ノ二（暦屋物語）のおさん茂右衛門の項に倣つたものと思はれる。又、『博多小女郎波枕』中の『長者經』は、『永代藏』と聯關なしには見られない。只近松に於ける影響は專ら技巧上の側に見られる。

III　八文字屋小說作家の作品

八文字屋小說の代表作家及び代表作は江島其磧及び彼の物する所である事は今日既に定說となつてゐるが、平秩東作はその著『莘野茗談』のうちに、八文字屋小說を述べて、

其磧が一生の著述よき句はみな西鶴をうつしたり。

と評してゐるのは蓋し當れりと言ふべきである。思ふに其磧等は、己れの文才の西鶴に比して甚だ足らざるを熟知してゐたが、西鶴亡き跡浮世草紙の行詰りを挽囘せんとし、そのすぐれたる知識と趣向を驅使して所謂八文字屋小說を創始した。制作された數々の小說は、然し、西鶴作品の糟粕を舐つて成つた糊と鋏の所產であると言つても蓋し過言ではないのである。然しこの事は其磧自ら『野傾旅葛籠』の序中に告白してゐる。曰く、

世の人の心を慰むる浮世草紙の作者の名人といふは一萬翁西鶴古法師に增るはなし、いくたび見るにあかず僕及ばず乍ら、此法師の詞をかりて傾城色三味線といふ戯れ草紙をつくり（中略）其後又西鶴が言葉を拾ひて

（缺文）二萬翁の祠の力に依つて（中略）傳授紙子禁短氣などの愚本を述作せしに（中略）元來自身の作せる文段にあらず、皆西鶴が詞をかりて作れるなれば（中略）二萬翁が唾をなめて又この旅葛籠も致しぬ。（中略）恥し乍ら色・曲・禁短氣同作の野人と覺召して、西鶴が及ばぬ口をかりの作者とうなづきて御一覽下さるべく候。

と。即ち其磧の作はその大部分が西鶴の諸作と大いなる關係を持つ事が明瞭であるが、今そのうち左の四作に就いて具體的に二者の關係を指摘して見る。猶西鶴作と八文字屋小說の二者の關係に見らるゝ本文又は構想の剽竊飜案等の具體的な類似以上に――、彼らが、所謂傾城三味線物・氣質物等の功利的且つ趣向的卽ち非寫實的作品を制作した所に、西鶴の精神を吐き違へたといふやうな問題は別にして、――そこに西鶴の影響を全面的に蒙つてゐることを見遁してはならないのである。

その一、『傾城禁短氣』と西鶴作品

（傾城禁短氣）　　西鶴作品

序　〇孔子も椀久も……今の衆生の一文……『好色盛衰記』、五ノ五「色に燒れて煙大臣」の剽竊

〇笹の庵をかまへの條……『懷硯』、一ノ一「二王門の綱」の條剽竊

一ノ二　〇人間遊山のうはもりの條……『二代男』、一ノ二「誓紙は異見の種」の剽竊

同　○血氣の圍水が一挺だての條……『好色盛衰記』、二ノ三「惡所銀預り大臣」の飜案

同　○誓紙七十五枚迄は習ひあつて書くの條……『二代男』、一ノ二「誓紙は異見の種」にあり

二ノ一　○世盛りの時は夫に從ひ、身體薄くなつてふてくされる所……『新可笑記』、三ノ四「中にぶらりと俄年寄」の剽竊

二ノ二　○借り調へて銀つかふ男の條……『好色盛衰記』、二ノ四「難波の冬は火桶大臣」に依る

同　○三番太鼓まで遊びてからの條……同　右

二ノ三　○庚申の夜も内に居ての條……『好色盛衰記』、五ノ二「當流帥仕立の大臣」に依る

同　○女郎が會ふ男を譏る「是れ皆見て笑や」の條……『二代男』、三ノ五「敵無の花軍」に依る

同　○指切る詮義の條……『二代男』三ノ二「津波は一度の濡」に依るものであらう

三ノ四　○人さへ見ずは末社にも手を握らせの條……『一代女』、一ノ四「淫婦美形」の剽竊

四ノ一　○上方の三木といへる大臣の條……『置土產』、四ノ二「大晦日の伊勢參わらやの琴」の剽竊

同　○御歸りの道中ゆたかにの條……『一代男』、七ノ四「さす盃は百二十里」の剽竊

同　○名君高雄が貧な男の懇情に先約の男を斷るくだり……『二代男』、六ノ五「帶は紫の塵人手を握」に於ける遊女唐土の件の飜案

四ノ二　○とても死んでは持つてゆかず帷子ひとつの條……『二代男』一の四「心を入つて釘付の枕」の剽竊

四ノ四　○京の人の聲しての條……『好色盛衰記』、二ノ五「仕合よし六藏大臣」の剽竊

五ノ一　○我が物つかうて男子便がるの條……『二代男』、六ノ三「人魂も死る程の中」の剽竊

五ノ一　○大臣無理をもつて來さうな時以下……『置土產』、一ノ三「僞もいひすごして」に依る。

同　○ついすたる文引きさきの條……『一代女』、一ノ四「淫婦美形」の剽竊

五ノ二　○ふるに二つの祕傳ありの條……『二代男』、一ノ二「誓紙は異見の種」の剽竊

同　○相客の見る所にて耳とらへて囁くの條……『一代女』、一ノ四「淫婦美形」に依る

同　○振らうと思ふ時云々……『二代男』、一ノ二「誓紙は異見の種」の剽竊

同　○大概の男座敷では云々……同　右

同　○寢前の身拵へ云々……同　右

五ノ四　○花車さまさらばの條……『一代男』、七ノ一「其面影は雪むかし」の髙橋對世之介の所に依りしもの

六ノ一　○一切女郎の仕掛を見出しの條……『二代男』、四ノ三「七墓參りに逢ば昔の」剽竊

同　○總じての男ふらるゝは以下……『二代男』、八ノ四「有まで美人修行」の剽竊

同　○されば人の勤める日の條……『二代男』、八ノ二「袂にあまる心覺」の剽竊

六ノ二　○借屋の者にしたらばの條……『二代男』、五ノ二「四匁七分の玉もいたづらに」の剽竊

同　○盜み會ひの女郎の條……『好色盛衰記』、五ノ二「當流師仕立大臣」に依る

六ノ三　○お臺所にゐればの條……『二代男』、四ノ三「七墓參りに逢ば昔の」依る

同　○是は思ひの外狹き住居とての條……『好色盛衰記』、四ノ四「目前に裸大臣」の剽竊

六ノ四　○いふかいはぬか今時の大臣云々……………………『置土産』、四ノ三「戀風は米のあがり局にさがりあり」の剽竊

同　○女郎に思ひつかせ度き仕出し云々……………………『二代男』、二ノ三「髪は島田の車僧」の剽竊

同　○心よう女郎の氣にあふやう云々……………………『好色盛衰記』、三ノ二「無分別の三大臣」の剽竊

同　○たゞ遊女は物柔かに云々……………………『二代男』、五ノ一「戀路の内證疵」の剽竊

その二、『浮世親仁形氣』と西鶴作品

（浮世親仁氣質）　　　　西鶴の作品

一ノ二「相撲を樂む强力親父」……………………この一篇は『二十不孝』五ノ三「無用の力自慢」に依つて成つたものである

二ノ一「金を樂む高利の親仁」冒頭の文……………………『本朝櫻陰比事』三ノ五、「今の都も世は借物」の剽竊

二ノ二「色を樂む血氣の親父」

○松永貞徳花咲町の條……………………『名殘の友』、一ノ三「京に扇子能登に鯖」の剽竊

○常住香物の菜の條……………………『日本永代藏』、二ノ二「怪我の冬神鳴」の剽竊

○たゞ見る辻放下にも目をやらず……………………『文反古』、四ノ二に「見物事は錢の入らぬ辻放下にも目をふさぎ」とある

三ノ二「飛行を樂む仙人親父」……………………『名殘の友』、三ノ三「腰ぬけ仙人」に依つて成り、唐土の女宗皇帝以下本文の剽竊

三ノ三「酒を樂む賢人親父」冒頭の文……………………『名殘の友』、三ノ四「さりとては後悔坊」の剽竊

○和朝の難波津以下……『俗つれ〴〵』、二ノ二「作り賢人は竹の一よに亂れ」の剽竊

○暇の狀添へて皆々親里へ歸しぬ……『名殘の友』、三ノ四「さりとては後悔坊」の「俄に法體させひさしき馴染の妻を親里にもどし」に依つたものであらう

四ノ一　「樂を樂む壽命親父」

○人は四十より内にて世を稼ぎ云々……『織留』、五ノ一「唯は見せぬ佛の箱」の剽竊

○諸國の大名衆へ御用銀の借入の内談云々……『胸算用』、二ノ一「銀一匁の講中」を引用

五ノ三　「老を樂む果報親父」

○今に妻女の事忘れ給はねば以下……『武道傳來記』、一ノ二「毒藥は箱入の命」に依る

○本章のプロット白髮親仁が刀の掛取りに行つて女の仕掛けにはまる所……『一代女』、四ノ二「黒繪浮氣袖」殆んどそのまゝ

その三、『世間子息氣質』と西鶴作品

（世間子息氣質）　　西鶴作品

序の末尾「孝にすゝむる一助ならんかし」……『二十不孝』、序文の一節を引用

一ノ一　「木賊賣は心を磨く正直なる姓形氣」

○常住香の物菜云々の一文……『日本永代藏』二ノ二「怪我の冬神鳴」の剽竊

○二十の前後より商賣やめ云々……『永代藏』四ノ一「祈る印の神の折敷」の剽竊

○氏子は千金にもかへじ……この文『二十不孝』五ノ四にあり。

一ノ二　「勘當は請太刀親の家を鞘走る侍形氣」

○此上の富貴に何にても望なし云々……『二十不孝』一ノ四「慰改て咄しの點取」の剽竊

二ノ一　「異見はきかぬ藥心を直さぬ醫者形氣」

○冒頭「倩世間を見るに」以下……『新可笑記』二ノ四「兵法の奥は宮城野」の剽竊

○醫者の所へ色々の人が文句を持つて來る構想……『胸算用』五ノ三「平太郎殿」の仕立屋以下の登場する場面の換骨奪胎であらう。

二ノ三　「大力は身の疵身代なげた相撲取形氣」

○人のもてあそびには以下……『本朝二十不孝』五ノ三「無用の力自慢」の剽竊

（註）『二十不孝』五ノ三に依りしものに、前述『親仁形質』一ノ二「相撲を樂む強力親父」がある。

三ノ一　「世間の人に鼻毛を讀まるゝ歌人の形氣」

○天理に叶ひ以下……『二十不孝』四ノ二「枕に殘す筆の先」の剽竊

三ノ三　「勘略は世帯藥效き過ぎた始末形氣」

○反古の圓めたるを拾ひ取り以下……『胸算用』五ノ二「才覺の軸すだれ」より引

○鹽肴も目を懸けて値段をし云々……『二十不孝』三ノ二「先斗に置て來た男」の剽竊

四ノ一　「女郎の嘘に附廻る大臣形氣」

○今此お町へ通ふ男云々……『一代男』一ノ四「心を入て釘付の枕」の剽竊

四ノ二　「末子が智慧は上々箱入の銀持形氣」

○扶桑第一の大湊云々……『日本永代藏』一ノ三「浪風靜に神通丸」に依る

○夏ながら雲の曙かと思はれ云々……『二十不孝』一ノ二「今の都も世は借物」の剽竊

四ノ三　「欲故に禍は身に引掛る虎落形氣」……本章は全く『懐硯』卷二ノ一「後家に成ぞこなひ」に依つたものである

五ノ三　「福人に成る世悴の身の上知らぬ占形氣」

○近年孔子頭に變へ以下……『二十不孝』四ノ四「本に其人の面影」の剽竊

その四、『世間娘容氣』と西鶴作品

（世間娘容氣）　　西鶴作品

一ノ一　男を尻に敷金の威光娘

○冒頭「往古は律氣千萬なる人の云々」以下……『一代女』三ノ四「金紙七髻結」からの剽竊

○母親の鼻先智恵にして云々……同　四ノ一「身替長枕」の剽竊

○十三を頭にして五人迄年子云々の條……『五人女』三ノ一「姿の關守」の三人の年子を連れた女房の條の飜案であらう

○人まがせの髪結姿云々……『一代女』一ノ一「老女の隱家」より引
○古代は緣附の首途云々……同　右
○假初に人手をとれば以下……『五人女』二ノ一「戀に泣輪の井戸替」の剽竊

一ノ二　「世間にかくれのない寛濶な驕娘」
○冒頭朝貌の盛は朝詠めこそ云々……『五人女』一ノ三「京の水もらさぬ中忍びてあい釘」冒頭より剽竊
○妾に町人ながら能い衆と呼ばれの條……『二代男』四ノ四「釜まで琢く心底」冒頭より
○蚊よけの間の條……『二代男』六ノ一「新龍宮の遊興」の剽竊
○鬢切したる女童子云々……『好色盛衰記』四ノ一「一生榮華大臣」の剽竊
○女房共のかくす事まで人中で語らせ云々……『二代男』一ノ四「心を入て釘付の枕」冒頭の方にこの語あり

一ノ三　「百の錢よみ兼ねる歌好の娘」
○擂鉢のうつぶせなるを云々……『萬の文反古』二ノ三「京にも思ふやう成事なし」の剽竊

二ノ一　「世帯持つても錢銀より命を惜まぬ侍の娘」
○人の內儀の容體自慢云々……『五人女』一ノ三「太鼓による獅子舞」冒頭の剽竊
○卷物屋半四郎が花見歸りの女を見染める一件…『五人女』三ノ一「姿の關守」の飜案
○女なれども侮辱されてはと夫に刄向ふ條……『胸算用』一ノ二「長刀は昔の鞘」の飜案

○大裏の庭に眞砂を聚め城取……『武家義理物語』一ノ二「瘊子はむかしの面影」より引

二ノ二「小袖箪笥引出していはれぬ惡性娘」

○隨分世を張つて子に能をさせ以下……『椀久一世の物語』下ノ一「手桶も時の雨笠」の剽竊

二ノ三「哀れなる淨瑠璃に節のない材木屋の娘」

○嫁御の御入と乘物直に手操にして云々……『二代男』四ノ二「心玉が出て身の燒印」の剽竊

三ノ一「悋氣はするどい心の劍白歯の娘」

○そちは誰がゆるして尻ふつて歩くぞ云々……『二代男』一ノ五「花の色換へて江戸紫」の剽竊

三ノ二「不器量に身を歎く抹香屋の娘」

○淺黄の古袷の右の片袖云々……『織留』六ノ一「官女のうつり氣」の剽竊

三ノ三「物好の染小袖心の英は咲分けた兄弟の娘」

○結婚の夜婿の頓死一件……『俗つれ〴〵』二ノ三「まことのあやは後に知るゝ」の剽竊

四ノ二「胸の火に伽羅の油解けて來る心中娘」

○爰に泉州の堺は千代の松原云々……『好色盛衰記』四ノ一「一生榮華大臣」より引

○闇になる夜を待つて裏の高塀を越え云々……『武道傳來記』二ノ一「思入吹女尺八」の剽竊

四ノ三「身の惡を我口から白人となる浮氣娘」

○浮世の習ひとて云々の一條……………『二代男』四ノ二「心玉が出て身の燒印」の剽竊

○人の目にかゝらぬ程の稀なる白髮を歎き…………『二代男』七ノ四「反古尋て思ひの中宿」

○されば一切の女移氣なる物にして云々…………『五人女』二ノ四「こけらは胸に燒付さら世帶」の剽竊

○一代養子男の事を嫌ひ出し以下ふて腐れの態度……『織留』一ノ二「五日歸りにおふくろの異見」『新可笑記』三ノ一「中にぶらりと俄年寄」に依る

五ノ一「嫁入小袖つまを重ぬる山雀娘」

○冒頭二世と契りし夫の若死以下…………『五人女』五ノ三「衆道は兩の手に散花」の剽竊

五ノ二「傍輩の悪性うつりにけりな徒娘」

○桃や柿や梨の實是ぞ蓮の葉商以下本文の前半…二十不孝五ノ一「胸こそ踊れ此盆前」殆んど全章の剽竊

六ノ一「心底は操的段々に替る仕掛娘」

○夫は煙草切さし德利さげ云々…………『武家義理物語』四ノ一「成る程輕い縁組」より引

六ノ二「貞女の道を守り刀切手のよい出世娘」

○冒頭「奈良坂」以下……………『二十不孝』五ノ四「古き都を立出て雨」の剽竊

○末尾「日本橋のほとりに角屋敷」以下…………同　右　末尾の文を引

IV　秋成の作品

上田秋成に西鶴の影響のあつた事は既に知られてゐる所であるが、今その兩者の關係顯著なる點に就いて見よう。

『世間妾形氣』は、系統は所謂八文字屋本の形氣物に屬するものであるが、西鶴の作品に依つて成ると見らるゝ說話がある。卷一ノ二、「やあら目出度や元日の拾子が福力」に於て、龍燈の松の下伏しに夢に龍女に會ふの條は、『懷硯』三ノ二の「龍燈は夢の光」に依つてゐるし、難船に依つて生じたお春、傳三郎、六右衞門の悲喜劇は、『懷硯』一ノ四の「案內知つて昔しの寢所」の飜案とも言へよう。

又『雨月物語』卷一ノ二『菊花の約』に於て、左門と赤穴との友情、重陽の佳節を再會の日と約して赤穴は西に行くが、その菊花の約たがへず左門の庵に現はれたといふのは、『武家義理物語』三ノ二「約束は雪の朝食」を踏まへてゐる。

その他秋成のうちには、西鶴の手法や精神の影響が見らるゝと思ふが、それら就にいては省略することにした。

V　馬琴・京傳・種彥・春水

馬琴　馬琴がその著『燕石襍志』に西鶴を論評した事は有名であり、その語句は第八篇批評史研究史的研究の第一章明治以前のうちに拔萃して置いた。馬琴は彼の倫理觀から、一應『元祿太平記』の著者の尻馬に乘つて其の書猥雜と言つたが、その評言の大部分は寧ろ作家としての西鶴の力量を認めての讚辭となつてゐる。彼は又『羇旅漫錄』のうちに、西鶴の碑を難波に訪ねたるを記し、その碑を臨摹して同書に掲げてゐる。彼が私かに西鶴に敬服してゐた事は事實といつてよからう。では西鶴の影響が馬琴にどう現はれてゐるか。これを具體的に指摘するのは今後の研究に俟たねばならないが、恐らく何らかの證跡を殘してゐるであらうといふ事を今は記すにとゞめる。

京傳　京傳は『櫻姫全傳曙草紙』の例言のうちに、その書の記述に就いて、「自然雜劇本の文體を脱れず、西鶴・門左衞門・自笑・其碩等が糟粕を嘗むるに似たり」と言つてゐる。然し西鶴に如何程影響されてゐるか彼の作からこれを拾ふことはむづかしい。小池藤五郎氏は『山東京傳の研究』のうちに、京傳の洒落本『客衆肝照子』の序文は名文で西鶴の影響が見えると言つてゐる。然し猶研究すればもつと本質的な影響關係があるのではないかと思はれる。

附、京山　山東庵京山の合卷『大晦日曙草紙』十篇の下、狙廻し與次兵衞が貧家の條は『織留』二ノ一「保津川の流れ、山崎の長者」の、獵師より子狙を助け買ひ取り後貧窮する話しを假用したものである。(『かくやいかにの記』に依る)

種彦　柳亭種彦が西鶴の深い理解愛好者であり、西鶴の作品を最も多く熟讀した一人であつた事は、彼の編著『好色本目錄』『淨瑠璃本目錄』や彼の愛藏してゐた古俳書等に依つて明かである。彼の著『邯鄲諸國物語』は西鶴の『諸國咄』等に題意を得たものであらうが、更らに彼の作と西鶴作品の關係に就いて、長谷川金次郎の隨筆『かくやいかにの記』は具體的に指摘してゐるので、それに從つて抄錄して見よう。

○『諸國物語』中卷大和卷、小兒らの爭論より落窪京太郎、盆踊の場所にて黑塚宮太夫を斬りて立去る條は『武道傳來記』一ノ三『嗲嗒といふ俄正月』の假用

○又同書同卷落窪鐘三郎、同京太郎父子にて土藏籠りし浪士三人を生捕つて手柄を立つる條は『新可笑記』四ノ三『市にまぎるゝ男』段の假用

○讀本『執著譚』淺間嶽後篇のうち瞿子姫《ナデシコ》が時鳥を殺害の時、左右の腕を斬り云々、庭中泉水におちいるの段、是は井原西鶴が『男色大鑑』二ノ二『傘持てぬるゝ身』の條、武家の侯某が男色の事によりて、小輪といふ若衆殺害にあふ脚色に少しも違はず、全く是を假用せられしものなるべし

○合卷『傾城盛衰記』のうち、梶原屋源太、武州玉川の野遊に出、途中にて金子入りの遊女の文を拾ひ、それより廓へ尋ねゆき、はからずも梅ヶ枝にあふの條は、『日本永代藏』一ノ二『代目に破る扇の風』に見えた條の假用

又山口剛氏の指摘(『一言による斷』、西鶴成美一茶所收)に依り『出世奴小萬傳』が『新可笑記』の「國の掟は智

惠の海山」の飜案たる事を知りうる。

春水　春水の『忠孝名譽三十六佳撰』のうちの西鶴の條に、『萬の文反古』を讃歎してゐることは注目に値するが、人情本の作者たる彼は、西鶴に負ふ所が絶無であらうか。人情本は、成る程直接には洒落本の影響に依つて成り、讀本も亦幾何かの力を與へてゐるが、更らに浮世草紙西鶴との聯關等に就いても愼重考究すべきであると思ふ。

VI　篁村・寒月・三昧

篁村　饗庭篁村が既に早く西鶴に傾倒し、明治十六七年の交に日本橋檜屋町に居をトして西鶴風の異體の句を吐き、檜屋町樣と言はれて悦に入つてゐたのである。然して翁の西鶴本蒐集も、早くから、そして廣く行はれてゐた。彼の西鶴の影響は、啻にそれら俳句のみではなく、その小說の側にも否定する事は出來ない。成る程彼が最も影響されたのは八文字屋小說江島其磧であつたとされ、馬琴秋成の作品も愛好したらうが、西鶴への傾倒は最も重視して考へねばならない。特に其磧の作品といつても、其磧の言葉を借りる迄もなく、その重要な部分は西鶴からの借りものであることからしても、愈々篁村と西鶴を密接な關係に於て考へて見る必要があると思ふ。

寒月　そのはじめ京傳の『骨董集』を閲してゐるうちに西鶴に關心を持つやうになり、次いで西鶴に私淑敬慕して愛鶴軒西跡と號し、且つ西鶴本の蒐集家であつた淡島寒月は、西鶴の理解者研究家でもあつた。彼の作品が西鶴の影響を受けたのは當然で、明治二十二年七月の「文庫」誌上に掲げた「百美人」が、全く西鶴張りの文をやつたものである事は有名な事實である。

三昧　宮崎三昧の手記「私と西鶴」（高瀬、五號明三九、六）に依ると、彼は明治十七八年の頃から西鶴本を蒐集したが、西鶴に就いての理解は、寒月と共に深かつた。彼の「賞奇樓叢書」には『椀久一世の物語』及び『新小夜嵐』を收めて二作が西鶴作たる事を紹介した。では彼の創作と西鶴の作品とに影響關係は認められないものか。未だこの點に關して論及した研究を見てゐないが、彼の筆致には西鶴のそれに引きづられた跡がある如く思はれる。例へば「かつら姫」等の行文を見てもそのことが言へるかと思ふが、猶詳密な研究を待つて決すべきであらう。

VII　紅葉・露伴・一葉

紅葉　紅葉が明治二十年の頃西鶴に接してこれが洗禮を受け、明治二十二年の『色懺悔』より西鶴の影響を露骨に示して來た事、これに依つて彼の文壇的地位も確立したこと、及びその西鶴本は向島に閑居する淡島寒月翁の所藏に依つたことなど、第四篇複刻刊行史的研究のうちにも述べた所である。彼は『色懺悔』をきつかけに、『伽羅枕』『おぼろ舟』『三人妻』等幾多西鶴の餘韻をただよはす作品を物したが、やがて又西鶴の束縛を脱して、新しい彼の道を拓くやうになるのである。彼に於ける西鶴の影響は一言にして言へばその文體の模倣にあつたといへよう。猶彼は西鶴の二萬翁に對して十千萬堂と號して談林流の俳句を殘してゐる事を附記する。

露伴 紅葉と大體同じ經路をへて露伴も亦西鶴に心醉傾倒し、二十二年の『露團々』に依つて己れの道を打開し、『一刹那』『風流佛』『一口劔』『辻淨瑠璃』『寢耳鐵砲』『いさなとり』『五重塔』などに續く一連の小説は、或はその表現に於て、或はその構想に於て西鶴の影響を否定する事の出來ぬ作品である。露伴は、恰も紅葉が博文館の『帝國文庫』や春陽堂の『西鶴文粹』を校訂公刊した如く、『西鶴文集』その他の校訂事業の外、早く「國民之友」八十三號(明治二十三年五月)に「井原西鶴」の大論文を掲げて世の蒙を啓いたのであつた。

一葉 一葉が西鶴の影響をも受けた事は、岩城氏の『明治文學史』も早くこれを指摘したのであるが、高須梅溪氏の如くその影響を甚だ大と見る人と、湯地孝氏の如く單に文體のみの影響と見る人がある。が何れにしても一葉の作に於ける西鶴の影響は、最早や目を蔽ふことの出來ぬ事實である。一葉はどういふ經路で西鶴に接したかはよく分らないが、彼女が私淑した露伴は西鶴に依つて開眼され、明治二十二年より華々しく文壇にデビューしたし、同年同樣に紅葉もスタートし、俄かに西鶴を擔ぎ出し、明治二十二年の「しがらみ草紙」をきつかけに明治二十四年頃迄に武藏屋本その他の西鶴複刻本が踵を接して公刊されたから、紅葉露伴等の草分けと違つて、活字でも容易に讀む事が出來るやうになつてゐた。一葉は直接にはかういふ書物から、間接には西鶴に影響された露伴或は、紅葉らの文學より西鶴の影響を蒙つたものと思ふ。その程度に就いては諸論があり、一葉が西鶴の精髓を摑へたと見るのは勿論言ひ過ぎであるが、例へば『大つごもり』等を單に文致のみの影響と斷じてしまふのはどうであらうか。

VIII　魯庵・梅花・學海・忍月

魯庵　內田不知庵が西鶴に傾倒し、これを推稱且つ明治初期の活字複刻に力を致したことに就いては、旣に第四篇の『好色五人女』の條に略述した。然し西鶴が彼の作品に如何樣の影響を與へたかに就いては未調に屬する。

梅花　「西鶴の本は澤山集つた。それらを私は幸田・中西・尾崎の諸君に手柄顏をして見せたものであつた。（中略）その後、中西君も讀賣に入社し西鶴の句調で盛んに小説を書いた」とは「明治十年前後」（早稲田文學大正一四、三）に寒月の語る所であり、逍遙の『柿の蔕』中「明治二十三年の文士會」にも、

不知庵近眼鏡を掛け、低聲に善く語る。（中略）頻りに其周圍を相手に、西鶴の作の妙を吹聽す。露伴突如として問ふ。「おい、君は一體西鶴をどこが旨いと思ふ？」不知庵言下に、例の極冷かに、徐かに上目で見返りながら「さ、作が」と只一言。酒氣ある露伴天井を仰ぎ、磊落に「面白いな！」と是れも又只一句。不知庵平然、しかし内々得意の體、わざと露伴とは語らで、傍らの梅花と語る

とあつて、梅花が露伴魯庵らと西鶴を談じた事も窺はれる。梅花の讀賣入社は露伴の紹介であることも二者の交情を知ることが出來る。彼の作品は「艫紅葉」（讀賣新聞明治二三、一二）、「むとり玉」、（同紙明治二三、一）、「今は唯」（同上）、「豐年萬作」（都の花明治二四、一）「きりの海」（未完）（しがらみ草紙明治二四、八）等であるが、その影響は多く文體にあつた。猶彼が好くしたといふ俳諧も一應點検して置く必要があらう。

學海・忍月　露伴の「井原西鶴」のうちに、依田學海の言として、

西鶴の文章にも學識にも我さほどには驚かざれど其智嚢の大にして易々と數十條の話を探り出て惜し氣もなく安排するには驚嘆す。

といふことが見えて、學海の西鶴觀の一面を示してゐる。寒月の前掲「明治十年前後」のうちに、

幸ひ私は西鶴の著書があつたので、それを紅葉露伴、中西梅花、内田魯庵、石橋忍月、依田百川等の諸君にそれを見せることが出來たのである。

とある。彼等は共に何處かに西鶴の影響を蒙つてゐると思はれる。但し學海、忍月の作品に於ける西鶴の影響について未だ踏査を爲してはゐない。

IX　鷗外の「そめちがへ」

鷗外は明治二十二年十月創刊の『しからみ草紙』第一號から『好色二代男』を掲載しはじめて以來、或は「めさまし草」卷十九(明治三〇・七)に『好色一代女』合評を掲げる等、その他彼と西鶴との交渉は全然なくはなく、特に直接間接に、彼の機關誌を通じ、西鶴の愛好者寒月、篁村、露伴、紅葉と接した譯である。紅葉露伴は西鶴に依つて名を成したが、世に喧々囂々たる西鶴を模し、西鶴張りの文をやつたものが明治三十年(新小說)に發表した「そめちがへ」である。

X　自然主義作家

自然主義作家田山花袋は、流石に紅葉露伴らとは違つた意味に於て西鶴文學の偉大さに驚いた。彼は、そこに、ヅケ／＼と克明に描かれてゐる人生を見て驚いた。分けて生慾描寫と金をテーマにした文學を無類として褒めた。彼は大膽な生慾描寫の小説を何篇か書いた。勿論彼が受けた影響はゾラでありモウパッサンでありツルゲーネフであるが、西鶴に對する傾倒振りも竝々ではなかつた。その事は彼の「西鶴小論」外幾篇かの西鶴に關する論究隨筆を殘してゐるのでも分らう。たゞ彼の作のどれが、西鶴の作の影響をどういふ風に受けてゐるかは、その影響が複雜微妙であるだけ仲々具體的に示す事はむづかしい。

XI　人道主義作家

此の稱呼は必しも適當でないかも知れない。或は白樺派又は新現實主義といふのが穩當かとも思ふ。こゝには志賀直哉等を言ふのであるが、彼が西鶴に關心を持ち、その作風を推稱してゐた事は、彼の『暗夜行路』中の文や『沓掛から』の文中の言葉がこれを證明してゐる。彼の簡潔な文體や人生觀照の態度或は短篇作家としてすぐれてゐる等、西鶴と共通する點がいくつか發見されるが、これを影響と見るか、素質の齎した偶然の共通點と見るべきかは遽かに決し難い。里見弴の文學に見ゆる西鶴的なるものも、これを影響とするには精到な研究を經てからでなければならない。

XII　プロレタリヤ文學

西鶴が新興町人階級の生活を文學の素材とし、人間復興を叫んだと見て、プロレタリヤ作家の一部では西鶴に關心を持つ者がゐた。西鶴を郷土の先達と仰ぐ武田麟太郎などがこれで、西鶴への崇拜と意識的模倣が、彼の作品に影響を與へてゐる。

XIII　散文精神を唱ふる一派

最近文壇の一部で散文精神の文學を唱ふる一派が、西鶴を擔ぐ傾向が見られた。武田麟太郎らこれである。これはリアリストと云はるゝ西鶴のうちに、彼等が主張する如き散文的要素を見出してのことであらう。

第九章　飜譯・飜案・脱化

イ、口　語　譯

第六篇の口譯史的研究を參看されたい。

ロ、外國語飜譯

Contes d'Amour des Samourais. Traduit par Ken Sato Paris, 1927

フランス綴　四六倍判　一〇八頁

卷頭に Notice（衆道に對する辯明）と Préface（男色大鑑の序文の紹介）かあり十三の說話か飜譯されてる。その原題竝ひに所出說話を對照して左に示す。

1	L'amour promis au mort	○武家義理物語	一ノ四	衆道の友よふ鵆香爐
2	Tous les amants pédérastes meurent par Hara-kiri	○男色大鑑	三ノ四	薬はきかぬ房枕
3	Il suivit son ami dans l'autre monde, après l'avoir torturé à mort	○男色大鑑	三ノ二	嬲ころする袖の雪
4.	Il mourunt pour sauver son amant.	○男色大鑑	二ノ二	傘持てもぬるゝ身
5.	L'âme d'un jeune garçon pris d'amour suit son amant en voyage.	○男色大鑑	二ノ四	東の伽羅様
6.	Amour tragique entre deux ennemis	○武道傳來記	六ノ四	碓引へき垣生の琴
7.	Ils s'aimèrent jusqu'à l'extrême vieillesse	○男色大鑑	四ノ四	詠めつゞけし老木の花の比

8. Un samourai devient mendiant par amour pour un page.　〇男色大鑑　三ノ五　色に見籠は山吹の盛

9. Un acteur aima son maître, même devenu marchand de pierres.　〇男色大鑑　五ノ三　思ひの焼付は火打石賣

10. Lettre d'un prêtre bouddhique annonçant à son ami la venue de son amant.　〇萬の文反古　三ノ一　京都の花嫌ひ

11. Enfin récompensé de sa constance.　〇武家義理物語四ノ二せめて振袖着てなりとも

12. Il se débarrasse de ses ennemis avec l'aide de son amant.　〇男色大鑑　一ノ四　玉章は鱸に通はす

13. Amour longtemps caché.　〇男色大鑑　一ノ三　垣の中は松楓柳は腰付

（註）原典に依つて飜譯したと斷つてゐるが、作中人物の名前にも誤りがあり、作者を Saikakou Ebara としてゐる。

Revon : Anthologie de la littérature japonaise.

"Retraite d'une vieille femme."

De la grave (Paris

ルボン教授の『日本文學選集』中に譯載されてゐる。題目に依れば『一代女』冒頭の「老女のかくれが」一篇だけであらう。

Saikaku's "Life of a voluptuous woman," Second book
by prof. Dr. J. Rahder, Leiden.

Acta Orientalia 誌 vol. 13 に掲載『好色一代女』卷二(四章)の英譯である。猶 introduction と notes が附いてゐる。

『や ま と』誌　一九三〇(昭和五年)六月　ベルリン　日本協會發行

右雜誌に『五人女』卷一、樽屋物語の最初の三章が佐野某に依つて獨譯掲載されてゐるが、誤りが多い。

―河合讓氏「五人女の獨譯」に依る―

猶『訪書』第一輯(昭和一一、三)に掲載されてゐる梓紅瓔の「中國に於ける飜譯文學」に依ると、支那譯に『好色一代女』のある事を報じてゐる。但し「東亞開放」(昭和一五、一)誌に見ゆる「日本文獻の支那譯目錄」や『京城帝國大學開學十周記念論文集』に見ゆる目錄中にも、此の事は記述されてゐない。

八、脚　本

眞　如　額田六福　新演藝 七ノ四　大正一、一四

『武道傳來記』六ノ三、「毒酒を請太刀の身」、及び、六ノ四、「碓引べき垣生の琴」の一齣を按配して想を構

へしもの。

浦の苫屋　菊池寛　演劇新潮　一ノ三　大正一三、三

『懐硯』一ノ四、「案内知つて昔の寝所」に依る。

おさん茂兵衛　大森痴雪　日本戯曲全集現代篇第二輯に収載

『好色五人女』巻三

西鶴一代男　池田大伍　歌舞伎　四ノ一二　昭和三、一二

悪性にて我儘な世之介を主人公にし、『一代男』七ノ一「其面影は雪むかし」（四十九歳）、六ノ六「匂ひはかつけ物」（四十七歳）、五ノ三「欲の世の中に是は又」（三十七歳）、七ノ六「口そへてさか輕籠」（五十四歳）、を適宜に按配し、最後に好色に身をすりへらした世之介は病床にあり、好色丸にて女護島へ遠征する事を世之介の今はの幻影とした。

好色一代女　弘津千代　演劇研究　五ノ一　昭和四、一

『好色一代女』三ノ四、『金紙匕髻結』に依る。

つくす誠も仇暦 おさん茂右衞門　西鶴五人女　大森痴雪　明治座興行　昭和一〇、六

猶この上演は阪東壽三郎、水谷八重子らの主演、巖谷三一監督。小村雪岱舞臺裝置てあつた。

情を入れし樽屋物語　西鶴五人女　眞山青果　文藝春秋　昭和一〇、

上演關係者は前おさん茂右衞門に同し。初演は東京歌舞伎座　昭和十年五月興行、

西鶴五人女　眞山青果　現代　二〇ノ七　昭和一四、七

樽屋おせんの劇化

櫻時雨　高安月郊

灰屋紹益と吉野太夫を主題としたものてある。この說話は『傳奇作書』續編中の卷に傳へられ、本作亦これを典據にせるものてあるか、『一代男』五ノ一「後は樣つけて呼か」に傳へられた吉野をも參照した形跡が見えるので參考までに添へた。

二、小　説

或る除夜　武田麟太郎
『胸算用』五ノ三、「平太郎殿」に依る

小判十一兩　眞山青果
『諸國咄し』一ノ三、「大晦日は合はぬ算用」に依る。

ホ、歌謠曲・舞踊曲・音曲

西鶴五人女　佐藤惣之助　新日本民謠　二ノ一　昭和七、一

五人女の歌
舞踊曲として作詞

一代男の歌

現代語西鶴全集刊行に因み、昭和六年六月十三日東京朝日講堂に「西鶴の夕」が催され、上掲の歌を及川道子か獨唱した。

作奏　下總皖一。作詞作曲者不明。

西鶴五人女　鶯亭金升

日本舞踊協會　第十回公演として、昭和十年九月、東京劇場に公開された。『西鶴五人女』と題した書物か開く趣向を以つて舞踊は始められる。該公演の『舞踊かゞみ』を見よ。

お七吉三

長者丸　伶明音樂會

『五人女』四ノ一、『永代藏』三ノ一の一部を、原文そのまゝ長唄に作曲せるもの。昭和十年十一月上野精養軒に於ける藤村博士功績記念會にて發表

へ、繪畫化

繪本一代男（假題）　菱川師宣畫

種彦の『好色本目錄』に依つて假に此の名とした。同書に左の如く見えてゐる。

○好色やまとゑの根元　上下

○ふうぞく繪本　上下

といふ書あり、是も菱川が畫にて「一代男」の繪を大本に書き、文章を約めて頭書になしたるものなり、闕本のみを見たれば卷數は知らざれども取集て四册なるべし。

安に、初めに「繪本一代男」として四册刊行なしたるを、後に二册づつ引分て「やまと繪の根元」「風俗繪本」と名を附けたるものか。

昭和六年十一月の杉本梁江堂刊『古書籍錦繪展觀卽賣會目錄』、に『好色一代男繪づくし貞享四年刊大本箱入一册』として掲げられてゐるもの卽ちこれである。然して右が原題簽か假題かも明かにしない。今右目錄の寫眞により、「人に見せぬ所」の一項を見るに、遠目鏡を以つて屋根よりのぞく世之介、これに對し手を合はせたる行水女を描きその頭書は左の通りである。

○その比九さいの五月四日の事ぞかし女のかくし道具をかけすてながらしやうぶゆをかゝるよしゝてなかいぐらゐの女房我よりほかには松のこゑもしきかばかべにみゝ人はあらじとへそのあたりのあかゝきながし猶それよりそこらもぬかぶくろにみだれてかきわたるゆだまあぶらぎりてなん世之助あつまやのむねにさしかゝりてとをめがねをとりもちてかの女をあからさまに見やりてわけなき事どもを見とがめるこそおかしけれ

ふと女の日にかゝれはいとはつかしくこゝろをもたてす手をあわせておかめどもなをかほしかめゆひさしてわらへはたまりかねてそこ〳〵にしてぬりけたをはきもあへすあかれは袖かきのまはらなるかたより女をよひかけ人しつまりてこれなるきり戸をあけてわれいふ事をきけとあれはおもひよらすといへども後はものしける。

卽ち本文を巧みに織き合はせて、世之介九歳の出來事はまとめてゐる。たゞ零本の爲めての完本竝ひに内容を詳細に紹介するの出來ないのは遺憾である。本書を江戸版一代男の異本系と見てもよいか、繪を主體とした點、本文に近い文はあり乍ら、これを一先つ本章の繪畫化の項に置いた。

一代男畫譜　二冊　石川巖編　珍書保存會　大正七、一

半紙判　和紙　和裝　謄寫版複製

江戸版一代男の挿畫集なり

ト、詩

人魚の海　蒲原有明　『有明集』所收　明治四一、一

『武道傳來記』二ノ四「命とらるゝ人魚の海」の詩化

第十章　雜

イ、表紙の圖案

西鶴の著書その他のものを表紙の圖案等に應用したもの及び、彼の文を標語的に表紙裏扉頁等に印記したものをこゝに集めた。

我樂多文庫　自第一〇號 至第一六號　硯友社　自明治二〇、一〇 至同　二一、二

表紙圖案に「松壽」の印を配す。

帝國文學　一六ノ五　明治四三、五

五人女の一句を表紙裏に印記

近世國文學史　佐々政一　聚精堂　明治四四、七

表紙見返しに、「俳大矢數四千翁難波西鶴」の署名を刷込めり。

浮世草紙　六冊　石川巖編　浮世草紙刊行會　自大正五、一〇 至同　六、五

表紙に『近代艶隠者』中の挿畫を模様化して配す。

玉屑　一誠堂玉屑會　大正六、九

表紙に『好色二代男』の挿畫の寫眞を貼布

早稲田文學　第二〇三號　東京堂　大正一一、一〇

本號は西鶴記念號で、『燕石雑志』所載の西鶴の肖像を表紙に掲げた。

書史　第二冊　書史會　昭和二、五

表紙に『西鶴名殘の友』の挿畫を配す。

新撰 列傳體小說史　水谷不倒　春陽堂　昭和四、七

『近代艶隠者』中「四つ竹の隠者」の本文と挿畫を配す。

西鶴記念展覧會目錄　　三越　　昭和六、五

表紙に、『一代男』、及び『五人女』の挿畫を夫々表裏に配す。

上方　　第八號　　上方郷土研究會　　昭和六、八

本號は西鶴記念號て、表紙に『好色一代男』の挿畫を配した。

歴史と國文學　　三八―四八　　太洋社　　自昭和六、七 至同七、五

一代男の挿畫を表紙意匠とす。以下三九號(五人女)、四〇號(一目玉鉾)、四一號(胸算用)、四二號(櫻陰比事)、四四號(諸國はなし)、四五號(三代男)、四六號(二十不孝)、四七號(男色大鑑)、四八號(俗つれ〴〵)と順次西鶴本の挿畫を表紙の圖案とした。

逍遙書誌　　瀧田貞治　　米山堂　　昭和一二、二

扉裏に『新可笑記』中の一文を印記す。

ロ、卷頭寫眞

新作文　第三號　明治三〇、七

卷頭に、西鶴自畫讃の日演上人の畫像を掲ぐ。

新小說　九の卷　明治三〇、八

自筆短册を寫眞版にて掲ぐ。

芭蕉以前俳諧集　下卷　明治三〇、一二

自筆短册を寫眞版にて掲ぐ。

俳諧珍本集　明治三三、五

自筆の詞書つき俳句を寫眞として掲ぐ。

第八篇　批評史研究史的研究

はしがき

本篇に於ては、西鶴に關する批評、研究一切を包含し、これを歴史的に眺め、その展開の跡をたどる事にした。但し西鶴の學的批判、研究の起つたのは明治以後に屬するが、彼に對する毀譽褒貶は既に西鶴在世中よりあり、文獻にも散見してゐるので、明治以前、即ち一般に批評が學を形成しなかつた時代のものを一括して第一章とし、そのうち西鶴に關する重要記事を拔萃して、西鶴が一般に如何に思はれてゐたかを見る資料とし、又明治以後のものは第二章のうちに收め、これを分類して研究參考の便に供する事にした。尤も明治以前の文獻と雖も、何等批判意識を持たざる客觀的記述のものは、言ふまでもなく便宜第二章の傳記資料その他の條に按配して置いた。

第一章　明治以前

俳諧破邪顯正　　中島隨流　延寶六年刊

○當時宗因流を學ぶ弟子數多ある中に殊更すぐれて相見えしは、江戸は不知、大坂にて阿蘭陀西鶴(中略)其外一騎當千の手たりども云々。

○かくいへはとて宗因西鶴高政等をそねみてわたくしにいひおとすには非す。

○邪道は弟子かならす師匠にまさる物也。其故に大坂西鶴は西翁より放埓拔群に勝れ、信德は高政よりある事夥し。

〔註〕阿蘭陀俳諧の西鶴に對し俳敵貞門流の隨流が放つた言葉である。罵倒し乍らも或は語るに墮ち、或はその力量を認めてゐる點を注意しなければならない。

太郞五百韻　　一時軒惟中　延寶七年

爰に入道あり西鶴と名のる。(中略) 僕か瓦礫の句はなけはふらんもいたましからねと、かの入道か金玉の詞をいたつらにくたさんは口惜しくて梓にちりまめね。

高名集　梅林軒風黒　天和二年刊

當時日本に鳴渡て肩を双る翅もなき鶴の翁

〔註〕天下無敵の西鶴を稱へし言葉である。

好色破邪顯正　白眼居士　貞享四年(序)刊

于繋唐紙行なる表紙の五八册、これなん當世好色の一道をひろ〴〵と世はやらして、諸人の目をよろこばし心をなぐさむる助なるよし(中略)、しかるをかの惡書には、人の鑑とならんことはざをまなび、物事實義にかまゆるをば孔子嗅し、親仁がた子細づら見たくない、瓢箪からへちまのかは、一寸向は月夜に挑燈たはけつくすにくらき事なし、人間は戀のかたまり、尺迦もあみだもどこから出やつた、色好まぬ男はかたわ者のやうに思はせけるより、濁世〴〵の人心、下地は好の雪上に、御定はかたじけなき霜をかふるごとく、惡書の中に出る詞をおぼへ(下略)　―巻一より―

〔註〕西鶴著作の浮世草紙、先づ現はれた好色物に對して放つた批難の言葉と解せられる。

二休咄　蓮賓軒　貞享五年刊

今の世の中、咄につき人の心好色に成りけるより、西鶴もてはやさる。　―二休咄の序より―

誹諧四國猿　律友　元祿四年

篇中、吟夕が西鶴に逢つた印象を句にしたものがある。

　　西鵬に逢て

名をもつて鳴門は鳴らぬ霜夜哉　吟夕

〔註〕吟夕が西鶴に逢つて見た所その名聲嘖々たる華やかさに比べて、案に相違秋霜凜然たるものを西鶴から受け取つたのではあるまいか。西鶴の人柄の一面がよく出てゐる如くである。

蓮の花笠　元祿七年

閻魔王宮に一萬句の前句附を集め、西鶴點にて五百番の勝句を極め、成佛得脫の果を得せしめ給ふ、といふ趣向、西鶴の前句は、「佛の御名をとなふ猫の子」となつてゐる。西鶴の盛名を知る一資料とならう。

好色十貳人男　含衣軒　元祿八年

予が俳の師難波の俳林西鶴法師は溜點の源をうかゞひ考壘の窓の夜さむにも硯枕に好色の品々を云々

柿晉問答　去來　元祿九年以後の撰

先師曰、世上の俳諧の文を見るに或は漢文を假名に和らげ、或は和歌の文章に漢章を入、こと葉あらく賤しくいひなし、或は人情をいふとても今日のさかしきくまぐまで探りもとめ、西鶴が淺ましく下れる姿あり、我徒の文章はたしかに作意を立、文字はたとへ漢章をかるともなだらかにいひつゞけ、事は鄙俗の上に及ぶともなつかしく云とるべしとなり。

〔註〕芭蕉の西鶴評として重視すべき文獻である。

けふの昔

朱拙撰　元祿十二年刊

難波の西鶴といふもの一日二萬句のぬしになりたりとて人もゆるさるゝ二萬翁と誇りたるはもとより風雅の賛者なれば力なし。

笛ふく人留守とは薫る蓮かな　西鶴

紅粉をぬらすしてをのつから風流なるこそ由來風雅の根基なるに此句風流を得たがりて風流なし、留守とはかほるめつらしき薫にこそ、とはの二字をのか俗たふらかしにして生得の風趣なり、是等を發句なりと一生を夢裏にたとれる淺まし、渠は此筋の野人にして論するに足らすと雖も、久しく初心の爲に虛名をひきて風俗をみたし剩晩年には好色の書をつくりて活計の謀としたる罪人、志あるもの誰かにくまさらむ。

〔註〕著者四方郎朱拙は豐後日田の俳人。その風雅の論は蕉風のそれであり、その觀點よりの批評として注目すべき藝術論である。

元祿太平記

梅園堂（都の錦）　元祿十四年

○永ふ流行《はやる》は好色本なり、此道の作者西鶴といふ男出生して、春の花の朝、秋の月の夜毎に、伊丹諸白を引かけ二人機嫌の醉興の餘り、寄太鼓をたゝき、戀の湊を引舟に乘て、色道のよしあしを、悉くおしはかり、

○着のまゝなからのはし傾城の身の上迄、彼西鶴か筆の先に廻らすといふ事なし、憂ひ勝なる秋の夕、横堀に流るゝ塵埃をば西鶴目に錦と見まかひ、春の朝茶臼山の櫻をは雲かとのみそ覺えける、誠に西鶴こそわけの聖なりける、西鶴なくなりて儒の文とゞまれり、されは難波のよしあしにつけ、和文の發明に於ては、西鶴にまさる作者はあらし。

○元より西鶴文盲にして書法をしらず、其證據には、好色一代男世の助島渡りの段に、いのこつちと午膝と別に書り、午膝の和名をいのこつちといへは、名は二つあれども本一種なり、西鶴か心には、いのこつちと午膝とは別の物と思ふにや、斯様に、世俗まて辯へたる事さへ考へぬ西鶴なれは、況て其外の事とるに足らず、或は曾子の詞を孔子の語となし、枕草子の文を源氏物語にゆつりたること多し、凡て西鶴か作れる雙子には大小の誤あらすといふ事なく云々。

○其都の錦（中略）やう〳〵當秋、兎の毛の先程古人の糟を啜り、元祿曾我物語と大和莊子、御前御伽婢子、風流神代卷などを作れり、彼か文を伺ひみれは、大かた西鶴か詞を盗み云々。　―以上卷一より―

○抑西鶴其身文盲にして、學問の徳もなく、出るに任せて安房口を盡し、諸人の眼を悦はせ、罪なき人に汚

名をたて、野暮をこかして丸裸にする方便數多なれば、死んで地獄におちこちの　―以上巻二より―

○然るに西鶴存生の時、池野屋二郎右衞門より、好色浮世躍といふ草子六册に賴まれ、未だ寫本を一卷も渡さずして、前銀三百匁借り、五日が間に南の色茶屋木やの左吉が處に打込み云々　―巻三より―

〔註〕本書は、京と大坂の本屋の問答に依つて西鶴の批判がはじめられ、そこに作者としての西鶴の偉さや影響が語られてゐるが、著者に故意に西鶴を傷つけんとして作爲した跡が見られる。西鶴生前の罪に依り地獄廻りする趣向まで施されてゐる。猶こゝに拔萃した以外にも西鶴に就て言葉を費してゐる箇所がある。

御前お伽婢子　都の錦　元祿十四年

○兎角假名物は西鶴流にしたゝめ給へ。

○西鶴が時代は野鄙な言計いひふれて一盃宛は吸りけれど今時其手は喰はぬ粹通し。

風流日本莊子　都の錦　元祿十五年

恐くは松雲樣の兎の毛西鶴樣の矢數書も此の草紙にます花はあるまい。　―同書跋より―

寶の市（前句附集）　元祿末年頃刊

力業には成らぬ物なり

西鶴が二萬三千矢數の句

〔註〕西鶴の大矢數二萬三千五百句が、人爲を超越した仕業なるを一般に感せられてゐた。

俳諧士師の梅　　八虹撰　　寶永元年

前　腹へ鼠のくんで落ちけり　　東里
附　西鶴はいつれ一代男にて　　伴自

〔註〕西鶴と一代男とが不可分的に一般に受入れられてゐたものとして注意される。

茶契福原雀　　寶永元年刊

今色さとのうわさおほくの咄につゞりて浮世本の品〳〵有といへ共、大かた二萬翁の作せられし内をひろいあつめたれば

〔註〕西鶴以後亞流の作品と西鶴作との關係乃至は影響を物語つて餘さない。

男女伊勢風流　　自笑　　寶永年間刊

浮世しらすとよはるゝ此古入道久しく鶴翁の遺册を懐ひて　　——序文より——

こゝろ葉　團水撰　寶永三年刊

近比井原西鶴ト云フ者アリ攝ノ浪速ノ產ナリ西山梅花翁ノ門ヨリ出テ俳諧ヲ以テ名ヲ天下ニ飛ス韻致過逸才華天啓灑々タル風流世ニ放曠タリ、四方此道ニ志ス者麏ノ如クニ集テ業ヲ受ク云云（中略）サル程ニ貞享元年六月五日攝ノ住吉ノ神前ニ於テ西鶴亦一日一夜ノ獨吟二萬三千五百句ヲ唱テ然モ格上ニ顯ハス、其麗暢丹活法度謹嚴世ノ髭ヲ撚テ苦思スル者トイヘトモ鶴ガ頓句ニ如ス（團水の序文より）

井原入道西鶴は風流の翁にて机に蘭麝を這し釣舟に四季のものを咲せ（中略）下戸なれば飲酒をのがれて美食を貯へて人に喰はせて樂しむ　—湖梅の詞より—

昔日浪速の西鵬は才麿團水を左右の翅として寓言九萬里の空に翔る（中略）撰殘せる書の豐く台郎傾城の風流をかきあらはしけるにも狂理教ともなりなん誡をそふくみける、中むかしの草〳〵にもおとりなましと覺え侍る。　—伊丹百丸の詞より—

〔註〕こゝろ葉は西鶴十三年忌の記念撰述である。その言葉はやゝ誇張にすぐる所もあるが、團水等はしめ直系門弟の詞として傾聽すべき點も多い。

寛闊平家物語　寶永七年刊

卷四に『好色一代男』の繪を評した文あり、曰く、「好色一代男の繪は何ものゝ筆なりけん、島原の初音もろこしよしの夕ぎりあつまをはじめ、皆江藻髪の婆々の御影を見るごとく腰かゞまり袖ちいさく、鳩むね鑓おとがいにして、立すがたは大風にふかれて倒ありくに似たり」と。

傾城禁短氣　其磧　寶永八年刊

抑二萬翁西鶴一代男經《なんきやう》に女郎の短氣をいましめ。　―同書四ノ一―

（註）禁短氣の題號を閃かす爲めの文で、批判意識はないのであるが、西鶴及び一代男の流行の一傍證資料ともならう。

商人職人懷日記　正德三年刊

西鶴が筆に上米三俵頭に戴くと四拾日米の時の値段今の目て見れはそれは瑇瑁の笄の事と思はれぬ。

野傾旅葛籠　其磧　正德年間刊

世の人の心を慰むる浮世草紙の作者の名人といふは、二萬翁西鶴古法師に増るはなし、いくたひ見るにあかす、僕及ばず乍ら此法師の詞をかりて傾城色三味線といふ戯れ草紙をつくり云々(中略)其後又西鶴か言葉をひろいて(缺文)二萬翁の詞のちからに依つて(中略)傳授紙子、禁短氣などの粃本を述作せしに云々(中略)元來自身の作せる文段にあらず、皆西鶴か詞をかりて作れるなれは云々(中略)二萬翁か唾をなめて又この旅葛籠も致しぬ(中略)恥し乍ら色、曲、禁短氣同作の野人と覺召して、西鶴法師か及はぬ口をかりの作者とうハついて御一覧下さるべく候　—序文より—

〔註〕西鶴浮世草紙の衣鉢を繼ぐ八文字屋小説中堅作家其磧の偽らざる告白である。

西鶴傳授車　天狗堂　正德六年

西鶴法師も此浦に足を停めて洒落風雅の大しやれ者、雪の曙郭公の夜なく〳〵も中々唯居る合點なく、小頭傾けて二萬三千句の置土産、さりとは上檀な氣調也

昔米萬石通（淨瑠璃）　西澤一風　享保十年

上巻の枕に、左の如く見ゆる。

西鶴法師が筆の跡女郎のよれる見世さききには
たけき虎もかうへをうなたれ

其磧置土産　其磧　元文三年

いにし二萬翁の遺札を味はふて　—序文より—

世間妾形氣　和譯太郎　明和三年

八文字か草紙其磧自笑の戯作多かる中に、近世俗間の模様有とあるまゝの序に鶴翁か糸に引そめし傳授車の綱手にすがりて　―序より―

莘野茗談　　平秩東作　　寛政七年

○讀本は西鶴上手なり。

○西鶴法師はよく物語をよみて腹に納め、當世の事に用ひて書し故、文法高き所有、其磧か一生の著述よき句はみな西鶴をうつしたり。てといふ字とけるといふことをよくつかひ覺えて書くなり、予か著せし水の行方五巻は、西鶴に擬して書しなり。

櫻姫全傳曙草紙　　山東京傳　　文化二年

自然雑劇本の文體を脱れす、西鶴門左衛門自笑其磧等か糟粕を嘗むるに似たり。　―例言より―

燕石襍志　　瀧澤馬琴　　文化八年

この人(西鶴)肚裏《ハラ》に一字の文學なしといへどもよく世情に渉りて戯作の冊子あまた著はし一時虚名を高うせり云々。(中略)人々今日目前に見る所を述べて滑稽を盡す事は西鶴よりはじまれり、されは專ら遊廓のよしなしことのみ綴りてその書猥雑なりしかは、世の譏を得脱れす云々。(中略)

鈴木昌二《マヽ》、淺井了意、錦文流か徒著述夥あれども戯作の才は西鶴殊に勝れたり。但しその文は物を賦するのみにして一部の趣向なし、八文字舎自笑江島屋其磧西澤一風等に至りて西鶴か筆意に倣ひこれを潤色して一部の趣向をたてたるもあれとますます浮艶鄙猥にして云々。(中略)西鶴は俳諧師なれとも世俗の口吟《クチスサミ》とする發句絶てなし。(中略)江戸の書肆かはるはると遺稿(置土産)を乞うて板せしにて當時西鶴か戯作の世に行はれし事しるへし。

〔註〕元祿太平記の受賣りもあるか、肯綮に中る論もあり、馬琴も亦西鶴を知つてゐたといふべきである。

俳家奇人談　文化十三年

此人(西鶴)また國學を以て鳴る。其文章人意の外に出るとなむ。

隨齋諧話　成美　文政二年

浪速宗因西鶴の門派より次第に點の句も多く云々。

攝陽奇觀　濱松歌國

西鶴はよく人情に通し浮世草紙の作數種あり。

—卷二十一より—

晴翁漫筆（稿本、浪速叢書　第十一卷所收）　曉　鐘　成

人々今日眼前に見る所を述べて、滑稽を盡す事は此翁より始まれり。素より俳諧の道のみに非ず。儒佛の學にも富て、學力より出す所なれは、餘の戯作者の及ひかたき所あり（中略）淺井了意、錦文流か徒著述あまた有ども、戯作の才は西鶴殊に勝たり、爾して後八文字舍自笑、江島屋其磧等の人々出て、此西鶴が筆意に倣ひて潤色し、一部の趣向をたて滑稽を專らとして、人に頤を解かせしかは是等も其名を同しふせしかと、西鶴の上に立事あたはすといふ。

忠孝名譽三十六佳撰　爲永春水　弘化二年

或人の說に西鶴は肚裏に一字の文學なしといへどもよく世情に渉りて、戯作の册子巨多著し、一時虛名を高くせり、されとも其書猥雜なりしかは、世の謗りを脫れす（中略）こゝに記せし西鶴翁の文反古といふ册子などを見れは慈仁の誠を盡して、人の教訓せられしこと今の作者の及はぬ巧多かり。

〔註〕西鶴の肖像及び評言を掲げてあるが、「萬の文反古」の價値を認めてゐる所は注意してよい。

俳諧家譜　丈石編　寳曆元年

又著述俗文許多、就中一代男十二卷當時の絕筆幽美高賞先無若斯文後未見有出者也

好色本目錄

柳亭種彥

西の諸作に就いて批言を與へてゐる、何れも西鶴作に深い理解を持ち稱讃の辭を放つてゐる。今その二三を抜萃して左に示さう。

○好色一代男

世之助といふ者の一代記にて、好色本中の絕作なり、此書大に流行して江戸にて重彫をなしたる本あり、原板は大本なり、江戸板は半紙本にて菱川の畫なり。

○好色一代女

西鶴が作なれは考へとなるへきことありて面白き書なり。

○好色五人女

（前略）西鶴か作に似て面白し、之は寛文より貞享の初めまて實にありし事を綴りたり、作意は加へたれども、實說に近き事も略見えたり。

○男色大鑑

初めは素人若衆の事、末は歌舞伎若衆の事を集めたり、淺草慶養寺の事などあれは作り物語のみにもあるへからす、世に知る所の如く面白き册子なり。

第二章

第一節　傳　記

イ、傳記及び傳記研究

井原西鶴　早川丈石　誹諧家譜（日本俳書大系所收）　寶曆一、

西　鶴　瀧澤馬琴　燕石襍志（有朋堂文庫所收）　文化八、

井原西鶴　竹內玄々一　俳家奇人談（俳諧文庫第二十編所收）　文化一三、

井原西鶴　木村然翁　京攝戲作者考（續燕石十種第一所收）

井原西鶴　綠亭川柳　俳人百家撰（俳諧文庫所收）　嘉永八、（安政二、カ）

井原西鶴　鵜澤四丁　名家談叢（同右）

井原西鶴　攝津名所圖會大成（浪速叢書所收）

二萬堂西鶴　西澤一風　皇都午睡（新群書類従一所收）

西鶴是非　渡部乙羽　校訂西鶴全集上　博文館　明治二七、五

全集卷頭に掲けしもの。傳にして一種の論評なり。

井原西鶴　佐村八郎　増訂國書解題　弘文館　明治三七、四

井原西鶴の傳　水谷不倒　早稻田文學一三　明治三九、一二

西鶴生涯の事　水谷不倒　西鶴本上　水谷文庫　大正九、一

井原西鶴　佐々醒雪　文章世界三ノ一　明治四一、

（略傳）　杉浦其蕣　俳僊影鑑初卷　近藤出版部　大正四、九

井原西鶴の傳記　藤岡作太郎　近代小説史　大倉書店　大正六、一

人としての西鶴　片岡良一　井原西鶴　至文堂　大正一五、三

同書第一章 P9

創作家として井原西鶴　鈴木敏也　近世日本小説史前編　目黑書店　大正一一、五

同書第二篇第二章(P 240)俳諧師から小說家に。作品の年代及び傾向。の二項について。

藝術家としての西鶴　片岡良一　國語と國文學 七　大正一三、七

藝術家としての生涯の輪廓　片岡良一　井原西鶴　至文堂　大正一五、三

同書第二章 P.56.

人及び藝術家としての西鶴　岡部美二二　國語と國文學 一〇　大正一三、一〇

俳人としての西鶴　前島春三　近松研究の序篇　武藏野書院　大正一四、一

俳諧師としての西鶴　片岡良一　井原西鶴　至文堂　大正一五、三

同書第三章 P.76.

俳人としての井原西鶴　臼田亞浪　石楠　昭和六、八

浮世草子作者としての西鶴　片岡良一　井原西鶴　至文堂　大正一五、三

同書第四章 P.154.

井原西鶴　高木　日本百科大辭典 一〇　其完成會　大正八、四

井原西鶴　——　新版 大日本人名辭書一　其刊行會　昭和二、一〇

井原西鶴	藤村作	近世名人達人大文豪		昭和三、一一「現代」附錄
井原西鶴	高木蒼梧	俳句講座 二 俳人傳		昭和三、一一
西鶴	——	日本家庭大百科事彙 二	冨山房	昭和三、一二
井原西鶴	笹川臨風	俳諧講義錄 俳人傳		
井《イ》原《バラ》西《サイ》鶴《カク》	藤村作	大百科事典 二	平凡社	昭和七、一
井原西鶴	高木蒼梧	俳諧史上の人々	俳書堂	昭和七、一一
西鶴	藤村・萩原	日本文學大辭典 二	新潮社	昭和八、四
キバラサイカク	鈴木暢幸	國民百科大辭典 一	冨山房	昭和九、三
井原西鶴	佐藤鶴吉	世界文藝百科辭典 一	中央公論社	昭和一〇、一〇
井原西鶴	藤村作	新撰大人名辭典 一	平凡社	昭和一二、五

大百科事典の記述と同文

（註）西鶴の傳のうちに、その姓をイバラ、又はヰバラとしてゐるのが見えるが、これも清濁にすべきか否かその一に決すべきであらう。又名も歴史的にはサイクハクとするがよいと思ふ。

井原西鶴	水谷弓彦	古版小說插畫史	大岡山書店	昭和一〇、四
井原西鶴	藤村　作	國史辭典　一	冨山房	昭和一五、二
井原西鶴	暉峻康隆	江戸文學辭典	冨山房	昭和一五、四
井原西鶴傳	駒井蒼生	古典研究　二ノ六		昭和一二、六
人間井原西鶴	梅村信夫	歴史公論　七ノ三		昭和一三、三
井原西鶴は平山藤五か	藤村　作	國語と國文學　六ノ一		昭和四、一
西鶴はペンネームか	正宗敦夫	西鶴全集　九	日本古典全集刊行會	昭和一〇、一〇
西鶴の生涯と著作	潁原退藏	西鶴記念展覽會目錄	三越	昭和六、五
井原西鶴の江戸居住時代	眞山青果	中央公論　四四ノ四九四		昭和四、三
西鶴の晩年と江戸居住時代	野間光辰	上方　八		昭和六、八

西鶴瑣言 ―江戸居住説に就いて― 旭 壽雄 槻の木 八ノ一〇 昭和八、一〇

西鶴の歿年月 藤村 作 國文學者一夕話 六文館 昭和七、七

東鶴西鶴南馬北馬 此花（大阪）三 明治四三、三

西鶴孫の東鶴 此花（大阪）二 明治四五、七

西鶴孫東鶴の著作 尾崎久彌 增訂江戸軟派文學考異 文修堂 昭和八、一一

西鶴小傳 黑瘦子 書物往來 二 大正一三、六

「好色五人女」（明治二十三年、丸善）の卷頭に掲げし緒言を改題轉載せるもの。

井原西鶴 喜多村信節 嬉遊笑覧 卷六上

井原西鶴墓誌 馬琴 羇旅漫錄 享和三年

井原西鶴墓碑 木崎愛吉 大阪金石史 上方文化協會 大正一一、一二

西鶴の墓碑に就て 塚本楢良 江戸文化 四ノ一〇 昭和五、一〇

墓碑の變遷及び誓願寺日牌帳に見ゆる系圖等

井原西鶴の墓　薄田泣菫　泣菫文集　盛文館　大正一五、五

井原西鶴の「系譜」　古澤元　日曆　二〇　昭和一二、七

西鶴の墓　澁川驍　日曆　二〇　昭和一二、七

西鶴の似顏　石田元季　俳句研究　六ノ一〇　昭和一四、一〇

難波西鶴　前島春三　近代國文學の研究　武藏野書院　昭和三、一〇

ロ、系譜・年表

日牌　相譽上人輯　誓願寺藏　寛政一二、七

西鶴祖父及び妻の記事あり。

誹諧家譜　丈石撰　寶曆元年

浪華點者家譜のうちに西鶴の事見ゆ。

綾錦　沾涼撰　享保一七、

上巻に西鶴の俳系あり。

誹家大系圖　生月春明撰　天保九、

上巻に檀林風祖の項、及び西山宗因孫弟系の項に、西鶴俳系のことあり。

梅翁宗因發句集　一陽井素外撰　安永一〇、

巻末江戸誹諧傳系のうちに西鶴出づ。

浪速誹檀林譜　素外撰

攝陽奇観　巻四十二（浪速叢書　第五收載）

西鶴著作年表　水谷不倒　早稲田文學　二〇三　大正一一、一〇

井原西鶴の「系譜」　古澤元　日暦　二〇　昭和一二、七

西鶴の生涯と著作　潁原退藏　西鶴記念展覧會目錄　三越　昭和六、五

西鶴年譜　潁原退藏　上方　八　昭和六、八

西鶴の俳歴　潁原退藏　俳諧史の研究　星野書店　昭和八、五

西鶴年譜及關係資料　野間光辰　俳句研究　四ノ五　昭和一一、五

年譜として最も精細である。

西鶴年譜　鈴木敏也　西鶴の新研究　天佑社　大正九、一

西鶴著作年表
江戸時代文學年表　｝吉田九郎　校註「萬の文反古」巻頭　廣文堂　昭和三、四

西鶴著作目錄　編輯局　古典研究　二ノ六　昭和一一、六

西鶴浮世草子年譜　富倉徳次郎　西鶴名作撰　平野書店　昭和七、四

八、傳記資料

a 資料（西鶴自記のものも特に四五併記した ※印）

俳諧之口傳　西鶴自記　延寶五、四

※中々口傳なれは一子にも相傳する事にあらず、私も傳授の家にもあらず。

難波雀　水雲子序　延寶七、三

俳諧點者の項に、「鑓屋町井原西鶴」とある。

大矢數　延寶八、

＊予俳諧正風初道に入て二十五年　—西鶴跋文より—

俳諧石車　元祿四、

＊俳諧程の事なれども我三十年點をいたせしに云々

俳諧團袋　團水撰　元祿四、一

＊ふる里難波にて　云々　……西鵬の序より……

國の花　文考等　寶永一、

なにはの西鶴が馳走に汐干の舟粧ふし予を遊ばしむ。

俳諧うしろ紐　養菊堂編

一年芭蕉翁桃青東武より上りて西鶴に會しける時に、

難波津に唯一卜本の紅葉哉

とせられければ

それはあいさつ武蔵野の月

と脇をせられしと也

――攝陽奇觀　卷二一(浪速叢書　卷二、P. 365)より引――

俳諧物見車　可休撰　元祿三、

＊此坊主も一日一夜に二萬三千五百句の早口はたゝきしが云々

手簡

＊私も一日に二萬三千五百句は仕候得共是は獨吟なれば也。うちや孫助宛。『俳句研究』二ノ六所載

西鶴置土產　西鶴　元祿六、

卷頭の追善句中に、

月に盡ぬ世がたりや二萬三千句　如貞

とある。

寶の市(前句附集)　元祿末年頃刊

力業には成らぬ物なり
西鶴が二萬三千矢數の句

こゝろ葉　團水撰　寶永三、

さる程に貞享元年六月五日攝の住吉の神前に於て西鶴亦一日一夜の獨吟二萬三千五百句を唱て然も楮上に顯はす。（中略）これより自號して二萬翁と呼、見聞の徒神を以て稱せずと云ふことなし。

五元集　其角　延享四、

住吉にて西鶴が矢數俳諧
せし時に後見たのみければ
驥の歩み二萬句の蠅あふぎけり。
と見えてゐる。
（補註）此日江府其角來り合せて蠅拂の句を吐く　ーこゝろ葉ー

厚顏記　兒島員九　享保六、

西鶴は一日に二萬三千句をいへども、一句も前句にのらぬもなう、風體に意味のうすいもなし。

西鶴傳授車　　天狗堂　　正德六、

西鶴法師も此浦に足を停めて洒落風雅の大しやれ者、雲の曙郭公の夜な／＼も中に唯居る合點なく、小頭傾けて二萬三千句の置土產。

五文臺　　鹿島白羽

二萬三千五百句の矢數俳諧は、口をついて出る速さに、執筆が句を書留める遑がなく、たゞ紙上に棒を引いた、といふ記述がある由である。

根なし草　　平賀元內　　寶曆一三、

今は昔澤村小傳次といへる若女形、河內の藤井寺の開帳へ參りて、小山といふ處に宿しけるが、小傳次曰く、一日竹輿にゆられて血暈《ちのみち》がおこりしといへるを、連にて有ける竹中半三郎、小松才三郎、尾上源太郎など笑つて曰く、いかに女形なればとて男に血暈《ちのみち》とはと腹をかゝへけるを、其座に西鶴も居合せけるが、大に感じて曰く、稚より形《なり》も詞も女のごとくならんと日頃にたしなみしより、假初の頭痛も血暈と覺えしはさて〳〵しをらしき事なりといへるとなり。（前編　二之卷）

（註）此の西鶴の行動の事實であつた事は、『男色大鑑』卷八ノ四、「小山の關守」の條を見れば明かである。

國字小說通　木村默翁　嘉永二、（序）

此書（役者評判記）も最初は、京攝の俳人西鶴杯いふ者共よりく評せしが、後は八文字舍自笑が元祖引受て評判する樣に成て云々

南水漫遊　濱松歌國

技藝の評書は西鶴團水の頃より昌んに成行其磧自笑に移り其後其笑瑞笑など其意を續ぎし時は云々

（註）共に西鶴を役者評判記の作者と見てゐるが、此の說の如く、現に『難波の貌は伊勢の白粉』といふ西鶴の役者評判記が殘つてゐる。

日牌　相譽上人輯　誓願寺藏　寛政一二、七

西鶴祖父及び妻の記事あり。

西鶴置土產　西鶴作　元祿六、

卷頭の辭世

＊人間五十年の究りそれさへ我にはあまりたるにましてや

浮世の月見過しにけり末二年

元祿六年八月十日　五十二才

墓碑銘

○大阪誓願寺境內、下山鶴平、北條團水所建の碑銘に曰く、

仙皓西鶴　元祿六年癸酉八月十日

○東京日暮里養福寺境內、一陽井素外所建の碑に曰く、

我戀のまつ島も嘸初霞　二祖松壽軒西鶴　元祿六年癸酉八月十日

俗つれ〴〵

西鶴作　元祿八、

花の春、紅葉の秋去て定めなき時雨月のはじめこの俗つれ〴〵を長き形見にして松壽西鶴の限有る今はの時とりまぎれたる册子云々　―團水の序文―

（註）西鶴の死歿年月は元祿六年八月十日が確固不動の定說となつてゐるが、この序の文言は、西鶴の死歿が十月初ではないかとの疑を持たせるのであるが、恐らくそれは、秋と時雨月の觀念の混同等とより來た誤りであらう。

誹諧家譜

丈石　寶曆一、

元祿六癸酉年八月十一日歿　行年五十二

（註）歿年月を八月十一日とせるは十日の誤りであらう。

見聞談叢（寫本）　伊藤梅宇撰　日本藝林叢書　卷八所收

貞享元祿の頃攝津の大坂に平山藤五といふ町人あり、有德なるものなるが、妻もはやく死し、一女あれども盲目、それも死せり、名跡を手代にゆづり僧ともならず、世間を自由にくらし、行脚同事にて頭陀をかけ半年程諸方を巡りては宿へ歸り、甚俳諧をこのみ一晶をしたひ、後には又流義も自己の流義になりたる、西鶴と改め云々

（註）西鶴の素性、家庭等に就いて語られた唯一の文獻で、本書發見以來諸家は何れもこの說を據り所とするが、前後の文章を檢するに、決定には尙愼重を期さねばならぬ節が多い。

繪本舞臺扇　明和七、

序に「攝陽西孫雀東雀」と署す。

俳諧水滸傳　空阿

中頃西鶴も閨女がもとに久しくやゝこり、閨女に對ふるの辭を作りて、濱荻や當風こもる女文字と賞しける。

（註）『俳諧溫故集』に、西鶴の、對園女辭の一文を載す。

晴翁漫筆（寫本）　曉鐘成編　浪速叢書　卷十一所收

貞享二年の頃西鵬と改名す、其頃は俳書或は新可笑記等に西鵬とあり、又新小竹集には蘆華亭南鴻と有、これも西鶴の事なりといふ。

（註）一時西鵬と改名したのは元祿元年からである。新小竹集の編者南鴻が西鶴であるといふのは信ずるに足らないであらう。

誹諧家譜　丈石編　寶暦一、

或曰近松者西鶴之門人也

俳家奇人談

近代戲作者の逸なる近松門左衞門は此門（西鶴）にいづるといひ傳ふ。

京攝戲作者考　木村默翁編

近松門左衞門も俳諧は西鶴に學ぶといふ。

晴翁漫筆（寫本）　曉鐘成編　浪速叢書　卷十一所收

近松門左衞門も俳諧は此翁にならへりとぞ。

（註）近松が俳諧を西鶴に學んだといふ說の源は、『誹諧家譜』あたりにあると思はれる。近松は山岡元隣の『寶藏』（寬文十一年）に句を寄せてゐるので、俳諧を嗜んだ事は具體的に證明されるが師系はむしろ季吟あたりと見るべきではなからうか。然し延寶以來談林俳諧の流行と同時に、俳を學ぶもの亦古流貞門を捨てゝ談林に走る者が多かつたし、劇界の士又談林を喜んだので、近松が西鶴に教を乞うた事も考へられなくはない。尤も貞享初年の嘉太夫・義太夫事件以後は、再び袂を別つてしまつたとも見られる。兎に角近松が餘り句作をしなかつた人である事は斷じてもよからう。

b　繡　像

浪華西鶴翁　芳賀一昌筆　宇和島市　久保貢氏藏

衣服に丸に花菱の紋見ゆ。西鶴の家紋かといふ。晩年の像と覺し。昭和六年八月大阪三越、右を複製せり。

鶴永時代肖像　歌仙（大坂俳諧師）（延寶元年板）所載

西鶴三十二歲以前の像、蓄髮してゐる。西鶴自書といはる。

西鶴肖像　自畫　難波色紙百人一句（天和二年）所載

西鶴四十歳頃の像、薙髪してゐる。西鶴と稱し、薙髪した像として初見のもの。西鶴自畫である。

西鶴肖像　西鶴置土產（元祿六年）所載

脅息に凭れ短册に向つて筆執れる姿。置土產卷頭所載。筆者不明

右は生川春明の『俳家大系圖』上卷にも複刻挿入されてゐる。

西鶴肖像　彼岸櫻（元祿七年）所載

置土產所載の肖像と構圖を同じくするが、彼の圓頂に對し是は羅漢頭になつてゐる。右は瀧澤馬琴の『燕石襍志』卷五に臨摹挿入されてゐる。

西鶴肖像　西鶴傳受車（正德六年）所載

置土產の肖像に依り、脅息を除いて少しく姿態を替へたもの。

西鶴肖像　勝宣富寫　俳諧百回忌鶴の跡（寛政四年）所載

置土產に依つて想を構へたものであらうが、胡座して右手に扇子を持つてゐる。

墨刷西鶴像　俳遷帖（假題）所載

肖像としての價値はなく、蕪村風の俳畫、拓本刷の如き雅味を持つ。

浪花西鶴像　春水　「忠孝名譽三十六佳撰」（弘化二年）所載

井原西鶴像　俳人百家撰（嘉永八年）所載

雄齋國輝畫

西鶴像　俳優影鑑（大正四年）所載

「彼岸櫻」所載の西鶴像を摸し上半身を描きしもの。

西鶴　晴翁漫筆所載

西鶴、門左、出雲、一風、自笑、其磧と圓座を組み、西鶴は後姿を見せてゐる。勿論肖像としての價値は全くない。

c　墓　碑

仙皓西鶴　大阪　誓願寺現存

右側 下山鶴平 北條團水 建、左側　元祿六年癸酉八月十日　とある。

西鶴が墓誌　馬琴　羇旅漫錄　享和三、

馬琴が誓願寺を訪ねて西鶴の墓碑に邂逅し、これを模寫して掲げたもの。

井原西鶴墓　曉鐘成　攝津名所圖會大成

同書卷之二にあり。西鶴の傳及び碑の在所、碑銘、大きさ等をも記す。

井原西鶴墓　木村敬二郎　大阪訪碑錄（浪速叢書卷十所收）

碑の一部を拓本にて示し、略傳を添ふ。

井原西鶴墓碑　木崎愛吉著　大阪金石史　上方文化協會　大正一一、一二

井原西鶴の墓（寫眞版）　文章世界　一ノ三　明治二九、五

柘本おぼえ書　—その一—　山口剛　日本文學講座　一三　新潮社　昭和二、一二

西鶴墓碑拓本採取のことあり。

井原西鶴の墓　薄田泣菫　泣菫文集　盛文堂　大正一五、五

西鶴の墓碑に就て　塚本楢良　江戸文化　四ノ一〇　昭和五、一〇

西鶴の墓　澁川驍　日暦　一〇　昭和一二、七

二、傳記小說

井原西鶴（三十三回）武者小路實篤　時事新報夕刊所載　自昭和六、一二四　至同　六、一

西鶴の傳記小說として最もすぐれてゐる。河野通勢の挿畫

井原西鶴　武者小路實篤　春陽堂　昭和七、一

単行本としたもの。日本小說文庫（七）

井原西鶴　武者小路實篤　甲鳥書林　昭和一四、一〇

河野通勢の挿畫を添へ、卷頭序、卷末傳記小說について、西鶴のことを一寸、の二篇を附載。

書評　實篤の『井原西鶴』を讀んで　山岸外史　早稻田文學　六ノ六　昭和一四、六

書評　井原西鶴　龜井勝一郎　新潮　三七ノ三　昭和一五、三

書評　武者小路氏の『井原西鶴』　野間光辰　書物新潮　一三七　昭和一五、三

井原西鶴（未完）　**武田麟太郎**　**人民文庫**　一ノ一、二、三、五、六、九　自昭和一一、三　至同　一一、一一

井原西鶴　**武田麟太郎**　**文藝**　六ノ七　昭和一三、七

書評　研究と創作との問題　近藤忠義　帝國大學新聞　昭和一三、六、二〇

書評　「井原西鶴」の文章　澁川驍　文章　昭和一三、九

松壽軒西鶴　**植村繁樹**　**文藝首都**　五ノ一〇　昭和一二、一一

約束　**藤野莊三**　**サンデー每日**　昭和一三、一〇、一六

第二節　文藝研究

イ、總括的研究

a　文藝全般

井原西鶴を吊ふ文　幸田露伴　小文學　一　明治二二、一一

角田柳作の『井原西鶴』に轉載さる。これは愛鶴軒子（淡島寒月）との合作なる由が記されてゐる。西鶴について記された明治に於ける最も古い文獻として注目してよい。

井原西鶴　幸田露伴　國民之友　八三　明治二三、五

西鶴論として、整つた最初の大論文である。

『好色五人女』緒言　黑瘦子　好色五人女　丸善　明治二三、一二

西鶴の概評として注意すべき論である。西鶴の作品は、結構の巧妙を求めず今日の所謂實物派《リアリズム》なるものに近いこと、彼は實に、巧妙なる脚色家にあらずして、唯社會を巧妙に描寫したにすぎない、などの論をなしてゐる。黑瘦子は内田貢のことなり。

人に答ふる書（其の一）　鄭洲生　早稻田文學　七四　明治二七、一〇

西鶴の著書、と題し、西鶴全集が最近發禁の厄にあへるを楔機に、文學の持つ特性と道德性に就きさとせる一文。鄭洲は抱月のことなり。

井原西鶴（二回）　水谷不倒　早稻田文學　七六七七　明治二七、一一二

緒言、傳、俗文學の發達、浮世草紙、經歴補遺、西鶴本といふこと、雪窕。

西鶴是非　渡邊乙羽　校訂西鶴全集上　博文館　明治二七、五

全集卷頭に掲げしもの。傳にして一種の論評なり。

西鶴の理想（三回）　島村抱月　早稻田文學七九、八〇八一、　明治二八、一二三

—人に答ふる書—

浮世草紙の西鶴、西鶴が浮世草紙、元祿的、好色氣質、西鶴の人生觀、等に亙つて論じたもの。劃期的な西鶴論といふべきである。

祭井原西鶴　乙羽庵主人　東光一　明治二八、六

井原西鶴　水谷不倒　列傳體小說史　春陽堂　明治三〇、五

井原西鶴　角田柳作　單行本　民友社　明治三〇、五

西鶴論として最初に單行されてもの。

(西鶴の爲めに辯ず)　大久保葩雪　浮世草子目錄　明治三九、序

西鶴が超雄凡健の筆力を稱し、貞享の昔より今に至るまで發禁又は淫書視するを慨し、西鶴本を目するに卑猥の淫書を以てするものあらば、予も亦其士を目するに淫者を以つて酬いん、と云ふ。因みに本書は『新群書類從』七、書目のうちに收められてゐる。

西鶴の研究　河合醉茗　文章世界　四ノ六　明治四二、五

西鶴の復活、西鶴の思想(人生)、西鶴の文章、西鶴の人物、等に就いて論ず。

西鶴の文學　秋江　時事新報　明治四五、四

(井原西鶴)　藤岡作太郎　近代小說史　大倉書店　大正六、一

該書第二編、元祿時代の第二章、井原西鶴の傳記、第三章、西鶴の著書、第四章、西鶴の思想　第七章、西鶴の摸倣者等の論考あり。西鶴の著書に就いては、同書第二編第三章（P. 129）一、俳書　二、好色物　三、武道に關するもの　四、町人物　五、雜書　六、僞書に　亙つての論考あり。

西鶴小論　田山花袋　早稻田文學　一〇四　大正六、七

早稻田文學二〇三（大正一一年一〇月）に轉載。全集、一一、所收。自然主義作家の論として最も特色を持つてゐる卽ち西鶴に於ける金卽心、金卽女といふ境地、金錢と性慾といふ點を重視した。

西鶴の新研究　鈴木敏也　單行本　天佑社　大正九、二

俳諧を除き、小說を中心とした研究

藝術家としての西鶴　藤村作　大阪朝日新聞　大正一〇、一

西鶴が創作の藝術的價値　鈴木敏也　近世日本小說史　前編　目黑書店　大正一一、五

同書第二編第十章（P. 512）、〇文學的內容としての諸要素とその特質　〇形式上より見たる特質（西鶴鶴の文章）〇批判の聲々、等について。

井原西鶴	片岡良一	單行本		至文堂	大正一五、三

「國文學研究室叢書」第五編として刊行す。內容の最も整備された井原西鶴論、西鶴研究書として、斯界の最高峰をなす。

西鶴の藝術（三回）	宮島一積	觀想	五五―？五六		昭和三、一〇―？昭和四、一、

德川文化の依つて來るところ、その特質、西鶴、その性格、西鶴小說の分類的紹介。

井原西鶴の研究（八回）	岡田稔	國漢研究	一―八		自昭和四、四 至同　四、一一
西鶴について	山崎麓	西鶴文撰集		春陽堂	昭和七、二

同書卷頭

井原西鶴	山崎麓	岩波講座日本文學		岩波書店	昭和八、一
「西鶴講座」綱要	石割松太郎	文藝と批評	三		昭和一一、一〇
西鶴の文藝	鈴木福五郎	文藝復興	一ノ四		昭和一二、九

―「五人女」の歷史的意義と現代的意義―

西鶴文學の多面性	瀧田貞治	臺灣時報	二二五		昭和一三、八

西鶴に就いて　三井甲之　人生と表現　五ノ二

西鶴の輪廓　眞山青果　新　潮　明治四五、六

b　小説全般

西鶴の浮世草子　佐々政一　近世文學史　聚精堂　明治四四、七

浮世草子作者としての西鶴　片岡良一　井原西鶴　至文堂　大正一五、三

同書第四章 P. 154

西鶴の作に就いて　藤村作　帝國文學　一九ノ六　大正二、六

好色、武家、町人物の概説

西鶴の小説　鈴木敏也　國語と國文學　一〇　大正一三、七

西鶴の浮世草紙に就いて　森健之助　立命館文學　一ノ一一　昭和九、一一

浮世草紙の成立(二回)　野間光辰　國語國文　一〇ノ一一・一〇ノ一二　自昭和一五、一一 至同一五、一二

西鶴小説大觀　鈴木敏也　月刊日本文學　一ノ二　昭和六、七

井原西鶴とその作品　山本都星雄　日本文學史三　白揚社　昭和一五、三

同書　第二章　P. 43

井原西鶴　笹川臨風　近世文藝誌　明治書院　昭和六、一

同書　第三章　四　P. 157

井原西鶴とその著作　鈴木暢幸　江戸時代小説史　教育研究會　昭和七、一

同書　第三篇　第二章　第一節　P. 169

浮世草紙　志田　日本家庭大百科辭彙一　富山房　昭和二、一二

西鶴覺え書　野間光辰　古典研究　二ノ六　昭和一二、六

西鶴小説分類に關する一見解

第二章　第二節　文藝研究

井原西鶴　藤田徳太郎　日本小説史論　至文堂　昭和一四、一一

西鶴の好色本と遊女評判記　藤井乙男　東京朝日新聞　昭和六、六、（六・七・八）

三回に連載、『江戸文學叢説』所收

西鶴の好色本と遊女評判記　藤井乙男　上方　八　昭和六、八

前者と同一趣旨の文

奇談集　鈴木敏也　近世日本小説史 前　目黒書店　大正一一、五

同書　第二篇　第四章

雑話集其他　片岡良一　井原西鶴　至文堂　大正一五、三

同書　第四章　第六節　P. 307

教訓物裁判物　鈴木敏也　近世日本小説史 前　目黒書店　大正一一、五

同書　第二篇　第七章　P. 468

西鶴の遺稿　鈴木敏也　近世日本小説史前　目黒書店　大正一一、五
同書　第二篇　第八章　P. 484

遺稿と所謂西鶴本　片岡良一　井原西鶴　至文堂　大正一五、三
同書　第四章　第八節　P. 367

質疑ある西鶴本　鈴木敏也　近世日本小説史前　目黒書店　大正一一、五
同書　第二篇　第九章　P. 500

西鶴作に非るべき西鶴本　片岡良一　井原西鶴　至文堂　大正一五、三
同書　第四章　第八節の四　P. 387

西鶴疑問作及び模倣作　鈴木暢幸　江戸時代小説史　教育研究會　昭和七、一
同書　第三篇　第二章　第二節　P. 230

c　俳諧全般

俳諧一斑　饗庭篁村　國民之友　九一　明治二三、八

西鶴の俳諧　佐々醒雪　早稻田文學　一ノ二　明治三九、二

西鶴俳諧の本領を論じ、言語の末技に拘泥した足利期の歌學及び貞門の俳諧を蟬脱したのが西鶴で、黴臭い古歌物語の引喩、緣語以外に心附の俳諧をはじめた云々

西鶴の俳諧　高濱虛子　早稻田文學　一ノ一二　明治三九、一二

「西鶴の五人女を評す」のうち

西鶴の俳句　淡島寒月　俳味　三ノ六　明治四五、六

書物展望八ノ一〇(昭和一三、一〇)に轉載

西鶴の俳業　瀧田貞治　古典研究　五ノ九　昭和一五、八

俳諧師西鶴の研究　勝峯晉風　枯野　大正一一、四

西鶴初期の俳諧	潁原退藏	同人 一 三	昭和二 一 三
西鶴の俳歷	潁原退藏	國語國文の研究 一七 一九	昭和三 二 四
俳人としての西鶴	前島春三	近松研究の序篇 武藏野書院	大正一四、一
俳諧師としての西鶴	片岡良一	井原西鶴 至文堂	大正一五、三
同書第三章 P. 76			
俳人としての井原西鶴	臼田亞浪	石楠	昭和六、八
西鶴の俳文	坂本四方太	早稻田文學 一ノ一二	明治三九、一二
西鶴の俳風	片岡良一	ポトナム	大正一五、三
西鶴の俳諧	片岡良一	國語と國文學 一〇	大正一三、一〇
西鶴俳諧の鑑賞	佐藤鶴吉	日本文學講座 一四 新潮社	昭和三、一

西鶴俳句研究　柴田勉治郎　雨田　一二　昭和三、九

西鶴の句を柴田氏外數人で輪論したもの、西鶴小傳、西鶴年譜、歿後餘錄を添ふ。

西鶴の俳諧　近藤忠義　俳句研究　一ノ九　昭和九、一一

西鶴の俳諧　山本善太郎　古典研究　二ノ六　昭和一二、六

—俳諧から浮世草紙への過程—

西鶴の論斷章　熊谷孝　國語と國文學　一四ノ三　昭和一二、三

文藝の偶發性の問題にふれて（西鶴の俳諧を中心に）

西鶴の俳諧について　近藤忠義　古典研究　五ノ九　昭和一五、八

西鶴に見えた正風の發生　釋迢空　俳句研究　四ノ一　昭和一二、一

西鶴俳諧中に見ゆる人生的なものゝ檢出

西鶴俳諧研究輪講（七回）　七氏　俳句研究　自一ノ一至一ノ八　自昭和九、三至同九、一一

孝雄、次郎、正雄、典嗣、光知、豐隆、義惠、諸氏に依る『大阪獨吟集』中西鶴の百韻一卷の輪論（一ノ五號休載）

西鶴の句十句　内藤鳴雪　文章世界　四ノ九　明治四二、七

西鶴俳諧の研究 —その俳論をたどりて—　瀧田貞治　俳句研究　四ノ九　昭和一二、五

談林俳諧の史的位置　山本善太郎　俳句研究　四ノ五　昭和一二、五

西鶴俳諧の現代的意義　宇田久　古典研究　五ノ九　昭和一五、八

西鶴の前句付選評　幸田露伴　蝸牛庵夜譚　春陽堂　明治四〇、一一

露伴全集　第十一卷所收

談林俳諧法式の一資料　鹽見卓郎　國語國文　三ノ五　昭和八、五

西鶴自筆作法書の紹介

宗因西鶴の附合と浮世草紙　石田元季　江戸時代文學考説　中西書房　昭和三、六

第八篇 批評史研究史的研究

西鶴の連句　　　　　　　　　　　　松瀨青々　倦鳥 二〇ノ六　　　　　昭和六、六

西鶴が序文を書いた俳書「大硯」について
　西鶴自註百韻の紹介
　　　　　　　　　　　　　　　　　島田筑波　中央演劇 二ノ一一　　　昭和一二、一一

序文二つ
　『大硯』に就いての紹介
　　　　　　　　　　　　　　　　　伊藤東吉　ひむろ 一三ノ三　　　　昭和一三、三

西鶴關係の俳諧資料二三　　　　　　松浦正一郎　文學 六ノ四　　　　　昭和一三、四
　雲喰、草枕、西鶴點歌水艷山兩吟哥仙、の三書に就いての紹介

西鶴の似顔　　　　　　　　　　　　石田元季　俳句研究 六ノ一〇　　　昭和一四、一〇
　『難波色紙百人一句』の完本と、それに載る西鶴の肖像及び、賀子と西鶴の兩吟百韻を收めた俳書『みつかしら』の紹介

西鶴自筆十二句の卷物　　　　　　　藤村作　日本古典讀本月報 六　　　昭和一四、五

三三八

西鶴と知足　石田元季　國語と國文學　八八　昭和六、八

西鶴と知足との關係、「尾陽鳴海俳諧喚續集」の紹介

西鶴と西國　市場直次郎　方言と國文學　三　昭和七、六

寫本「龜山鈔」(森春樹撰)に依つて二者の關係を述べたもの

d　俳諧より小說へ

西鶴の俳諧より創作への過程　岡部美二二　帝國文學　二二ノ六　大正五、六

西鶴が浮世草紙に轉向の動因　竹村次郎　國文學研究　四　早稻田大學出版部　昭和一〇、五

西鶴の俳諧　山本善太郎　古典研究　二ノ六　昭和一二、六

―俳諧から浮世草紙への過程―

俳諧師から小說家に　鈴木敏也　近世日本小說史　前　目黑書店　大正一一、五

同書　第二篇　第二章　第一節　P. 240 を見よ。

浮世草子作者への過渡と晩年の俳諧　片岡良一　井原西鶴　至文堂　大正一五・三

同書　第三章　第四節　P. 136

ロ、作品中心の研究

a 小説

◆好色本◆

西鶴の好色本　秋田雨雀　文藝百科全書　隆文館　明治四二・一二

「名著解題」のうち。

西鶴の好色本について　石川巖　早稲田文學　二〇三　大正一一・一〇

好色本　鈴木敏也　近世日本小説史　前　目黒書店　大正一一・五

同書第二篇、第三章、西鶴の創作(一)、(P. 255)、好色一代男、二代男、三代男、五人女、一代女、男色大鑑、好色本の世界と性慾描寫の諸項について論評。

好色本　片岡良一　井原西鶴　至文堂　大正一五、三

同書　第四章　第二節　P. 168

西鶴好色本研究　山口剛　日本文學講座一三、一四、一五　新潮社　昭和二、一二　同三、三

『西鶴研究』（新潮文庫）所收

西鶴の好色本と遊女評判記　藤井乙男　上方八　昭和六、八

『江戸文學叢説』所收

○好色一代男○

好色一代男　笹川臨風　井原西鶴集　國民圖書株式會社　昭和二、三

好色一代男　山口剛　西鶴名作集下　日本名著全集刊行會　昭和四、一〇

好色一代男　藤村作　西鶴全集前　博文館　昭和五、三

好色一代男	藤村　作	日本文學大辭典二	新潮社	昭和八、四
好色一代男	――	日本家庭大百科事彙	富山房	昭和三、一二
好色一代男	――	大辭典一〇	平凡社	昭和一〇、四
好色一代男（上方版及び江戸版）	水谷不倒	西鶴本上	水谷文庫	大正九、一一
好色一代男（上方版及び江戸版）	石割松太郎	近世文藝名著標本集八	米山堂	昭和八、一一
好色一代男	京都帝大國文學會	江戸文學圖錄	ぐろりあそさえて	昭和五、一
好色一代男	垣内・毛利	國文學書目集覽	明徳堂	昭和五、五
好色一代男	佐藤鶴吉	世界文藝大辭典三	中央公論社	昭和一一、八
好色一代男	秋田雨雀	文藝百科全書	隆文館	明治四二、一二

「名著解題」のうち

好色一代男　暉峻康隆　江戸文學辭典　富山房　昭和一五、四

西鶴の「好色一代男」の成立　山口　剛　早稲田文學　一九六　大正一一、三

『西鶴・成美・一茶』所收

西鶴と世之介　山口　剛　文章往來　一ノ三　大正一五、三

一代男の世界　三田村鳶魚　歌舞伎　四ノ一二　昭和三、一二

好色一代男の類本　水谷不倒　早稲田文學　九九　明治二八、一一

「一代男」の類本とその末流　鈴木敏也　西鶴の新研究　天佑社　大正九、二

一代男成立の要素　暉峻康隆　槻の木　八ノ一〇　昭和八、一〇

一代男の文學史的位置と題材の社會性に就いての論考

好色生活の理想境と好色一代男　片岡良一　井原西鶴　至文堂　大正一五、三

同書第四章第二節の三　P. 186

「好色一代男」おぼえがき	阿部次郎	思想	六七	昭和二、五
『徳川時代の藝術と社會』(改造社)所收				
好色一代男考	片岡良一	古典研究	四ノ一一	昭和一四、一一
好色一代男試論	頼桃三郎	立命館文學	三ノ八	昭和一一、八
一代男に就いて	難波平二郎	攷	六	昭和九、五
「好色一代男」と俳諧	森山路水	東炎	三ノ一一	昭和九、一一
好色一代男と歌謡圏	志田延義	東炎	三ノ（四九）	昭和九（四九）
好色一代男と謡曲	小林靜夫	月刊日本文學	三ノ五	昭和七、一〇
「好色一代男」解釋難	神谷鶴伴	文藝春秋		昭和八、三
「東炎」巻二(昭和八年)にも同題のものが掲載されたとあるが未調				
好色一代男地名考	野々村戒三	月刊日本文學	一ノ二	昭和六、七

「源氏物語」と「好色一代男」と「ベル・アミイ」　相馬御風　三田文學　一ノ三　明治四三、七

現代語譯「西鶴名作集」　上序說　暉峻康隆　非凡閣　昭和一二、五

（一代男・二代男）

一代男は元祿人の最も現世的な理想を形象した世之介の、大通となるに至る過程を描き、二代男は世之介の色道體驗を身に體した倅世傳が、大通で見た遊里の諸相を描いた云々

好色一代男　鈴木敏也　近世日本小說史　前　目黑書店　大正一一、五

同書第二篇第三章第二節（P. 257）

好色一代男　山本都星雄　社會學的に見たる日本文學史　三　白揚社　昭和一五、三

「好色一代男」に描かれた理想の遊女　鶴見誠　古典研究　二ノ六　昭和一二、六

一代男と源氏物語　水谷不倒　西鶴本　上　水谷文庫　大正九、一一

好色一代男と源氏物語　後藤興善　文藝文化　昭和一四、一二
—故山口剛先生の研究態度の一面—
一代男の限界と西鶴　片岡良一　古典研究臨時増刊　昭和一五、二
江戸版「好色一代男」に就て　尾崎久彌　江戸小説研究　弘道閣　昭和一〇、三
こなたは日本の地に居ぬ人じや　瀧田貞治　臺大文學　一ノ二　昭和一一、三
次ぎの「再び」と共に『西鶴襍俎』所收
西鶴の一句　藤井乙男　文藝春秋　昭和一一、八
再び「こなたは日本の地に居ぬ人じや」について
「こなたは日本の地に居ぬ人じや」に對する論　瀧田貞治　臺大文學　一ノ五　昭和一一、一〇
好色一代男に就いて　幸田露伴　讀賣新聞　昭和四、

西鶴の藝術的價値 —「好色一代男」新論— 中谷 博 月刊日本文學 一ノ二 昭和六、七

世之介の懺悔 笹谷良造 上方 八 昭和六、八

ぎやうずいよりぬれの事 昭和三年「我觀」初掲 山口 剛 西鶴・成美・一茶 武藏野書院 昭和六、一〇

女はおもはくの外 昭和三年「國文學」初掲 山口 剛 西鶴・成美・一茶 武藏野書院 昭和六、一〇

誓紙のうるし判 昭和三年「國文學」初掲 山口 剛 西鶴・成美・一茶 武藏野書院 昭和六、一〇

逃避者の惡夢 高須梅溪 西鶴の人々 岡村書店 昭和四、七

* * * *

西鶴一代男物語 石川 巖 東紅書院 大正二、六

逐語譯

西鶴輪講 好色一代男 八冊	三田村鳶魚編		春陽堂	自昭和二、九 至同三、六
好色一代男	長田幹彦	西鶴情話	新潮社	大正六、九
好色一代男	里見弴	現代語西鶴全集一	春秋社	昭和六、一〇
好色一代男縮譯	大西利夫	月刊日本文學 一ノ二		昭和六、七
好色一代男註釋 巻上	神谷鶴伴		愛鶴書院	昭和六、七

巻四迄、大意と語註より成る

好色一代男註釋	神谷鶴伴		改造社	昭和九、八

改造文庫本、前掲のものを完結せしもの、大意、語註あり

好色一代男	藤井乙男	西鶴名作集	大日本雄辯會講談社	昭和一〇、七

評釋江戸文藝叢書のうち。上欄に詳註あり

好色一代男　石割松太郎・暉峻康隆　現代語譯西鶴名作集上　非凡閣　昭和一二、五
現代語譯國文學全集　第二十卷

○好色二代男○

好色二代男　——　日本家庭大百科事彙二　富山房　昭和三、一二
諸艶大鑑　山口剛　西鶴名作集下　日本名著全集刊行會　昭和四、一〇
好色二代男　藤村作　西鶴全集前　博文館　昭和五、三
諸艶大鑑　藤村作　日本文學大辭典二　新潮社　昭和八、四
諸艶大鑑　——　大辭典一四　平凡社　昭和一〇、九
諸艶大鑑　水谷不倒　世界文藝辭典四　中央公論社　昭和一一、一二
諸艶大鑑　水谷不倒　西鶴本上　水谷文庫　大正九、一一
好色二代男解説　石割松太郎　近世文藝名著標本集一〇　米山堂　昭和九、一

諸艶大鑑　暉峻康隆　江戸文學辭典　富山房　昭和一五、四

「好色二代男」考（二回）　山口　剛　文學思想研究一九　新潮社　昭和四、六　五、六

『江戸文學研究』所收

西鶴と謠曲　山口　剛　西鶴・成美・一茶　武藏野書院　昭和六、一〇

「好色二代男考」よりの抜萃

西鶴名作集上序說　暉峻康隆　現代語譯西鶴名作集上　非凡閣　昭和一二、五

一代男及び二代男に就いての說あり。

二代男のうちから　藤井乙男　月刊日本文學一ノ一　昭和六、七

好色二代男　鈴木敏也　近世日本小說史前　明治書院　大正一一、五

同書　第二篇　第三章　第二節　P. 294

好色二代男と色里三所世帶　片岡良一　井原西鶴　至文堂　大正一五、三

同書　第四章　第二節の四　P. 204.

＊　＊　＊

諸艶大鑑輪講（六回未完）	藤井・穎原等	上方		昭和六（一〜二）

「二代男」巻二の一迄論講、語註と口譯あり。

好色二代男	久米正雄	現代語西鶴全集二	春秋社	昭和六、一二
好色二代男諸艶大鑑	石割松太郎 暉峻康隆	現代語譯西鶴名作集上	非凡閣	昭和一一、五

○好色五人女○

好色五人女	秋田雨雀	文藝百科全書	隆文館	明治四一、一二

「名著解題」のうち

好色五人女	笹川臨風	井原西鶴集	國民圖書株式會社	昭和二、三
好色五人女	——	日本家庭大百科事彙二	富山房	昭和三、一二
好色五人女	山口剛	西鶴名作集下	日本名著全集刊行會	昭和四、一〇

好色五人女　藤村作　西鶴全集前　博文館　昭和五、三
好色五人女　垣内・毛利　國文學書目集覽　明德堂　昭和五、五
好色五人女　藤村作　日本文學大辭典二　新潮社　昭和八、四
好色五人女　水谷不倒　西鶴本上　水谷文庫　大正九、一一
好色五人女　石割松太郎　近世文藝名著標本集一二　米山堂　昭和九、三
好色五人女　——　大辭典一〇　平凡社　昭和一〇、四
好色五人女　佐藤鶴吉　世界文藝大辭典三　中央公論社　昭和一一、八
好色五人女　暉峻康隆　江戸文學辭典　富山房　昭和一五、四
西鶴の「五人女」を評す　十氏　早稻田文學一ノ一二　明治二九、一二

一、梗概　生島横渠
二、井原西鶴の傳　水谷不倒
三、由來　水谷不倒
四、五人女時代の風俗　幸堂德知
五、文章　片上天絃
六、俳文　坂本四方太

七、生活と意匠　徳田秋聲　八、「五人女」に見えたる思想　島村抱月

九、西鶴の俳諧　高濱虚子　一〇、影響　中井浩水

一一、雑　中井浩水　一二、雑　淡島寒月

一三、西鶴を生みし時勢　佐々醒雪

好色五人女と好色盛衰記　片岡良一　井原西鶴　至文堂　大正一五、三

同書　第四章　第二節の六　P. 226.

好色五人女　前島春三　近代國文學の研究　武野藏書院　昭和三、一〇

五人女を購ふの詞　微笑子（上田敏）　無名會雑誌　六　明治一四、一

『上田敏全集』所收

西鶴に據おさんの正體　尾崎久彌　江戸軟派研究　六　大正一二、三

西鶴雑感　片岡良一　書物往來　二ノ二　大正一四、七

—五人女と二十不孝について—

好色五人女にあらはれたる戀愛生活と貞操觀念　小柴値一　江戸時代文化　二ノ二　昭和三、二
好色五人女　鈴木敏也　近世日本小説史前　目黒書店　大正一一、五
好色五人女　山本都星雄　社會學的に見たる日本文學史三　白揚社　昭和一五、三
「懷男」似せ男の趣向と「五人女」おまんの作り替　尾崎久彌　江戸文學研究八　昭和四、五
西鶴の「五人女」　岡田稔　國漢研究一〇　昭和五、一
五人女覺書　重友毅　歷史と國文學六ノ三　昭和七、三
『近世國文學考説』所收
西鶴五人女に現れた女性相　遠山葉子　婦人文藝一ノ二　昭和九、八
「五人女」に關する斷片的ノート　熊谷孝　國文學誌要二ノ九　昭和一〇、二
西鶴の文藝　鈴木福五郎　文藝復興一ノ四　昭和一二、九

―五人女の歴史的意義と現代的意義―

西鶴側面観　ワルテル・ドオナアト　日獨文化講演集五　日獨文化協會　昭和五、八

浮世草紙特に五人女を主としての論評

五人女に現れた女性の形象　黒川眞　五更　昭和五、一一

西鶴五人女鑑賞　加藤武雄　日本文學講座三　新潮社　昭和二、一

西鶴の世の中と「五人女」の誇張　前田晁　國民文學一　大正三、六

「五人女」の位相　瀧田貞治　臺大文學一ノ六　昭和一一、一二

『西鶴雜爼』所收

「大經師昔暦」と「好色五人女」阿部次郎　德川時代の藝術と社會　改造社　昭和六、六

お夏清十郎の文學と實說　荒木良雄　國漢研究三一　昭和六、一〇

西鶴の作品中の女性　川村孫六　歴史公論　四ノ四　昭和一〇、四
―主として「好色五人女」に就いて―

西鶴五人女獨譯　河合　讓　國語と國文學　八ノ一　昭和六、一

好色五人女　高須梅溪　西鶴の人々　岡村書店　大正四、七

「戀の宗教へ」（お七吉三）、「誘惑せらるゝ儘に」（樽屋おせん）、「迷執の巻へ」（清十郎）、「少年の死と美女の誘惑」（源五兵衞）、「人生の四民」（おさん茂右衞門）五篇何れも主人公の言動を追ひつゝこれを批評解釋したものである。

＊　＊　＊　＊

五人女　眞山青果　單行本　新潮社　明治四三、一〇

好色五人女の意譯、猶本書には版元をかへ、新潮社新版、南宋書院版がある。

好色五人女　藤井乙男　西鶴文集下　有朋堂書店　大正三、三

有朋堂文庫本のうち。頭註を掲ぐ。

五人女　秋山湖風　太田柏露　單行本　豊文館　大正七、四

口譯本

新譯西鶴五人女　田村西男　單行本　名作人情文庫刊行會　大正九、六

新譯と銘打てどもその實なき書なり。

曆屋物語　鴻巣・次田・栗原　西鶴近松抄　裳華房　大正一三、一一

五人女卷三、頭註あり。

好色五人女　岡田美二二　三段式西鶴好色物全釋　廣文堂　昭和二、三

語義、本文、口譯より成る。

西鶴五人女評譯（十二回）　鈴木敏也　國文學講座　文獻書院　昭和三（自一至一二）

國文學講座一より一二に至る。五人女の本文、語釋、評釋より成る。猶本書板元をかへ、同題の單行本となり、平凡社内受驗講座刊行會より、又日本文學社より公刊されたり。

口譯五人女（二回未完）　藤井乙男　國語國文の研究　四四 四五　昭和五（五 六）

『五人女』卷一の全譯

西鶴好色五人女輪講　三田村鳶魚編　單行本　龍生堂書店　昭和五、一一

好色五人女詳解　尾形美宣　單行本　大同館書店　昭和五、一一

西鶴五人女詳解　藤井乙男　單行本　木鐸社　昭和六、二

好色五人女　長田幹彦　現代語西鶴全集五　春秋社　昭和六、六

好色五人女講義（十九回未完）　藤村作　むらさき　自昭和一〇、一 至同一二、一二

『五人女』卷二まで講義、語註あり。

好色五人女　藤村作　西鶴名作集　至文堂　昭和一〇、六

『物語日本文學』第十八卷、口譯竝に解說を加ふ。

好色五人女　藤井乙男　西鶴名作集　大日本雄辯會講談社　昭和一〇、七

『評釋江戸文學叢書』のうち。上欄に詳註あり。

五人女	近藤忠義	原文・頭註 評釋・研究 西鶴	日本評論社	昭和一四、五

「日本古典讀本」第九卷、上欄詳註あり。

○好色一代女○

好色一代女	笹川臨風	井原西鶴集	國民圖書株式會社	昭和二、三
好色一代女	山口剛	西鶴名作集 下	名著全集刊行會	昭和四、一〇
好色一代女	藤村作	西鶴全集 前	博文館	昭和五、三
好色一代女	藤村作	日本文學大辭典 二	新潮社	昭和八、四
好色一代女	――	大辭典 一〇	平凡社	昭和一〇、四
好色一代女	――	日本家庭大百科事彙 二	富山房	昭和三、一二
好色一代女	佐藤鶴吉	世界文藝大辭典 三	中央公論社	昭和一一、八
好色一代女	秋田雨雀	文藝百科全書	隆文館	明治四二、一二

好色一代女　石割松太郎　近世文藝名著標本集 一四　米山堂　昭和九、五

好色一代女　垣内・毛利　國文學書目集覽　明德堂　昭和五、五

好色一代女　暉峻・康隆　江戸文學辭典　富山房　昭和一五、四

好色一代女　水谷不倒　西鶴本 下　水谷文庫　大正九、一一

好色一代女合評　鷗外外六氏　めさまし草 一九　明治三〇、七

「標新領異錄」欄、鷗外、竹二、思軒、學海、紅葉、篁村、露伴に依る合評。鷗外は審美上の價値、文學史上の價値、開明史上の價値より批判した。組織的な西鶴論としても古く、西鶴評論史上註目すべき論である。

一代女の頓悟　瀧田貞治　臺大文學 一ノ四　昭和一一、七

『西鶴雜俎』所收

西鶴の一代女　神谷鶴伴　學會餘談 一　興學會出版部　昭和三、一〇

一代女色紙外題の完態索捜の文、もと東京朝日新聞昭和二年九月掲載されしもの

「好色一代女」巻一、色紙題簽完備本の發見　尾崎久彌　讀賣新聞　昭和三、一〇（一三・一四）

『江戸小説研究』所收

一代女の色紙外題　神谷鶴伴　東京朝日新聞　昭和三、一一、一〇

好色一代女　鈴木敏也　近世日本小説史 前　目黒書店　大正、一一、五

同書　第二篇　第三章　第五節　P. 343

好色一代女と西鶴の女性觀　片岡良一　井原西鶴　至文堂　大正一五、三

同書　第四章　第二節の五　P. 214.

歡樂より醒めつゝ　高須梅溪　西鶴の人々　岡村書店　大正四、七

＊　＊　＊

一代女　長田幹彦　西鶴情話　新潮社　大正六、九

一代女　吉井勇　西鶴物語 一代女　春陽堂　大正七、一二

好色一代女　岡部美二二　三段式 西鶴好色物全釋　廣文堂書店　昭和一二、三

西鶴輪講 好色一代女（六册）　三田村鳶魚編　單行本　春陽堂　自昭和三、七 至同 四、四

好色一代女　長田幹彥　現代語 西鶴全集 五　春秋社　昭和六、六

『西鶴情話』本と殆ど同じである。

好色一代女　藤井乙男　西鶴名作集　大日本雄辯會講談社　昭和一〇、七

語釋江戸文藝叢書のうち。上欄詳註あり。

○男色大鑑○

男色大鑑　藤村作　日本文學大辭典 三　新潮社　昭和九、六

男色大鑑　山口剛　西鶴名作集 下　日本名著全集刊行會　昭和四、一〇

男色大鑑　藤村作　西鶴全集 前　博文館　昭和五、三

男色大鑑　鈴木敏也　近世日本小說史 前　目黑書店　大正一一、五

同書　第二篇　第三章　第六節　P. 360

男色大鑑	——	大辭典 一九	平凡社	昭和一一、三
男色大鑑	京都帝大國文學會	江戸文學圖録	ぐろりあそさえて	昭和五、一
男色大鑑	山崎麓	世界文藝大辭典 五	中央公論社	昭和一二、五
男色大鑑	水谷不倒	西鶴本 下	水谷文庫	大正九、一一
男色大鑑	石割松太郎	近世文藝名著標本集 一六	米山堂	昭和九、七
男色大鑑	暉峻康隆	江戸文學辭典	富山房	昭和一五、四
男色鑑大に描かれた同性愛	片岡良一	井原西鶴	至文堂	大正一五、三

同書　第四章　第四節　P. 260

「男色大鑑」と西鶴の態度	瀧田貞治	西鶴襍爼	巖松堂	昭和一二、七
十冊本「男色大鑑」	瀧田貞治	西鶴襍爼	巖松堂	昭和一二、七

古今四場居百人一首　稀書解説　七ノ上　米山堂　昭和七、九

「芝居百人一首」と「男色大鑑」との交渉についての論あり。

劇の史料としての「西鶴大鑑」　伊原青々園　藝術殿　四ノ五　昭和九、五

シング戯曲と西鶴の「男色大鑑」　菊池寛　新潮　大正五、一〇

男色物の金字塔「男色大鑑」の話　河原萬吉　珍本物語　汎人社　昭和六、一

＊　＊　＊　＊

本朝若風俗　菊池寛　現代語西鶴全集　一〇　春秋社　昭和七、六

西鶴輪講 男色大鑑（八回）　鳶魚、若樹、鶴吉、銕三 外三氏　江戸讀本　自昭和一五、一 至同一五、八

巻二ノ二迄にて中絶す。

（附）西鶴の書にものせたり　古今役者大全　寛延三年

同書巻の一に承應の頃江戸で玉川千之丞が河内通狂言を三年間打通した旨記されてゐる。この事「西鶴の

書にものせたり」とあるのは、『男色大鑑』五ノ三を指したのである。

●古今武士形氣●

古今武士形氣　瀧田貞治　臺大文學　一ノ三　昭和一一、六

古今武士形氣　『西鶴獉俎』所收　享保以後大阪出版書籍目録　大阪圖書出版業組合　昭和一一、五

○色里三所世帯○

色里三所世帯　藤村作　西鶴全集前　博文館　昭和五、三

色里三所世帯　藤村作　日本文學大辭典一　新潮社　昭和七、六

色里三所世帯　――　大辭典三　平凡社　昭和九、九

色里三所世帯　暉峻康隆　江戸文學辭典　富山房　昭和一五、四

「三所世帯」補足再摺本の存在と其解説

三所世帯の所在に就て　尾崎久彌　江戸文學研究　一〇、一一　昭和四（七八）

尾崎久彌　江戸文學研究　一二　昭和四、九

「色里三所世帯」の全貌と其補足改題本　尾崎久彌　江戸小説研究　弘道閣　昭和一〇、三

好色兵揃　尾崎久彌　甘露堂文庫稀覯本攷覽　名古屋書史會　昭和八、三

色里三所世帯　潁原退藏　江戸文藝論考　三省堂　昭和一二、一一

「西鶴著作考」のうち。西鶴作にあらざるべしとの説

色里三所世帯　鈴木敏也　近世日本小説史前　目黑書店　大正一一、五

同書　第二篇　第九章　第二節の(五)　P. 506

好色二代男と色里三所世帯　片岡良一　井原西鶴　至文堂　大正一五、三

同書　第四章　第二節の四　P. 204

大惣本の賣價　――　此花（大阪）二三　明治四五、七

文中に『色里三所世帯　四册　五圓』とある。板本である事はその前後及び賣價より想像さるゝが、四册は三册の誤か。兎に角本書の木板本の流布した一證とする事が出來よう。

○好色盛衰記○

好色盛衰記　藤村作　日本文學大辭典二　新潮社　昭和八、四

好色盛衰記老　笠井清　國語國文　四ノ七　昭和九、七

好色盛衰記　潁原退藏　江戸文藝論考　三省堂　昭和一二、一一

西鶴著作考のうち

好色盛衰記　暉峻康隆　江戸文學辭典　富山房　昭和一五、四

好色盛衰記・改題本・複刻本　瀧田貞治　愛書六　昭和一一、四

『西鶴襍爼』所收

好色盛衰記　石川巖　新選繪入西鶴全集一卷尾　従吾所好社　大正一一、四

好色盛衰記」と「男色歸新座」と文の同箇所あることに就て　菅竹浦　江戸文化　三ノ六　昭和四、六

「好色盛衰記」の基底　—好色物に於ける金錢への關心—　瀧田貞治　臺大文學　二ノ四　昭和一二、八

好色五人女と好色盛衰記　片岡良一　井原西鶴　至文堂　大正一五、三

同書・第四章　第二節の六　P. 226.

好色榮花物語　山村太郎　槻の木　八ノ一〇　昭和八、一〇

「浮世草紙の改題本其他に就て」のうち

好色盛衰記　――　大辭典　一〇　平凡社　昭和一〇、四

西鶴榮花咄　石割松太郎　近世文藝名著標本集　二四　米山堂　昭和一〇、三

好色盛衰記　鈴木敏也　近世日本小説史　前　目黒書店　大正一一、五

同書　第二篇　第九章　第二節の（六）　P. 507

○西鶴置土産○

西鶴置土産	藤村作 形田藤太	井原西鶴集	日本文學叢書刊行會	昭和四、九
西鶴置土産	藤村作	日本文學大辭典二	新潮社	昭和八、四
西鶴置土産	山口剛	西鶴名作集下	日本名著全集刊行會	昭和四、一〇
西鶴置土産	藤村作	西鶴全集後	博文館	昭和五、一二
西鶴置土産	—	大辭典一一	平凡社	昭和一〇、五
西鶴置土産	暉峻康隆	江戸文學辭典	富山房	昭和一五、四
西鶴置土産	水谷不倒	世界文藝大辭典三	中央公論社	昭和一一、八
西鶴置土産	水谷不倒	西鶴本下	水谷文庫	大正九、一一
西鶴置土産 西鶴彼岸櫻 朝くれなゐ 解説	石割松太郎	近世文藝名著標本集八	米山堂	昭和八、一一
西鶴の置土産	田山花袋	花袋全集一一	其刊行會	大正一二、七

西鶴の藝術に於ける置土産について　紀平　規　歴史と國文學 五一　昭和七、九

西鶴彼岸櫻の改題本の發見　石割松太郎　書物展望 三ノ二　昭和八、二

置　土　産　鈴木敏也　近世日本小説史前　目黒書店　大正一二、五

同書第二篇、第八章、第一節（四八四頁）

置土産と名殘の友とに現はれた晩年の心境　片岡良一　井原西鶴　至文堂　大正一五、三

同書　第四章　第八節の三　P. 577.

* * * *

西　鶴　置　土　産　藤井乙男　西鶴文集上　有朋堂書店　大正二、五

有明堂文庫本、頭註あり。

西　鶴　置　土　産　藤村　作 形田藤太　井原西鶴集　日本文學叢書刊行會　昭和四、九

『新釋日本文學叢書』のうち　上欄詳註

人には棒振虫同前に思はれ　遠藤佐市郎 藤田德太郎　元祿文學新抄　中興館　昭和六、四

置土産二の二の一篇

人には棒振虫同前におもはれ　富倉德次郎　西鶴名作選　平野書店　昭和七、四

右に同じ

西鶴置土産　佐藤春夫　現代語 西鶴全集九　春秋社　昭和八、二

西鶴置土産輪講（六回未完）　西鶴輪講會　國文國史　自昭和一〇、一一 至同一二、一〇

大阪女子專門學校、國文國史學會に依る論講、『置土産』巻一の三迄完了

西鶴置土産　武田麟太郎　現代語譯 西鶴名作集下　非凡閣　昭和一三、六

◆武家物◆

井原西鶴と武士道論　井箆節　日本及日本人一九二一　昭和五、一

武道傳來記一ノ一、一ノ四、五ノ三篇の紹介

西鶴の武家物と武士道觀　橋本　實　古典研究　二ノ六　昭和一二、六

西鶴の武家物について　紀平　規　歷史と國文學　八ノ二　昭和八、二

武家物中の自我意識　瀧田貞治　臺大文學　一ノ五　昭和一一、一〇

『西鶴襍俎』所收

西鶴武家物研究　片岡良一　日本文學講座　二 三　新潮社　大正一五、一二 昭和二、一

『西鶴研究』(新潮文庫)所收

西鶴武家物について　田崎治泰　近世文學　四ノ二　昭和一三、四

武　家　物　鈴木敏也　近世日本小說史　前　目黑書店　大正一一、五

同書　第二篇　第五章　P. 408 武道傳來記、武家義理物語、新可笑記、武家物の對象と西鶴の人生觀照の諸項について論評

武家物　片岡良一　井原西鶴　至文堂　大正一五、三

同書　第四章　第五節　P. 280　一、武家物と西鶴、二、元祿の武士氣質と武道傳來記、三、武家義理物語と新可笑記、四、武家物に描かれた女、より成る。

西鶴武家物と其末流　川崎鐵太郎　近世文學　四ノ四　昭和一三、八

西鶴の「武家もの」序論　桐原德重　古典研究　五ノ一　昭和一五、一

○武道傳來記○

武道傳來記　笹川臨風　井原西鶴集　國民圖書株式會社　昭和二、三

武道傳來記　藤村作 藤田藤太　井原西鶴集　日本文學叢書刊行會　昭和四、九

武道傳來記　山口剛　西鶴名作集下　日本名著全集刊行會　昭和四、一〇

武道傳來記　藤村作　西鶴全集後　博文館　昭和五、一二

武道傳來記　藤村作　日本文學大辭典三　新潮社　昭和九、六

武道傳來記　――　大辭典　一二　平凡社　昭和一一、六
武道傳來記　山崎麓　世界文藝大辭典五　中央公論社　昭和一二、五
武道傳來記　水谷不倒　西鶴本下　水谷文庫　大正九、一一
武道傳來記　石割松太郎　近世文藝名著標本集一二　米山堂　昭和九、三
武道傳來記　暉峻康隆　江戸文學辭典　富山房　昭和一五、四
武道傳來記　垣內、毛利　國文學書目集覽　明德堂　昭和五、五
武道傳來記　鈴木敏也　近世日本小說史前　目黑書店　大正一一、五
同書　第二篇　第五章　第一節　P.410
元祿の武士氣質と武道傳來記　片岡良一　井原西鶴　至文堂　大正一五、三
同書　第四章　第五節の二　P.283

＊　＊　＊　＊

武道傳來記　　藤井乙男　　西鶴文集上　　有朋堂書店　　大正一一、五

有朋堂文庫本上欄に語註あり。

武家物　　鴻巣・次田・栗原　　西鶴近松抄　　裳華房　　大正一三、一一

「武道傳來記」二ノ二、六ノ三の二篇

武道傳來記　　藤村作・形田藤太　　井原西鶴集　　日本文學叢書刊行會　　昭和四、九

「新釋日本文學叢書」のうち、上欄詳註

見ぬ人貌に宵の無分別　　遠藤佐市郎・藤田德太郎　　元祿文學新抄　　中興館　　昭和六、四

「武道傳來記」二ノ二の一篇を收む

武道傳來記　　菊池寛　　現代語西鶴全集三　　春秋社　　昭和六、七

武家道來記	山崎麓	西鶴文撰集	春陽堂	昭和七、二
卷六ノ三、八ノ三、八ノ四の三篇　頭註				
武道傳來記	富倉德太郎	西鶴名作選	平野書店	昭和七、四
卷二ノ四、五ノ三、八ノ三の三篇　頭註				

○武家義理物語○

武家義理物語	藤村作 形田藤太	井原西鶴集	日本文學叢書刊行會	昭和四、九
武家義理物語	山口剛	西鶴名作集下	日本名著全集刊行會	昭和四、一〇
武家義理物語	藤村作	西鶴全集後	博文館	昭和五、一二
武家義理物語	藤村作	日本文學大辭典三	新潮社	昭和九、六
武家義理物語	——	大辭典二三	平凡社	昭和一一、六

武家義理物語　山崎　麓　世界文藝大辭典五　中央公論社　昭和一二、五

武家義理物語　水谷不倒　西鶴本下　水谷文庫　大正九、一一

武家義理物語　石割松太郎　近世文藝名著標本集一六　米山堂　昭和九、七

武家義理物語　暉峻康隆　江戸文學辭典　富山房　昭和一五、四

西鶴小說論序說　頼桃三郎　近世文學　二ノ一　昭和一一、一
『武家義理物語』にふれて

武家義理物語と新可笑記　片岡良一　井原西鶴　至文堂　大正一五、三
同書　第四章　第四節の三　P. 293

武家義理物語　鈴木敏也　近世日本小說史前　目黑書店　大正一一、五
同書　第二篇　第五章　第二節　P. 420

●武家氣質●

西鶴武家氣質　中村正二郎　中村積德堂目錄 二三　昭和一一、九

「義理物語改題」と註記あり

「武家氣質」の發見　瀧田貞治　愛書 八　昭和一二、一

『武家義理物語』の改題本、『西鶴襍俎』所收

＊　＊　＊　＊

約束は雪の朝食　鴻巣・次田・栗原　西鶴近松抄　裳華房　大正一三、一一

『武家義理物語』卷三ノ二

武家義理物語　藤村作・形田藤太　井原西鶴集　日本文學叢書刊行會　昭和四、九

『新釋日本文學叢書』のうち、上欄詳註

約束は雪の朝食　遠藤佐市郎・藤田德太郎　元祿文學新抄　中興館　昭和六、四

『武家義理物語』三ノ二の一篇

武家義理物語　菊池寛　現代語 西鶴全集三　春秋社　昭和六、七

武家義理物語　山崎麓　西鶴文撰集　春陽堂　昭和七、二

卷一ノ一、一ノ四、三ノ二の三篇に頭註

約束は雪の朝食　富倉徳次郎　西鶴名作選　平野書店　昭和七、四

卷三ノ二篇を収む

西鶴武家義理物語輪講　三田村鳶魚編　早稲田大學出版部　昭和九、一

鳶魚、不倒、鶴吉、銑三外七氏による輪講

光秀の結婚　藤村作　西鶴名作集　至文堂　昭和一〇、六

「物語日本文學」第十八卷、武家義理物語一ノ二「猴子はむかしの面影」の口譯

雪の朝食　佐藤春夫　打出の小槌　書物展望社　昭和一四、八

武家義理物語三ノ二の解釋

◆町人物◆

西鶴研究　金の巻　木崎愛吉　單行本　だるまや書店　大正一二、二

西鶴新論　秦豊吉　早稻田文學一五三
―西鶴と金と―

西鶴町人物研究　片岡良一　日本文學講座七　新潮社　昭和二、五
『西鶴研究』(新潮文庫)所收

町人物　片岡良一　井原西鶴　至文堂　大正一五、三
同書　第四章　第七節　P. 332　一、町人物の世界、二、當代の町人生活と西鶴の觀た金、三、日本永代藏と本朝町人鑑、四、胸算用に描かれた金の悲喜劇、五、西鶴の世相描寫と世の人心に示された最後の轉向、

西鶴町人物論攷　暉峻康隆　國文學研究六　早稻田大學國文學會　昭和一一、

書評　暉峻康隆「西鶴町人物論攷」　座間・佐藤　文藝と批評　三　昭和一一、一〇

西鶴の藝術に於ける町人者　紀平規　歴史と國文學七ノ三　昭和七、九七
西鶴の町人物に於ける節儉思想　岩壺卓夫　臺大文學　五ノ一　昭和一五、三
西鶴町人物雜感　武田麟太郎　好色之戒め　文圃堂　昭和一〇、一二
西鶴本に現れた歳末種々相　坂元敬介　月刊文章　三ノ一三　昭和一二、一二
『胸算用』中の三四篇を紹介せしもの
金の文學（二回）　瀧田貞治　臺灣　三二　昭和一五、六五
—西鶴町人物の經濟史的な見方—
金を描いた西鶴　小柴値一　國學院雜誌　三三ノ一〇　昭和二、一〇
西鶴時代の町人生活　京口元吉　月刊日本文學　一ノ二　昭和六、七
西鶴町人物に現れたる「才覺」の研究　塚本楢良　上方　八　昭和六、八

町人物　鈴木敏也　近世日本小説史前　目黒書店　大正一一、五

同書　第二篇　第六章　P. 440　日本永代藏、世間胸算用、本朝町人鑑、生の欣求と二面生活

西鶴の町人小説　鈴木敏也　新註西鶴町人物集成　大倉廣文堂　昭和九、一

町人物—日本永代藏　山本都星雄　社會學的に見たる日本文學史三　白揚社　昭和一五、三

町人物　鴻巣・茨田・栗原　西鶴近松抄　裳華房　大正一三、一一

永代藏一ノ四、二ノ一、三ノ三、五ノ三、胸算用一ノ四、三ノ三、三ノ四、五三ノの八篇に頭註あり。

西鶴と町人精神　重友毅　國語と國文學一七ノ七　昭和一五、七

○日本永代藏○

日本永代藏　笹川臨風　井原西鶴集　國民圖書株式會社　昭和二、三

日本永代藏　藤村作　形田藤太　井原西鶴集　日本文學叢書刊行會　昭和四、九

日本永代藏	山口　剛	西鶴名作集 下	日本名著全集刊行會	昭和四、一〇
日本永代藏	藤村　作	西鶴全集 後	博文館	昭和五、一二
日本永代藏	藤村　作	日本文學大辭典 二	新潮社	昭和八、四
日本永代藏	——	大辭典 二〇	平凡社	昭和一一、四
日本永代藏	水谷不倒	西鶴本 下	水谷文庫	大正九、一一
日本永代藏	山崎　麓	世界文藝大辭典 五	中央公論社	昭和一一、五
日本永代藏	垣内・毛利	國文學書目集覽	明德堂	昭和五、五
日本永代藏	——	日本家庭大百科事彙	富山房	昭和三、一二
日本永代藏	暉峻康隆	江戸文學辭典	富山房	昭和一五、四
日本永代藏	鈴木敏也	近世日本小說史 前	目黑書店	大正一一、五

同書　第二篇　第六章　第一節　P. 442

日本永代藏と本朝町人鑑　片岡良一　井原西鶴　至文堂　大正一五、三

同書　第四章　第七節の三　P. 342

日本永代藏考察　暉峻康隆　古典研究　二ノ六　昭和一一、六

永代藏小論　熊谷孝　國文學誌要　二ノ八　昭和九、一二

「永代藏」の成立過程　熊谷孝　文學　四ノ三　昭和一一、三
―町人物の成立とその意義―

永代藏そのほか　重友毅　近世國文學考說　六文館　昭和八、八

「永代藏」と「胸算用」　春日政治　家事研究　大正一四、一〇
『青霜集』(昭和一四、四、岩波書店)所收

日本永代藏解說　石割松太郎　近世文藝名著標本集一〇　米山堂　昭和九、一

半紙本「日本永代藏」　瀧田貞治　西鶴襍爼　巖松堂　昭和一二、七

「日本永代藏」の原板系と異本系　瀧田貞治　臺大文學　五ノ二　昭和一五、五

日本永代藏の註疏事業　瀧田貞治　臺大文學　二ノ二　昭和一二、五

日本永代藏抄　山崎美成　海錄　四　圖書刊行會　大正四、一一

永代藏に於ける資料抄出錄である。

＊　＊　＊

日本永代藏　藤井乙男　西鶴文集　上　有朋堂書堂　大正二、五

有朋堂文庫本、頭註あり

抄本日本永代藏　藤村作　單行本　至文堂　大正一四、三

頭註あり。

抄本日本永代藏參考書　藤村作　單行本　至文堂　——

日本永代藏　高柳淳之助　福々物語　大東社出版部　大正一五、一二

抄本 日本永代藏に出づる重要語句の詳細なる註釋書なり。

「日本永代藏」の意譯、胸算用と同綴

日本永代藏（十三回）　佐藤鶴吉　國語國文の研究　自昭和三、八 至同四、一一

該誌二三號より三八號に至る。卷二ノ二迄、註釋と評釋とより成る。

校註 日本永代藏　穎原退藏　單行本　明治書院　昭和四、七

日本永代藏詳解　岡田稔　單行本　大同館書店　昭和四、九

日本永代藏　藤村作 形田藤太　井原西鶴集　日本文學叢書刊行會　昭和四、九

評釋日本文學叢書のうち。頭註あり。

日本永代藏評釋　佐藤鶴吉　單行本　明治書院　昭和五、三

日本永代藏輪講（十九回） 鳶魚、若樹、銑三、剛 等 日本及日本人 自昭和五、七 至同六、四

井原西鶴 遠藤佐市郎 藤田德太郎 元祿文學新抄 中興館 昭和六、四

第一篇 井原西鶴のうちに『永代藏』二ノ一、三ノ一、四ノ四、六ノ二の四篇を收め頭註あり。

日本永代藏 谷孫六 現代語 西鶴全集 八 春秋社 昭和七、一

日本永代藏 山崎麓 西鶴文撰集 春陽堂 昭和七、二

永代藏一ノ一、一ノ四、二ノ一、三ノ一、三ノ五、四ノ一、四ノ四、六ノ二の八篇を收め頭註す。

日本永代藏 鈴木敏也 新註 西鶴町人物集成 大倉廣文堂 昭和九、一

藤市の話 藤村作 西鶴名作集 至文堂 昭和一〇、六

『物語日本文學』第十八卷、永代藏二ノ一『世界の借屋大將』を物語風にしたもの

紙子身袋の破れ時 笹川臨風 解釋と鑑賞 五ノ五 昭和一五、五

日本永代藏　藤井乙男　西鶴名作集　大日本雄辯會講談社　昭和一〇、七

評釋江戸文學叢書のうち、上欄に詳註あり。

攷註日本永代藏　上　守隨憲治　單行本　山海堂出版部　昭和一二、三

卷三迄

日本永代藏新講　大藪虎亮　單行本　白帝社　昭和一二、三

日本永代藏　守隨憲治　西鶴近松新選　白帝社　昭和一二、三

永代藏一ノ一、一ノ二、一ノ四、二ノ一、二ノ三、三ノ一、三ノ二、三ノ三、四ノ一、四ノ四、五ノ四、六ノ二、六ノ五の十三篇、頭註あり。

新註日本永代藏　大藪虎亮　單行本　白帝社　昭和一二、一二

日本永代藏　守隨憲治　改造社　昭和一五、二

改造文庫本、各卷の終に語註あり。

西鶴「町人もの」口譯　加藤順三　月刊日本文學　一ノ二　昭和六、七
胸算用五篇、永代藏四篇、織留二篇、置土産四篇、二十四孝三篇を含む

○世間胸算用○

世間胸算用	笹川臨風	井原西鶴集	國民圖書株式會社	昭和二、三
世間胸算用	藤村作・形田藤太	井原西鶴集	日本文學叢書刊行會	昭和四、九
世間胸算用	山口剛	西鶴名作集下	日本名著全集刊行會	昭和四、一〇
世間胸算用	藤村作	西鶴全集後	博文館	昭和五、一二
世間胸算用	藤村作	日本文學大辭典二	新潮社	昭和八、四
世間胸算用	――	日本家庭大百科事彙二	冨山房	昭和三、一二
世間胸算用	――	大辭典一五	平凡社	昭和一〇、一〇

世間胸算用　山崎麓　世界文藝大辭典四　中央公論社　昭和一一、一二
世間胸算用　水谷不倒　西鶴本下　水谷文庫　大正九、一一
世間胸算用　石割松太郎　近世文藝名著標本集一六　米山堂　昭和九、七
世間胸算用　暉峻康隆　江戸文學辭典　富山房　昭和一五、四
世間胸算用　鈴木敏也　近世日本小說史前　目黑書店　大正一一、五
同書　第二篇　第六章　第二節　P. 451
胸算用に描かれた金の悲喜劇　片岡良一　井原西鶴　至文堂　大正一五、三
同書　第四章　第七節の四　P. 351.
胸算用のよみ方について　頴原退藏　校註世間胸算用　明治書院　昭和五、二
西鶴「胸算用」小論　小田切秀雄　古典研究五ノ九　昭和一五、八

* * * *

胸算用　藤井乙男　西鶴文集上　有朋堂書店　大正一二、五

有朋堂文庫本、頭註あり。

抄本胸算用　藤村作　至文堂　大正一四、一一

頭註を施す

胸算用　高柳淳之助　禍々物語　大東社出版部　大正一五、一二

同書後篇　胸算用、意譯本。

西鶴選釋世間胸算用　頴原退藏　江戸文學講座一ノ六　文獻書院　昭和四、八一

巻五ノ一中途まで、語釋、批評(意譯)あり。

世間胸算用　井原西鶴集　日本文學叢書刊行會　昭和四、九

新釋日本文學叢書のうち、頭註あり。

校註世間胸算用　穎原退藏　明治書院　昭和五、二

井原西鶴　遠藤佐市郎　藤田德太郎　元祿文學新抄　中興館　昭和六、四

胸算用のうち一ノ四、二ノ一、二ノ四、三ノ三、四ノ二、五ノ三の六篇、頭註あり。

世間胸算用　山崎麓　西鶴文撰集　春陽堂　昭和七、二

胸算用一ノ二、一ノ四、二ノ一、二ノ四、三ノ三、四ノ一、四ノ三、五ノ三の八篇に頭註を加ふ。

世間胸算用　富倉德次郎　西鶴名作選　平野書店　昭和七、四

一ノ四、二ノ一、五ノ三、五ノ四の四篇、頭註あり。

世間胸算用　尾崎一雄　志賀直哉　現代語西鶴全集四　春秋社　昭和七、四

世間胸算用　鈴木敏也　新註西鶴町人物集成　大倉廣文堂　昭和九、一

抄註世間胸算用　塚田芳太郎　抄註西鶴近松選　白帝社　昭和九、一〇

一ノ一、一ノ二、二ノ一、二ノ四、四ノ二、三ノ一、三ノ三、四ノ三、五ノ一、五ノ三の十篇を収む。

世間胸算用詳解　植村邦正　大同館書店　昭和一〇、四

鼠のふみづかひ　藤村作　西鶴名作集　至文堂　昭和一〇、六

『物語日本文學』第十八卷、胸算用一ノ四の物語り式通解。

世間胸算用　藤井乙男　西鶴名作集　大日本雄辯會講談社　昭和一〇、七

評釋江戸文學叢書のうち、上欄に詳註あり。

世間胸算用全釋　市場直次郎　文泉堂書房　昭和一〇、九

世間胸算用　守隨憲治　西鶴近松新選　白帝社　昭和一二、三

一ノ一、一ノ二、一ノ四、二ノ一、二ノ四、四ノ一の六篇に頭註。

世間胸算用　藤村作　栗田書店　昭和一三、七

新選近代文學叢書のうち、下欄に語註あり。

世間胸算用　守隨憲治　改造社　昭和一五、一
改造文庫本、各巻終に語註あり。

○西鶴織留○

西鶴織留　笹川臨風　井原西鶴集　國民圖書株式會社　昭和二、三
西鶴織留　藤村作・形田藤太　井原西鶴集　日本文學叢書刊行會　昭和四、九
西鶴織留　山口剛　西鶴名作集　下　日本名著全集刊行會　昭和四、一〇
西鶴織留　藤村作　西鶴全集　後　博文館　昭和五、一二
西鶴織留　藤村作　日本文學大辭典　二　新潮社　昭和八、四
西鶴織留　――　大辭典　一一　平凡社　昭和一〇、五
西鶴織留　佐藤鶴吉　世界文藝大辭典　三　中央公論社　昭和一一、八

西鶴織留　水谷不倒　西鶴本 下　水谷文庫　大正九、一一

西鶴織留　石割松太郎　近世文藝名著標本集 一六　米山堂　昭和九、七

西鶴織留　暉峻康隆　江戸文學辭典　富山房　昭和一五、四

西鶴織留未定稿考　小田喜禎　槻の木 八ノ一〇　昭和八、一〇

一、團水の序文　二、説話の筋の混亂　三、挿畫の剽竊（卽ち六の一は櫻陰比事四ノ一より、六ノ四は置土産五ノ一より夫々取つたもの）これらから織留の未定稿なりしことを説く。

織留の逆繪　瀧田貞治　愛書 七　昭和一一、九

本朝町人鑑　鈴木敏也　近世日本小説史 前　目黑書店　大正一一、五

同書　第二篇　第六章　第三節　P. 456

世の人心　鈴木敏也　近世日本小説史 前　目黑書店　大正一一、五

同書　第二篇　第八章　第一節　P. 489

日本永代藏と本朝町人鑑　片岡良一　井原西鶴　至文堂　大正一五、三

同書　第四章　第七節の三　P. 342.

西鶴の世相描寫と「世の人心」に示された最後の轉向　片岡良一　井原西鶴　至文堂　大正一五、三

同書　第四章　第七節の五　P. 358.

西鶴織留　藤井乙男　西鶴文集下　有朋堂書店　大正三、三

頭註あり、

西鶴織留　井原西鶴集　日本文學叢書刊行會　昭和四、九

評釋日本文學叢書のうち、上欄詳註あり。

浮世草紙選釋　西鶴織留（七回）　佐藤鶴吉　國語國文の研究　自昭和四、一二 至同　五、一〇

卷一ノ一、二ノ二、四ノ二の三篇

西鶴織留輪講（十九回完）　鳶魚　鶴吉　等　日本及日本人　自昭和六、五　至同　七、五

該誌二二五號より二四九號に至る。

井原西鶴　遠藤佐市郎　藤田德太郎　元祿文學新抄　中興館　昭和六、四

第一篇井原西鶴のうち、「織留」は二ノ四、三ノ四の二篇、頭註。

西鶴織留輪講　鳶魚編　早稲田大學出版部　——

校正刷本、公刊に至らず、前掲輪講に追補を加へしもの、

西鶴織留　谷孫六　現代語西鶴全集八　春秋社　昭和七、一

織留　山崎麓　西鶴文撰集　春陽堂　昭和七、二

織留一ノ四、二ノ二、三ノ四、四ノ一、四ノ二、四ノ三の六篇に頭註あり。猶西鶴文撰集目次に「織留（本朝町人鑑）」としてゐるが、『本朝町人鑑』は巻一巻二で、巻三以下六巻迄を「世の人心」とあるから、此の記法は誤りである。

西鶴織留　富倉德次郎　西鶴名作選　平野書店　昭和七、四

卷一ノ一、三ノ二の二篇に頭註

西鶴織留新註　松浦一六　春陽堂　昭和七、一一

上欄の語註精細。

西鶴織留　鈴木敏也　新註西鶴町人物集成　大倉廣文堂　昭和九、一

上欄詳註。

西鶴織留語考　松浦一六　國語國文　五ノ七　昭和一〇、七

織留新註の追補。

西鶴織留（十二回）　藤村作　解釋と鑑賞　自昭和一一、五 至同一三、八

該誌一號より十五號に亙り、織留一ノ一、二ノ四、四ノ三、五ノ二、六ノ一、六ノ二、六ノ三、の七篇を選釋。

西鶴織留　守隨憲治　西鶴近松新選　白帝社　昭和一二、三

卷一ノ三、三ノ一、三ノ四の三篇頭註

西鶴織留　近藤忠義　西鶴　日本評論社　昭和一四、五

日本古典讀本　九、本朝町人鑑卷一卷二、上欄に詳註あり。

○本朝二十不孝○

本朝二十不孝　笹川臨風　井原西鶴集　國民圖書株式會社　昭和二、三

本朝二十不孝　藤村作 形田藤太　井原西鶴集　日本文學叢書刊行會　昭和四、九

本朝二十不孝　山口剛　西鶴名作集下　日本名著全集刊行會　昭和四、一〇

本朝二十不孝　藤村作　西鶴全集後　博文館　昭和五、一二

本朝二十不孝　藤村作　日本文學大辭典三　新潮社　昭和九、六

本朝二十不孝　――　大辭典二三　平凡社　昭和一一、七

本朝二十不孝　水谷不倒　世界文藝大辭典六　中央公論社　昭和一二、一

本朝二十不孝　水谷不倒　西鶴本下　水谷文庫　大正九、一

本朝二十不孝　石割松太郎　近世文藝名著標本集　米山堂　昭和九、七

本朝二十不孝　暉峻康隆　江戸文學辭典　富山房　昭和一五、四

「本朝二十不孝」の敎訓性と西鶴作品の持つ危機に就いて　瀧田貞治　臺大文學四ノ三　昭和一四、八

本朝二十不孝　鈴木敏也　近世日本小説史前　目黒書店　大正一一、五

同書　第二篇　第七章　第一節　P. 468

本朝二十不孝と西鶴の敎訓　片岡良一　井原西鶴　至文堂　大正一五、三

同書　第四章　第四節の三　P. 270

＊　＊　＊　＊

本朝二十不孝　吉井　勇　西鶴物語 一代女　春陽堂　大正七、一二

二十不孝の口譯　一代女と合綴

本朝二十不孝　井原西鶴集　日本文學叢書刊行會　昭和四、九

『新釋日本文學叢書』のうち、上欄に語註あり。

本朝二十不孝　吉井　勇　現代語 西鶴全集七　春秋社　昭和六、一一

春陽堂刊の西鶴物語一代女　のそれとは異つてゐる。

本朝二十不孝(二十五回)　藤村　作　解釋と鑑賞　昭和一二、九　一五、一

「解釋と鑑賞」誌一六號より四四號に至る。譯及び註あり。

本朝二十不孝　藤村　作　單行本　栗田書店　昭和一三、六

新選近代文學叢書のうち、下欄に註あり。

●新因果物語●

「新因果物語」の存在と改題事情	瀧田貞治	臺大文學　一ノ一		昭和一一、一
『西鶴襍俎』所收				

○西鶴諸國咄○

西鶴諸國咄	藤村作　形田藤太	井原西鶴集	日本文學叢書刊行會	昭和四、九
西鶴諸國はなし	山口剛	西鶴名作集　下	日本名著全集刊行會	昭和四、一〇
西鶴諸國はなし	藤村作	西鶴全集　後	博文館	昭和五、一二
西鶴諸國はなし	藤村作	日本文學大辭典　二	新潮社	昭和八、四
西鶴諸國はなし	——	大辭典　一一	平凡社	昭和一〇、五
西鶴諸國咄	水谷不倒	世界文藝大辭典　三	中央公論社	昭和一一、八
西鶴諸國咄	水谷不倒	西鶴本　上	水谷文庫	大正九、一一
西鶴諸國咄	石割松太郎	近世文藝名著標本集　一四	米山堂	昭和九、五

西鶴諸國はなし　暉峻康隆　江戸文學辭典　富山房　昭和一五、四

西鶴諸國咄と大和　岩城準太郎　奈良文化　一四　昭和三、五

鴻池新田と文豪西鶴の大下馬　船越政一郎　難波津　一〇　大正一三、一一

西鶴諸國咄論稿　近藤忠義　近世文學の研究　至文堂　昭和一一、二

諸國咄　鈴木敏也　近世日本小説史前　目黒書店　大正一一、五

同書　第二篇　第四章　第一節　p. 381

懷硯と大下馬　片岡良一　井原西鶴　至文堂　大正一五、三

同書第四章第六節の三　p. 320

西鶴と「諸國咄」　前島春三　國語と國文學　一〇ノ九　昭和八、九

＊　＊　＊　＊

大下馬　藤井乙男　西鶴文集上　有朋堂書店　大正一一、五

有朋堂文庫本、諸國咄卷四（五缺）迄、頭註あり。

西鶴諸國咄　藤村作 形田藤太　井原西鶴集　日本文學叢書刊行會　昭和四、九

新釋日本文學叢書のうち、上欄詳註あり。

近年諸國咄　久保田萬太郎　現代語西鶴全集六　春秋社　昭和六、八

諸國ばなし　山崎麓　西鶴文撰集　春陽堂　昭和七、二

卷二ノ六、三ノ一、四ノ一、の三篇、頭註、

西鶴短篇集　藤村作　西鶴名作集　至文堂　昭和一〇、六

『物語日本文學』第十八卷、『諸國咄』は卷一ノ五、二ノ六、四ノ一、四ノ二、四ノ七、五ノ四、の六篇を意譯

近年諸國咄　近藤忠義　西鶴　日本評論社　昭和一四、五

日本古典讀本、九、上欄詳註、

（大下馬より）　佐藤春夫　打出の小槌　書物展望社　昭和一四、八

書中「大下馬」より三篇を取つてこれを解釋してゐる。即ち「親ごゝろ」は巻五ノ一「戀の出見世」、「戀する者」は巻四ノ二「忍び扇の長歌」、「判つた人判らぬ人」は巻五ノ一「灯挑に朝貌」である。猶本稿は雑誌「新日本」が初掲載である。

〇懐　硯〇

懐　硯	山口　剛	西鶴名作集下	日本名著全集刊會社	昭和四、一〇
懐　硯	藤村　作	西鶴全集後	博文館	昭和五、一二
懐　硯	藤村　作	日本文學大辭典三	新潮社	昭和九、六
懐　硯	——	大辭典一二	平凡社	昭和一一、八
懐　硯	山崎　麓	世界文藝大辭典五	中央公論社	昭和一二、五
懐　硯	水谷不倒	西鶴本下	水谷文庫	大正九、一一

懷　硯　石割松太郎　近世文學名著標本集　一二　米山堂　昭和九、三

懷　硯　暉峻康隆　江戸文學辭典　富山房　昭和一五、四

「懷硯」、似せ男の趣向と「五人女」おまんの作り替へ　尾崎久彌　江戸文學研究　八　昭和四、五

懷　硯　鈴木敏也　近世日本小説史　前　目黒書店　大正一一、五

同書　第二篇　第四章　第三節　P.395

懷硯と大下馬　片岡良一　井原西鶴　至文堂　大正一五、三

同書　第四章　第六節の三、P. 320.

※　※　※　※

懷　硯　久保田萬太郎　現代語西鶴全集　六　春秋社　昭和六、八

懐硯　富倉徳次郎　西鶴名作選　平野書店　昭和七、四
二ノ四、一ノ四の二篇、頭註も少なく特記するものなし。

海の悲劇　藤村作　西鶴名作集　至文堂　昭和一〇、六
『物語日本文學』第十八巻、『懐硯』一ノ四「案内しつて昔の寝所」の意譯

●匹身物語●

匹身物語　穎原退藏　上方二　昭和六、二
「西鶴著作雜考」のうち。『江戸文藝論考』所收

「匹身物語」の第四卷　瀧田貞治　愛書八　昭和一二、一
『西鶴掾俎』所收

○椀久一世の物語○

椀久一世物語　鈴木敏也　近世日本小説史前　目黒書店　大正一一、五

同書　第二篇　第九章　第二節の二　P. 504

椀久一世の物語　藤村作　日本文學大辭典三　新潮社　昭和九、六

椀久一世物語　――――　大辭典二六　平凡社　昭和一一、一一

椀久一世物語解題　宮崎三昧　「椀久一世の物語」卷頭　珍書會　大正四、一〇

椀久一世物語　石川巖　奇書珍籍一　大正八、一〇

椀久一世物語　穎原退藏　上方八　昭和六、八

「西鶴著作考補遺」のうち。『江戸文藝論考』所收

「椀久一世の物語」の作者を論ず　笠井清　讀書二ノ五　昭和一三、九

全體的、部分的の觀察をなし、精細な比較をなして、西鶴作なりと斷ず

椀久一世の物語　前島春三　近代國文學の研究　武藏野書院　昭和三、一〇

椀久一世の物語　暉峻康隆　江戸文學辭典　富山房　昭和一五、四

○新小夜嵐○

新小夜嵐　淡島寒月　めさまし草　一八　明治三〇、六、

新小夜嵐解題　宮崎三昧　新小夜嵐　珍書會　大正六、二

新小夜嵐　山口剛　浮世草紙集　日本名著全集刊行會　昭和三、四

新小夜嵐物語　石川巖　新選西鶴全集一　從吾所好社　大正一一、四

右解説に朝倉無聲が「江戸趣味」に、「新小夜嵐」の挿畫を西鶴筆と推定したとあるか、該誌に見えす。

「椀久二世の物語」その他　前島春三　近代國文學の研究　武藏野書院　昭和三、一〇

新小夜嵐　鈴木敏也　近世日本小説史前　目黒書店　大正一一、五

同書　第二篇　第九章　第二節の十一　P. 510

○新可笑記○

新可笑記	山口剛	西鶴名作集下	日本文學叢書刊行會	昭和四、一〇
新可笑記	藤村作	西鶴全集後	博文館	昭和五、一二
新可笑記	藤村作	日本文學大辭典二	新潮社	昭和八、四
新可笑記	——	大辭典一四	平凡社	昭和一〇、九
新可笑記	水谷不倒	世界文藝大辭典四	中央公論社	昭和一一、一二
新可笑記	水谷不倒	西鶴本下	水谷文庫	大正九、一一
新可笑記	暉峻康隆	江戸文學辭典	富山房	昭和一五、四
新可笑記	鈴木敏也	近世日本小說史前	目黑書店	大正一一、五
同書　第二篇、第五章、第三節　P. 249				
武家義理物語と新可笑記	片岡良一	井原西鶴	至文堂	大正一五、三

同書　第四章　第五節の三、P. 293

一言による斷　山口剛　西鶴・成美・一茶　武藏野書院　昭和六、一〇

昭和六年「犯罪科學」初揭、種彦の草雙紙「出世奴小萬傳」の一部が、「新可笑記」三ノ一「國の掟は智恵の海山」の飜案たる事を指摘したもの

＊　＊　＊

新可笑記　佐藤春夫　現代語西鶴全集九　春秋社　昭和八、二

○本朝櫻陰比事○

本朝櫻陰比事　山口剛　西鶴名作集下　日本名著全集刊行會　昭和四、一〇

本朝櫻陰比事　藤村作　西鶴全集後　博文館　昭和五、一二

本朝櫻陰比事　城戶甚次郎　日本文學大辭典三　新潮社　昭和九、六

本朝櫻陰比事　――　大辭典二三　平凡社　昭和一一、七

本朝櫻陰比事	水谷不倒	世界文藝大辭典 六	中央公論社	昭和一二、一
本朝櫻陰比事	水谷不倒	西鶴本 下	水谷文庫	大正九、一一
本朝櫻陰比事	石割松太郎	近世文藝名著標本集 一四	米山堂	昭和九、五
本朝櫻陰比事	暉峻康隆	江戸文學辭典	富山房	昭和一五、四
櫻陰比事	幸田露伴	蝸牛庵夜譚	春陽堂	明治四〇、一一
ふたゝび櫻陰比事につきて	幸田露伴	蝸牛庵夜譚	春陽堂	明治四〇、一一
共に櫻陰比事の西鶴作を疑つた文字				
本朝櫻陰比事説話系統の研究	瀧田貞治	臺大文學 二ノ三		昭和一二、六
西鶴の裁判小説に見ゆる犯罪と刑罰	瀧田貞治	臺灣警察時報 二九〇		昭和一五、一

十夜の半弓　新垣宏一　臺灣警察時報　二九〇　昭和一五、一

井原西鶴の文學に見えた探偵譚

「本朝櫻陰比事」論　秦　一則　臺大文學　五ノ一　昭和一五、三

西鶴談義　暉峻康隆　早稻田文學　七ノ二　昭和一五、二

―「本朝櫻陰比事」について―

本朝櫻陰比事　鈴木敏也　近世日本小説史 前　目黑書店　大正一一、五

同書　第二篇、第七章、第二節　P.477

雜話集的裁判物本朝櫻陰比事　片岡良一　井原西鶴　至文堂　大正一五、三

同書　第四章　第六節の四、P 327

西鶴・ヴォルテイル・探偵小説　井上英三　東京朝日新聞　昭和一一、一、一五

*　*　*　*

新譯本朝櫻陰比事　秋山湖風・太田柏露共譯　須原啓興社　大正六、一

井原西鶴　遠藤佐市郎・藤田德太郎　元祿文學新抄　中興館　昭和六、四

第一篇、井原西鶴のうち『櫻陰比事』は三ノ四、五ノ二の二篇、頭註

本朝櫻陰比事　吉井勇　現代語西鶴全集七　春秋社　昭和六、一一

本朝櫻陰比事　富倉德次郎　西鶴名作選　平野書店　昭和七、四

卷四ノ九、一篇　頭註

西鶴短篇集　藤村作　西鶴名作集　至文堂　昭和一〇、六

『物語日本文學』第十八卷、西鶴短篇集三、に櫻陰比事より六篇を收む。卷一ノ五、二ノ六、二ノ九、三ノ二、三ノ四、三ノ六。逐次口譯

○俗つれ〴〵○

俗つれ〴〵　笹川臨風　井原西鶴集　國民圖書株式會社　昭和二、三

俗つれ〴〵	山口剛	西鶴名作集 下	日本名著全集刊行會	昭和四、一〇
西鶴俗つれ〴〵	藤村作	西鶴全集 後	博文館	昭和五、一二
西鶴俗つれ〴〵	藤村作	日本文學大辭典 二	新潮社	昭和八、四
西鶴俗つれ〴〵	佐藤鶴吉	世界文藝大辭典 三	中央公論社	昭和一一、八
俗つれ〴〵	水谷不倒	西鶴本 下	水谷文庫	大正九、一一
俗つれ〴〵	石割松太郎	近世文藝名著標本集 一三	米山堂	昭和九、三
西鶴俗つれ〴〵	——	大辭典 一一	平凡社	昭和一〇、五
西鶴俗つれ〴〵	暉峻康隆	江戸文學辭典	富山房	昭和一五、四
俗つれ〴〵	鈴木敏也	近世日本小説史 前	目黒書店	大正一一、五

同書　第二篇、第八章、第三節　P. 441

俗つれ〳〵と酒　片岡良一　井原西鶴　至文堂　大正一五、二

同書　第四章　第八節の二、P. 371

＊　＊　＊　＊

西鶴俗つれ〳〵　藤井乙男　西鶴文集下　有朋堂書店　大正三、三

有朋堂文庫本、頭註あり、

俗つれ〳〵　山崎麓　西鶴文撰集　春陽堂　昭和七、二

巻一ノ二、三ノ四の二篇に頭註

俗つれ〳〵　尾崎一雄　志賀直哉　現代語西鶴全集四　春秋社　昭和七、四

西鶴俗つれ〳〵　守随憲治　西鶴近松新選　白帝社　昭和一二、三

巻一ノ三、四ノ三の二篇に頭註

西鶴俗つれ〳〵　藤村作　栗田書店　昭和一三、一〇

新選近代文學叢書のうち。下欄に詳註

○西鶴文反古○

西鶴文反古	藤村作 形田藤太	井原西鶴集	日本文學叢書刊行會	昭和四、九
西鶴文反古	山口剛	西鶴名作集 下	日本名著全集刊行會	昭和四、一〇
西鶴文反古	藤村作	西鶴全集 後	博文館	昭和五、一二
萬の文反古	藤村作	日本文學大辭典 三	新潮社	昭和九、六
萬の文反古	——	大辭典 二五	平凡社	昭和一一、九
萬の文反古	水谷不倒	世界文藝大辭典 六	中央公論社	昭和一二、一一
萬の文反古	水谷不倒	西鶴本 下	水谷文庫	大正九、一一
萬の文反古	石割松太郎	近世文藝名著標本集 一〇	米山堂	昭和九、一

萬の文反古　暉峻康隆　江戸文學辭典　富山房　昭和一五、四

萬の文反古　鈴木敏也　近世日本小説史前　目黒書店　大正一一、五

同書　第二篇、第八章、第四節　P. 492

西鶴文反古解説　片岡良一　岩波文庫西鶴文反古　岩波書店　昭和一五、一

＊　＊　＊　＊

西鶴文反古　藤井乙男　西鶴文集下　有朋堂書店　大正三、三

有朋堂文庫本、頭註あり。

萬の文反古　吉田九郎　廣文堂　昭和三、四

「要註國文定本總聚」本　頭註あり。

萬の文反古　藤村作　形田藤太　井原西鶴集　日本文學叢書刊行會　昭和四、九

「新釋日本文學叢書」のうち、上欄詳註

萬の文反古　山崎麓　西鶴文撰集　春陽堂　昭和七、二

卷一ノ一、一ノ三、二ノ一、二ノ二、三ノ三、四ノ一、四ノ二の七篇を收め頭註、

代筆は浮世の闇　富倉德次郞　西鶴名作選　平野書店　昭和七、四

卷三ノ三、一篇

萬の文反古　尾崎一雄　志賀直哉　現代語西鶴全集四　春秋社　昭和七、四

萬の文反古　藤村作　栗田書店　昭和一四、五

新選近代文學叢書のうち、下欄詳註あり。

○西鶴名殘の友○

西鶴名殘の友　山口剛　西鶴名作集下　日本名著全集刊行會　昭和四、一〇

西鶴名殘の友　藤村作　西鶴全集後　博文館　昭和五、一二

西鶴名殘の友　藤村作　日本文學大辭典二　新潮社　昭和八、四

西鶴名殘の友	——	大辭典 一一	平凡社	昭和一〇、五
西鶴名殘の友	水谷不倒	世界文藝大辭典 三	中央公論社	昭和一一、八
西鶴名殘の友	石割松太郎	近世文藝名著標本集 一六	米山堂	昭和九、七
西鶴名殘の友	暉峻康隆	江戸文學辭典	富山房	昭和一五、四
名殘の友	鈴木敏也	近世日本小説史 前	目黒書店	大正一一、五
同書　第二篇　第八章　第五節 P. 498				
置土產と名殘の友とに現はれた晩年の心境	片岡良一	井原西鶴	至文堂	大正一五、三
同書　第四章　第八節の三　p. 377				
似たはなし	柴田宵曲	書齋 三ノ九		昭和一四、九

『名殘の友』中の「今の世の佐々木三郎」が「古老茶話」中にあるものと同じで、恐らく西鶴はこの說話を承けたものであらう。

＊ ＊ ＊ ＊

無筆の禮帳	遠藤佐市郎 藤田徳太郎	元祿文學新抄	中興館	昭和六、四

『名殘の友』巻五ノ三、頭註

名殘の友	久保田萬太郎	現代語西鶴全集 六	春秋社	昭和六、八

○一目玉鉾○

一目玉鉾	山口剛	西鶴名作集 下	日本名著全集刊行會	昭四、一〇
一目玉鉾	笹野堅	日本文學大辭典 三	新潮社	昭和九、六
一目玉鉾	——	大辭典 二	平凡社	昭和一一、五
一目玉鉾	水谷不倒	西鶴本 下	水谷文庫	大正九、一二
一目玉鉾	石割松太郎	近世文藝名著標本集 二四	米山堂	昭和一〇、三

西鶴と歌　長谷川信好　帚木　二ノ九　昭和六、九
──主として「一目玉鉾」の歌について──
一目玉鉾は「名所方角抄」の影響を受けて成つた。然して西鶴作の歌は皆無といつてよい。

一目玉鉾の撰述　瀧田貞治　臺大文學　一ノ五　昭和一一、一〇

西鶴本の上裝・一目玉鉾　瀧田貞治　愛書　六　昭和一一、四
共に『西鶴襍爼』所收

○近代艶隱者○

近代艶隱者　山口剛　西鶴名作集　下　日本名著全集刊行會　昭和四、一〇

近代艶隱者　藤村作　西鶴全集　後　博文館　昭和五、一二

近代艶隱者　藤村作　日本文學大辭典　一　新潮社　昭和七、六

近代艶隱者　──　大辭典　八　平凡社　昭和一〇、二

近代艶隱者　山崎麓　世界文藝大辭典二　中央公論社　昭和一一、一

近代艶隱者　水谷不倒　西鶴本上　水谷文庫　大正九、一一

近代艶隱者　石割松太郎　近世文藝名著標本集一二　米山堂　昭和九、三

近代艶隱者　暉峻康隆　江戸文學辭典　富山房　昭和一五、四

「近代艶隱者」の考察　山口剛　早稲田文學二〇三　大正一一、一〇

——西鶴作としての可能性——

『西鶴・成美・一茶』及び、『江戸文學研究』所收

近代艶隱者の可能と西鶴の虚無思想　片岡良一　井原西鶴　至文堂　大正一五、三

同書　第四章　第三節　P. 244

「近代艶隱者」の考察（二回）　野間光辰　國語國文六、八 九　自昭和一一、八 至同一一、九

既に早く藤岡作太郎博士は『近代小説史』に於て非西鶴作説を主張し、前島春三氏らは「西鶴作品の鑑定に

ついて」のうちに萬海の句に依る西鶴作説を排して艶隱者を西鷺の作なりと論じて來たが、猶一般は西鶴作に就いて半信半疑の有樣であつたが、本論に於ては、艶隱者が西鷺軒橋泉（備前の俳人西鷺）の作なる事を具體的に證明した。

近代艶隱者　鈴木敏也　近世日本小説史前　目黑書店　大正一一、五

同書　第二篇、第四章、第二節　P. 387

＊　＊　＊　＊

近代艶隱者　佐藤春夫　現代語西鶴全集九　春秋社　昭和八、二

○好色三代男○

好色三代男　鈴木敏也　近世日本小説史前　目黑書店　大正一一、五

同書　第二篇、第三章、第三節　P. 301

好色三代男　水谷不倒　西鶴本上　水谷文庫　大正九、一一

好色三代男　藤村作、西鶴全集前　博文館　昭和五、三

好色三代男　暉峻康隆　江戸文學辭典　富山房　昭和一五、四

○新吉原常々草○

新吉原常々草　暉峻康隆　江戸文學辭典　富山房　昭和一五、四

b　俳　諧

○大　坂　歌　仙○

大坂俳歌仙　各務虎雄　日本文學大辭典一　新潮社　昭和七、六

當世誰が身の上　涼花堂斧麿　寶永七年

今はむかし難波津西鶴入道の撰集とて、大坂哥仙といふ者見侍れば、西山梅翁の門葉三十六人の俳諧なり

――巻二より――

大坂俳歌仙　稀書解説六　米山堂　昭和五、一〇

大坂歌仙　潁原退藏　上方二　昭和六、二

「西鶴著作雜考」のうち。『江戸文藝論考』所收

西鶴本襍話　瀧田貞治　愛書六　昭和一一、四

大坂俳歌仙の原題簽「哥仙大坂俳諧師」の紹介。『西鶴襍俎』所收

大坂俳歌仙 ―― 帝國大學新聞　昭和一〇、一一、一八

東大圖書館藏書巡禮(21)　洒竹舊藏本の紹介。但し文中「見ぬ世の友」と假名されたとあるが、勿論誤りである。

大坂俳歌仙　石割松太郎　近世文藝名著標本集一〇　米山堂　昭和九、一

○古今俳諧女歌仙○

西鶴の眼に映じた夕霧𦘕に其姿繪　水谷不倒　歌舞伎研究一〇　昭和二、三

俳諧女歌仙に、貞享元甲子暦孟冬下旬大坂南平町堺筋河内屋市左衞門板、及び正徳五乙未暦九月吉日伊丹屋新七の二板あること、又その標題は小林文七舊藏のものに『古今俳諧女歌仙すがた繪入』あつたといふことなどの記がある。

俳諧女歌仙　笹野　堅　日本文學大辭典三　新潮社　昭和九、六

女歌仙全貌の紹介

攝陽奇觀　濱松歌國　浪速叢書二　其刊行會　昭和二、五

攝陽奇觀　卷一〇に、當流なぞ哥せん西鶴撰として女哥仙を掲出してゐる。この書名は何に依つたものか原題簽ではないものと思はれるが然し斷言は出來ない。

古今俳諧女哥仙解説　瀧田貞治　俳諧女歌仙複製別冊　野田書房　昭和一五、五

○難波色紙百八一句○

難波色紙百八一句　石割松太郎　近世文藝名著標本集二　米山堂　昭和九、三

難波色紙百八一句　木村仙秀　稀書解説八　米山堂　昭和九、一〇

西鶴の似顔　石田元季　俳句研究　六ノ一〇　昭和一四、一〇

「難波色紙百人一句」無落丁本の紹介

○高　名　集○

俳諧高名集　石割松太郎　近世文藝名著標本集八　米山堂　昭和八、一一

高名集　木村仙秀　稀書解説七ノ下　米山堂　昭和七、一〇

○西鶴五百韻○

西鶴五百韻　萩原羅月　日本文學大辭典二　新潮社　昭和八、四

西鶴五百韻　垣内・毛利　國文學書目集覽　明德堂　昭和五、五

○大　矢　數○

大矢數　萩原羅月　日本文學大辭典一　新潮社　昭和七、六

大矢數　志田義秀　世界文藝大辭典二　中央公論社　昭和一一、一

○胴骨○

俳諧胴骨　樋口二葉　稀書解説四　米山堂　大正一五、一〇

西鶴自筆「胴ぼね三百韻」外一書小解　和田萬吉　國語と國文學六　大正一三、一〇

○引導集○

引導集　潁原退藏　上方二　昭和六、二

「西鶴著作雜考」のうち。『江戸文藝論考』所收。はじめ西鶴作歟かと疑ひ、後寧ろ西國選なるべしと言つてゐる。然るに中村西國著の『西海の記』に、「予が作にて板行せし引導集」とあれば、西國選と斷定出來る。猶引導集の板下を西鶴と認められてゐるが、これは中村西國の板下とすべきであらう。

○獨吟自註百韻○

西鶴自筆自註獨吟百韻解説　藤井乙男　松壽軒西鶴獨吟百韻　大阪三越　昭和六、八

獨吟自註百韻錯簡考　瀧田貞治　臺大文學　一ノ三　昭和一一、六
『西鶴褋俎』所收

西鶴自註獨吟百韻　近藤忠義　西鶴　日本評論社　昭和一四、五
日本古典讀本　九、上欄詳註あり。

○物　見　車○

俳諧物見車解題と西鶴の判　尾崎久彌　江戸文學研究　二ノ五　昭和五、五

「物見車」と西鶴の判詞　瀧田貞治　書物展望　九ノ一二　昭和一四、一二

○石　車○

石　車　荻原羅月　日本文學大辭典一　新潮社　昭和七、六

「石車」の研究序説　瀧田貞治　臺大文學　四ノ四　昭和一四、九

C　演劇・歌謡

西鶴と演劇・歌謡　瀧田貞治　日本演劇史論叢　巧藝社　昭和一二、五

『西鶴襍爼』所收

○暦及び凱陣八嶋○

今昔操年代記　正本屋九左衞門（一風）　享保一二年

其明寅の年、京宇治加賀掾難波にくだり、今の京四郎芝居にて、西鶴作の淨るり、暦といふをかたられければ、義太夫方には賢女の手習並新暦として兩家はりあいついに義太夫淨るりよく、嘉太夫がた止ぬ。其次のかはり、かいぢん八島、是も西鶴作にて、評判よき最中出火して、加賀の掾は是限にして京へのぼられ云々

（註）當時見聞した筈の一風が「暦」及び「凱陣八島」に對してなした西鶴作といふ斷言に注意すべきである。

近代世事談　菊岡沾涼　享保一八年

此作者と極めて産とするものむかしはなし、俳諧師あるひは遊人など慰に作れり、暦といふ上るりは西鶴翁作といへり

――巻三より――

曲類纂　　齋藤月岑　　弘化四年

こよみ凱陣八島を共に西鶴作とせり

柳亭淨瑠璃本目錄　　未刊隨筆百種 一八　米山堂　　昭和三、九

西鶴作・かいぢん八島　作者の名をしらざれど、西鶴作なるよしは西澤一風軒のあやつり年代記に見えたり

西鶴作に暦といふ淨瑠璃あるよし、あやつり年代記、および、外題年鑑、近世世事談等に見へたり、小竹集といふ加賀椽をあつめしものゝうちに、暦の曲事を見しのみにて、いまだ全本を見ず、此小竹集のうちにも、此かいぢん八島の曲事をのせ、序文も則西鶴かけるなれば、西鶴作といふにうたがひあるべからず。

西鶴の淨瑠璃　　藤井乙男　　藝文 八ノ五　　大正六、五

小竹集の發見に就いて、暦、凱陣八島にも言及、『江戸文學研究』所收

西鶴の淨瑠璃　　藤井乙男　　早稻田文學 二〇三　　大正一一、一〇

西鶴の淨瑠璃「暦」の發見 『江戸文學叢說』所收	藤井乙男	女性 四ノ三		大正一四、三
小竹集解題	藤井乙男	複製『小竹集』別冊附錄	貴重圖書影本刊行會	昭和五、七
「暦」解題	藤井乙男	複製『暦』別冊附錄	貴重圖書影本刊行會	昭和七、八
西鶴の淨瑠璃「暦」の考	綿谷 雪	國史と國文 五一		昭和、四五
淨瑠璃「暦」私見	野田壽雄	近世文學 四ノ二		昭和一三、四
「暦」解題	黒木勘藏	淨瑠璃名作集 上	日本名著全集刊行會	昭和二、一二
暦	藤井乙男	近松全集 一二	朝日新聞社	昭和三、一〇
暦	藤井乙男	校註淨瑠璃稀本集	文獻書院	昭和三、一一
こよみ	三隅貞吉	ミスミ屋目錄 四		昭和七、一一

『暦』の繪入細字本はじめて現はる。文に曰く『八行本は越路氏遺族の御所有ある處ときく。繪入本は未見書と傳ふ。汚れ甚數、末尾を缺き價不廉なる寔に可惜　一册　一二〇、〇〇

凱陣八嶋　**黒木勘藏**　**日本文學大辭典一**　**新潮社**　昭和七、六

○難波の皃は伊勢の白粉○

野傾友三味線　**西澤一風**　寶永五年

一とせ鈴木平左衞門座本せしに、同平八大あたりにて、貌見せや判官贔屓鈴木がたと、狂句の作者例の西鶴、難波の顏は伊勢の白粉と評判五册、上々吉彌は白粉所云々

——同書卷一ノ三——

大阪に關する書籍展覽會目錄　**書史會**　大正一四、四

『難波の貌は伊勢の白粉』の寫眞及び解說あり

難波の貌は伊勢の白粉　**書物往來**　一五　大正一五、一

寫眞及び紹介文、著作年代

西鶴自畫の挿畫本に就いて　青木平七　古本屋　四　昭和三、二

難波の貌は伊勢の白粉に言及

難波の貌は伊勢の白粉　潁原退藏　國語國文　二ノ一　昭和七、一

道頓堀出替姿難波の顔はいせの白粉　石川巖　軟派珍書往來　文藝資料研究會　昭和三、一〇

西鶴と評判記　瀧田貞治　臺大文學　三ノ三　昭和一三、七

「難波の皃は伊勢の白粉」に就て　瀧田貞治　臺大文學　五ノ五　昭和一五、一一

難波の皃は伊勢の白粉解説　瀧田貞治　複製本別冊　野田書房　昭和一五、一二

西鶴の役者評判記　瀧田貞治　東京朝日新聞　昭和一五、八、一三

八、作風・思潮・關係・影響・比較

西鶴の理想（三回）　島村抱月　早稻田文學　七九、八〇、八一　明治二八（一一、一二）
—人に答ふる書—

浮世草紙の鶴、西鶴が浮世草紙、元祿的、好色氣質、西鶴の人間觀等に就いて論述せるもの、西鶴論として劃期的文字

西鶴の思想　藤岡作太郎　近代小說史　大倉書店　大正六、一

健康な西鶴　潁原退藏　帝國大學新聞　昭和一三、五、一六

―芭蕉と比較して―

西鶴文藝の倫理的評價といふ事を問題にし、高度の觀點よりすれば、芭蕉と同じく、或はそれ以上に倫理的に健康である。

西鶴の小說の構成　片岡良一　新潮　三七ノ三　昭和一五、三

西鶴作品の世界　片岡良一　國語と國文學　一三ノ四　昭和一一、四

元祿時代と井原西鶴　五十嵐力　早稻田講演　八　明治四三、一二

西鶴を生みし時勢　佐々醒雪　早稻田文學　明治三九、一二

小説家西鶴の俳諧的手法　暉峻康隆　國文學研究二　早稻田大學出版部　昭和九、五

井原西鶴の事業　阿部次郎　德川時代の藝術と社會　改造社　昭和六、六

西鶴のレアリズム　橘　經雄　國文學研究二　早稻田大學出版部　昭和九、五

西鶴のリアリテイ　暉峻康隆　早稻田文學　四ノ三　昭和一二、三

○殊に西鶴の場合は、概念的な貞德流の俳諧に反抗して現實的な内容的な新風を主張した俳諧の師宗因の影響がある。

○西鶴にとつて文學とは、現象を描くことではなく、本體を把握して表現することであつた云々

西鶴晩年の生活と藝術　暉峻康隆　文學界　七ノ一〇　昭和一五、一〇

その散文精神　武田麟太郎　帝國大學新聞　昭和一三、六　一三

西鶴物の讀後感　德永　直　帝國大學新聞　昭和一三、五、三〇

○新興階級の代表的文學者　○リアリズム。

西鶴側面觀　ワルテル・ドオナアト　日獨文化講演集五　日獨文化協會　昭和五、八

材料と材料を作る要素、形式に依つて如何に整理されたか、作者の作品に對する内面的態度等に亙つて研究、一代男、一代女、特に五人女を研究の對象とした。

西鶴文學の多面性　瀧田貞治　臺灣時報二二五　昭和一三、八

西鶴が作中の人生　藤村作　上方文學と江戸文學　至文堂　大正一一、一

西鶴に現れたる近代主義的要素　本間久雄　新小説二〇ノ二　大正四、二

西鶴の描寫力　片岡良一　解釋と鑑賞二　昭和一一、七

俳人としての西鶴　前島春三　近松研究の序篇　武藏野書院　大正一四、一

俳人としての井原西鶴　臼田亞浪　石楠　昭和六、八

創作家としての井原西鶴　鈴木敏也　近世日本小説史前　目黒書店　大正一一、五

藝術家としての西鶴　片岡良一　國語と國文學 七　大正一三、七

藝術家としての强味弱味　片岡良一　井原西鶴　至文堂　大正一五、一
同書　第五章　P. 394.

人及び藝術家としての西鶴　岡部美二二　國語と國文學 一〇　大正一三、一〇

町人作家・西鶴（一）　桐原徳重　近世文學 四ノ二　昭和一三、四

短篇作家西鶴　暉峻康隆　日本文學 一ノ三　昭和一三、七

西鶴とエロチシズム　鶴見　誠　日本讀書新聞 四　昭和一二、四、一

好色本に就て　大賀　賢　臺灣新聞　昭和一二、四、一六
前項と同文。改題盜載せるもの

西鶴の藝術的價値
―「好色一代男」新論―　中谷　博　月刊日本文學 一ノ二　昭和六、七

ユダヤ的西鶴（二回）　丸木砂土　大阪朝日新聞　昭和六 五、三〇 六、三

西鶴について	三井甲之	人生と表現	大正二、三
西鶴論	記者	獨立評論	大正三、一
西鶴斷想	近藤忠義	法政大學國文學誌要 四	昭和八、一二
西鶴論斷想	頼桃三郎	解釋と鑑賞 二	昭和一一、七
西鶴論覺書抄	勝山澄心	國文學踏査	昭和一二、三
西鶴斷片 —武士と金—	水野稔	近世文學 四ノ二	昭和一三、四
物のあはれと西鶴	加藤順三	國語國文 二ノ一二	昭和七、一二
物のあはれと西鶴の作品	加藤順三	國語國文 六ノ六	昭和一一、一〇
西鶴の私生活	田崎治泰	近世文學 三ノ五	昭和一二、一〇
西鶴と生活環境	片岡良一	帝國大學新聞	昭和一三、六、六

西鶴と階級思想　重友　毅　國漢研究　四一　昭和七、八

特に尖鋭的階級思想があつたのでなく、これらに對して甚だ常識的である。

西鶴と社會意識　重友　毅　近世國文學考説　積文館　昭和八、八

國漢研究所載のものと同じ

西鶴に於ける神佛　瀧田貞治　近世文學の研究　至文堂　昭和一一、一一

—主として文藝上の意義—

『西鶴襍爼』所收

西鶴の小說と芭蕉の俳諧との文藝的意義　潁原退藏　國語國文　五ノ一　昭和一〇、一

西鶴と古典文學（五回）　島津久基　國語と國文學　一六（一一・一二）一七（七・八・九）　昭和一四（一一・一二）一五（七・八・九）

—特に一代男と源氏物語との關係を中心として—

一代男と源氏との關係及び西鶴文學と古典文學の交渉を列擧した勞作として劃期的のものであるが、未だ俳諧文學と先行文學との關係には及んでゐない。

一代男と源氏物語　水谷不倒　西鶴本上　水谷文庫　大正九、一一

西鶴と近松　山口剛　上方　八　昭和六、八
『西鶴・近松・一茶』所收

西鶴と近松　近松秋江　現代　明治四二、七

近松と西鶴との社會的勢力の異同　阿部次郎　徳川時代の藝術と社會　改造社　昭和六、六

近松と西鶴との比較　正宗白鳥　文章世界　五ノ一四　明治四三、一一

近松と西鶴　重友毅　古典研究　五ノ一　昭和一五、一
—おさん茂兵衛の場合を中心として—

西鶴と漱石氏　松久一路　國民文學　三八　大正六、九
西鶴、漱石の文學的傾向、取材、表現、思想等を比較研究、併せてその性格と人生觀にまで論及、兩者の共

通する一面をあげてゐる。

西鶴と魯迅　上司小劍　讀賣新聞　昭和一三、六、七

大きな共通點

西鶴の未だ知られざる疆城に立てる近松　三田村鳶魚　演藝畫報　九ノ五　大正一一、五

西鶴は元祿以前、近松は寶永正德の市井を知つてゐた。二人は共に忠實な寫實の筆であるが、この二時代は社會經濟史的に相違してゐた。二者の相違は其處に出發してゐる、など。

西鶴と近松との人間觀　塚本勝義　國漢　三九　昭和一二、九

近松西鶴が作中の女性　藤村作　上方文學と江戸文學　至文堂　大正一一、一一

爲永春水の西鶴と近松の評　尾崎久彌　江戸文學研究　二八　昭和六、五

虛實皮膜の間　山口剛　西鶴・成美・一茶　武藏野書院　昭和六、一〇

近松の虛實皮膜の間は美の爲め、西鶴のそれはをかしさの爲め、彼は觀客を對象とし、これは己れを中心

とした。

「お夏清十郎」と「おさん茂右衞門」　清水悟郎　國文學攷　二ノ一　昭和一一、四
近松、西鶴の比較論なり

早熟と晩成の西鶴と近松　守隨憲治　國語敎室　三ノ二　昭和一二、二

西鶴と近松のおさん茂兵衞　前田林外　書物展望　八ノ二　昭和一三、二

西鶴と知足　石田元季　國語と國文學　八八　昭和六、八

西鶴と西國　市場直次郎　方言と國文學　三　昭和七、六

箕山と西鶴　阿部次郎　德川時代の藝術と社會　改造社　昭和六、六

西鶴と其磧　近藤忠義　國語と國文學　一〇ノ一〇　昭和八、一〇
―「商人軍配團」覺え書―

秋成と西鶴　重友毅　近世國文學考說　積文館　昭和八、八
秋成が西鶴の諸作品より受けた影響關係を秋成の作品について實證せるもの。

西鶴と秋成　重友毅　古典研究　四ノ一〇　昭和一四、一〇
『諸國咄』中の「紫女」と、『雨月物語』の「吉備津の釜」を取つて同一題材に對する見方の相違を説く。
西鶴と春水　水谷不倒　讀賣新聞　明治二八、三、二
西鶴の模倣者（北條團水と月尋堂）
藤岡作太郎　近代小説史　大倉書店　大正六、一
江島其磧が作品に現はれたる西鶴の詞章及び説話
鈴木敏也　西鶴の新研究　天祐社　大正九、二
當代の敎訓小説に於ける西鶴の反響
鈴木敏也　西鶴の新研究　天祐社　大正九、二
西鶴後の浮世草紙
笹川臨風　近世文藝志　明治書院　昭和六、一
同書　第三章　第五節　P. 195
第二章　第二節　文藝研究

西鶴以後の浮世草子とその作者　鈴木暢幸　江戸時代小説史　教育研究會　昭和七、一

似たはなし　柴田宵曲　書齋　三ノ九　昭和一四、九

『名殘の友』中の「今の世の佐々木三郎」の説話は『古老茶話』のうちにあるものに依つて成つたものであらう。

『好色盛衰記』と『男色歸新座』と文の同箇所ある事に就て　菅竹浦　江戸文化　三ノ六　昭和四、六

かくやいかにの記　長谷川金次郎　未刊隨筆百種　八　米山堂　昭和二、一一

西鶴作品と後來文學との影響關係に就き指摘せり。

西鶴作品の現代的意義　片岡良一　文學　三ノ三　昭和一〇、三

『西鶴論稿』(萬里閣)に收載

西鶴と「古典復興」　熊谷孝　古典研究　二ノ六　昭和一二、六

―西鶴作品の現代的意義にふれて―

西鶴と現代文學（座談會）　宇野、輝峻 近藤、武田 等　文學界　六ノ六　昭和一四、六

散文精神を訊く（座談會）　佐藤、廣津 德田、武田 等　人民文庫　一ノ九　昭和一一、一〇

西鶴の影響の一項目あり。柳浪の作品には西鶴の影響はない。又近代の散文精神と西鶴の文學との深い關係を話題の中心にしてゐる。

明治の小說　高山林次郎　太陽　三ノ一二　明治三〇、六

西鶴及び西鶴と明治小說との關係の論あり。P. 672―674

紅葉の西鶴心西鶴模倣のあと　高須芳次郎　日本現代文學十二講　新潮社　大正一三、一

明治文學に對する西鶴の影響　高須芳次郎　明治文學史論　日本評論社　昭和九、一〇

西鶴と江戸趣味の影響　文藝百科全書　隆文館　明治四二、一二

紅露及び硯友社の文學が西鶴の影響を蒙りし事を說く　P. 671

西鶴と紅葉　松原至文　尾崎紅葉　文祿堂　明治四〇、九

「尾崎紅葉」第三章「文學者としての紅葉」の項に、西鶴と紅葉に關する記述あり（P. 19）、西鶴の小說一度紅露に傳はるや、西鶴物は一時小說界文體のオーソリチーとなつた。殊に最もこれを祖紹したのは紅葉露伴の二氏で、紅葉に於ては『色懺悔』には猶その俤はないが、『巴波川』『新桃花扇』に到れば、既に西鶴派の文體はその脊髓骨となつてゐる。ついで『二人女房』『伽羅枕』『おぼろ舟』『三人妻』に展開し、西鶴派の筆致に却つて大なる桎梏を受けるに至つたのを、言文一致體に突き進んだことなどを論ず。

明治以後の作家と西鶴　石山徹郎　月刊日本文學　一ノ二　昭和六、七

紅葉山人追憶錄　文藝俱樂部　（未調）

小波談のうちに、紅葉は淡島寒月より西鶴本を借りて寫し、それを又小波等が轉寫した云々、（P. 184）

耽奇談　淡島寒月　趣味　一ノ三　明治三九、八

明治十年頃聖堂の圖書館で露伴に會つた。紅葉はそれより後石橋思案の紹介でやつて來た。圖書館ではじめて置土產を讀む。本稿『梵雲庵雜話』所收

古版畫趣味の昔話　淡島寒月　浮世繪　三二　大正七、一

西鶴を世に紹介したのは紅葉山人の力に依る。本稿『梵雲庵雜話』所收

小說、家の經驗　紅葉談　唾玉集　春陽堂　明治三九、九

『おぼろ舟』について、『あすこは西鶴風でやつたつもりなんです。西鶴でもかいたらあゝいふ所は面白いでせうがね』P. 22

森潤三郞　鷗外森林太郞傳　昭和書房　昭和九、七

又一代女が出る（めさまし草標新領異錄）時は、西鶴に精しい淡島寒月翁を訪ひて其の說を筆記し云々（P. 60）

西鶴　體　本間久雄　明治文學史下　東京堂　昭和一一、一〇

西鶴文體が、寒月らの媒介により紅露の文學の上に具現された。

紅　　葉　成瀨正勝　明治文學管見　野田書房　昭和一一、二

紅葉に於ける西鶴の影響を論じてゐる。

露　　伴　成瀨正勝　明治文學管見　野田書房　昭和一一、二

露伴と西鶴の關係を論じ、「一刹那」「辻淨瑠璃」「いさなとり」「寢耳鐵砲」等よりその影響を見た。

西鶴の批判竝に影響の今昔　瀧田貞治　臺大文學　五ノ三　昭和一五、七

(附)紅露と西鶴の關係資料

1. 好色一代女　大橋乙羽寫本　乙羽・紅葉手澤本　東北帝國大學藏
2. 當世女容氣　幸田露伴手寫　弘文莊待賈目錄二
3. 花鳥風月　尾崎紅葉自寫本　岩瀨文庫藏
4. 色里三所世帶　紅葉自寫本の轉寫　巷間傳本あり

西　鶴　流　行　山口　剛　西鶴・成美・一茶　武藏野書院　昭和六、一〇

昭和六年「新聞聯盟」初掲

鷗外と西鶴　瀧田貞治　月報「鷗外研究」一一　昭和一二、四

日本文學と諦觀　織田英雄　哲學評論　九八　昭和一三（六、八）

日本文學に於ける諦觀の性格をたゞし、現實主義の作家西鶴に於ける一代男とは全く對蹠的な晩年の作、置土産の意義を述ぶ。

西鶴と諦觀　片岡良一　俳句研究　七ノ一　昭和一五、一

諦觀への必然とこの否定面（否定的人間觀）の考察

作家と國文學　猪野謙二　帝國大學新聞　昭和一四、九、一八

あの否定的な置土産を技術上の完成美として絶贊するなら、積極的な面の西鶴はどうなるのだ。

西鶴に於ける意氣地と粋　小野晋　文化　三ノ五　昭和一一、五

「源氏物語」と「好色一代男」と『ベルアミ』　相馬御風　三田文學　一ノ三　明治四三、七

西鶴・ヴォルテイル・探偵小說　井上英三　東京朝日新聞　昭和一一、一、一五

西鶴・テニスン・モウハッサン　佐藤喜一　文藝と批評一　昭和一一、四
デカメロンと西鶴　山本都星雄　社會學的に見たる日本文學史三　白揚社　昭和一五、三
シエークスピアと西鶴近松　同　同　同　同
モリエールと西鶴　同　同　同　同
レフ・トルストイと西鶴　同　同　同　同

二、文章・用字・書畫

文章片上天絃　早稻田文學　一ノ一二　明治三九、一二
十一氏より成る「西鶴の五人女を評す」のうち
西鶴の縮圖と見るべき名文　島村抱月　文章世界　五ノ一三　明治四三、一〇
西鶴の文章　鈴木敏也　近世日本小說史前　目黑書店　大正一一、五

同書　第二編　第十章　第二節 P. 522　形式上より見たる特質、として論ず。

文章　片岡良一　井原西鶴　至文堂　大正一五、三

同書　第五章　第三節　P. 418.

西鶴の文章　—修辭學的觀察—　藤村作　國語と國文學　七ノ四　昭和五、四

西鶴のつかつた文字　眞山青果　スバル　二（七・八）　昭和五（七・八）

西鶴の用字について　—眞山青果氏に酬ゆ—　佐藤鶴吉　國語と國文學　八ノ一一　昭和六、一一

西鶴詞章の研究　俚諺の摘出なり　小柴値一　國學院雜誌　三八ノ五　昭和七、五

西鶴文章の日常性と科學性　鹽田良平　月刊文章　四ノ四　昭和一三、四

西鶴の文章に就て　宇野浩二　帝國大學新聞　昭和一三、五、二三

西鶴の文體　—その俳諧的手法—　菊永菊太郎　古典研究　五ノ一　昭和一五、一

西鶴の文章　宍道達　古典研究　五ノ一　昭和一五、一

西鶴語彙編纂意見　瀧田貞治　國語國文　八ノ六　昭和一三、六

（一代男の繪について）　寛濶平家物語　四ノ四　寶永七年

西鶴と浮世繪　描圖運筆をほめたもの　宮竹外骨　此花（大阪）　一八　明治四四、一一

西鶴自畫の挿畫本について　青木平七　古本屋　四　昭和三、二

西鶴の自筆本及び自筆板下本　瀧田貞治　書物展望　八ノ二　昭和一、三二
『書祭』人の卷　に轉載

西鶴本の插繪に就て　水谷不倒　西鶴本上　水谷文庫　大正九、一一

井原西鶴　水谷弓彦　古版小說挿畫史　大岡山書店　昭和一〇、四

西鶴本の插畫について　野間光辰　書物新潮　一ノ三　昭和一四、一〇

西鶴自畫と言はれてゐるものにも新たなる檢討を下す餘地のあること、及び西鶴自畫にも夫々藍本があつたと例證す。然し例示した圖面が直ちに西鶴の粉本となつたと決定するのは少し早い。

百人一句と高名集　木村捨三　集古（癸酉五號）　昭和八、一一

看書隨錄の(二)、「百人一句」の挿畫と「高名集」に全然構圖の同一のものある事を指摘し、西鶴の自筆挿畫の藍本に就いて語られた。

「おらが春」のさし繪　山口剛　日本文學講座七　新潮社　昭和二、五

「おらが春」の挿畫は、一茶の屬目した書中に西鶴本があり、そこよりヒントを得たもので、全く西鶴本その他よりの剽竊である事を實證した。

増補 浮世繪類考　温知叢書所收

蒔繪師源三郎の項に「西鶴が作の讀本さしゑ名をあらはさずといへども多くは此人の畫なり」とある。

ホ　雜

西鶴の書體　幸田露伴　蝸牛庵夜譚　春陽堂　明治四〇、一一

人に答ふる書（其の一）　鄭洲生（抱月）　早稻田文學　七四　明治二七、一〇

西鶴全集の發禁を楔機に文學と道德の限界等を論じた。

西鶴物復活　――　新著月刊　二　明治三〇、五

西鶴の發禁に關聯し、政治を以つて文學を律せんとする非を當局に要望する文

西鶴の花押　幸田露伴　蝸牛庵夜譚　春陽堂　明治四〇、一一

ふたゝび鶴翁の花押に就て　同　同　同　同

三たび鶴翁の花押に就きて　同　同　同　同

西鶴の作品の鑑定について　前島春三　近代國文學の研究　武藏野書院　昭和三、一〇

西鶴の雅號・落款・花押　瀧田貞治　解釋と鑑賞　三ノ八　昭和一三、八

針口の音考　大藪虎亮　國語と國文學　八ノ五　昭和六、五

「泣輪」に就いて　田中萬兵衞　國語と國文學　八ノ五　昭和六、五

こなたは日本の地にゐぬ人じや　瀧田貞治　臺大文學　一ノ二　昭和一一、三

西鶴の一句　藤井乙男　文藝春秋　昭和一一、八

再び「こなたは日本の地にゐぬ人じや」　瀧田貞治　臺大文學　一ノ五　昭和一一、一〇

西鶴と科學　寺田寅彥　日本文學講座　一五　改造社　昭和一〇、一

西鶴と大阪　木崎愛吉　大阪朝日新聞　明治三六、一〇

西鶴二百十年忌　木崎愛吉　大阪朝日新聞　明治三六、九
西鶴の墓改葬　木崎愛吉　東京朝日新聞　明治三六、九
西鶴の神鳴　瀧田貞治　南邦新聞　五〇　昭和一四、六、一〇
慶安四年のうき秋 ―西鶴の錯誤―　瀧田貞治　臺大文學　一ノ二　昭和一一、三
西鶴の誤　藤田徳太郎　博浪沙　五ノ三　昭和一五、三
西鶴の作中に顕れたる生活　――――　文章世界　七ノ七　明治四五、五
西鶴時代の町人生活　京口元吉　月刊日本文學　一ノ二　昭和六、七
西鶴時代の商業帳簿　上坂倉次　歴史と生活　三　昭和一三、四
西鶴本に記されたる女子の容姿（三回）　江馬務　風俗研究　四〇、四一、四三、　大正一〇、九 一〇 一二

西鶴本に見えたる町家の女性（三回） 水野千代 風俗研究四六、四八、五〇 大正一三、七五三

西鶴本に現れたる容儀服飾（三回） 江馬務 風俗研究一二六、一三一、一三二 昭和五、一 六、六四一

—男子篇—

一、結髪 二、化粧 三、冠物 四、服飾 五、雑 六、結語

西鶴本に現れた女裝 江馬務 月刊日本文學 一ノ二 昭和六、七

西鶴と食味（三回） 岩田浩太郎 風俗研究一八一、一八八、一九二 昭和一〇、六 一一、五

西鶴と食味 林春隆 上方八 昭和六、八

井原西鶴と數學 吉岡修一郎 數のユーモア 誠文堂新光社 昭和一四、六

西鶴の數字 藤村作 文藝春秋 四ノ五 大正一五、三

數字の遊戯 佐古慶三 風俗研究 一一九 昭和五、四

西鶴詮義　佐古慶三　關西信託時報　六二　昭和一三、一
近松と西鶴本に現れた衣裳文化　姉川柳太郎　日本及日本人　昭和一三、一
河豚と西鶴　田中香涯　文藝と醫事　東學社　昭和九、七
西鶴及默阿彌の描いた生來犯人　田中香涯　大日　昭和一三、九
西鶴に現はれし物價特に衣類の價　佐々醒雪　近代文藝雜話　育英書院　大正五、一
西鶴の眼に映じた夕霧竝に其姿繪　水谷不倒　歌舞伎研究　一〇　昭和二、三
西鶴の描いた夕霧　山村太郎　上方　四〇　昭和九、四
西鶴本に見えた上村吉彌　江馬務　上方　八　昭和六、八
西鶴の描いた三都　伊藤正雄　國語國文　七ノ七六五　昭和一二、七六五
西鶴の草紙に見えし男達　あかひも生　此花（東京）七　大正二、四

西鶴にあらはれたる美人の諸相　石田元季　上方　八　昭和六、八
「好色一代男」に描かれた理想の遊女　鶴見誠　古典研究　二ノ六　昭和一二、六
西鶴の作品中の女性
―主として「好色五人女」に就いて―　川村孫六　歴史公論　四ノ四　昭和一〇、四
西鶴の描いた女性　赤木桁平　女性　二ノ六　大正一二、六
『亡友芥川龍之介への告別』(昭和五、四、天人社刊)に収載
西鶴の女　片岡良一　國語と國文學　二ノ四　大正一四、四
近松西鶴が作中の女性　藤村作　上方文學と江戸文學　至文堂　大正一一、一一
西鶴と心中　山口剛　西鶴・成美・一茶　武藏野書院　昭和六、一〇
大正十三年「早稻田文學」初掲

題簽　山口剛　西鶴・成美・一茶　武藏野書院　昭和六、一〇
昭和四年「温古隨筆」初掲、西鶴作の題簽に就いての考究
西鶴本の再生　鈴木馨　學士會月報　六三二　昭和一五、一一
主として稀書複製會「西鶴期」の紹介
西鶴尺牘の發見　野間光辰　俳句研究　二ノ六　昭和一〇、六
西鶴物研究二十年　藤村作　帝國大學新聞　昭和九、五、七
西鶴と謠曲　山口剛　西鶴・成美・一茶　武藏野書院　昭和六、一〇
好色一代男と謠曲　小林靜夫　月刊日本文學　三ノ五　昭和七、一〇
西鶴と諺　暉峻康隆　國語國文　五ノ七　昭和一〇、七
西鶴と生活苦　山崎麓　解釋と鑑賞二　昭和一一、七

耳と西鶴　山口剛　月刊日本文學　昭和六、七
『西鶴・成美・一茶』所收

寛文延寶への追慕　藤崎一史　解釋と鑑賞二　昭和一一、七

西鶴ふらぐめんと　勝山澄心　國文視野　昭和一一、八

西鶴瑣言　笹川臨風　古典研究　二ノ六　昭和一二、六

西鶴　中島榮次郎　解釋と鑑賞　四四　昭和一五、一

箔のついてきた西鶴論　熊谷孝　國文學誌要　四ノ一　昭和一一、六

西鶴小論　田山花袋　文章世界　明治四〇、八
明治文學に於ける西鶴の影響、西鶴と近松、西鶴の態度、その描いたもの、等について。次項は本論の同文改題、次々項と共に全集卷十一所收

西鶴について　田山花袋　インキツボ　久佐良書房　明治四二、一一

西鶴　田山花袋　インキツボ　佐久良書房　明治四二、一一
私と西鶴　宮崎三昧　高潮　五　明治三九、六
西鶴本蒐集の由來話し
明治十年前後　淡島寒月　早稻田文學　大正一四、三
西鶴本をあさり、これを耽讀した頃の話、『梵雲庵雜話』所收
西鶴雜話　淡島寒月　趣味之友　一八　大正六、六
西鶴本蒐集の由來、二三の解、一代男絕讃、『梵雲庵雜話』所收
西鶴讃　藤井乙男　藝文　五ノ二　大正三、二
韻文を以つて綴れる長讃歌、『かきね草』（昭和四、一一　私版）所收
西鶴と流線型　小柴値一　解釋と鑑賞二　昭和一一、七
西鶴の紹介　代々木山房　リーフレット明治文學三

一歩の数　山口剛　西鶴・成美・一茶　武蔵野書院　昭和六、一〇
昭和二年「日本及日本人」初掲

西鶴五人女獨譯　河合讓　國語と國文學　六ノ一　昭昭六、一
「やまと」誌上の五人女獨譯の評

西鶴庵、七部集の書目・その他　頴原退藏　木太刀　昭和七、一〇

西鶴その他　林芙美子　文學的斷章　河出書房　昭和一一、七
馬琴の『燕石襍志』に西鶴の記事ある事を述べしにすぎず。

西鶴の中から　近松秋江　文藝懇話會　一一ノ六　昭和一一、六

西鶴の讀者　武田麟太郎　日本古典讀本月報　六　昭和一四、五

沓掛にて　志賀直哉
—芥川君のこと—

芥川が、志賀の「児を盗む話」といふ短篇が、西鶴の「諸國物語」の一節から來てゐると指摘したのに對し、志賀は、自分は「諸國物語」を讀んでゐないと辯じた。

〔西鶴について語る〕　志賀直哉　暗夜行路

二十不孝に就いて感服してゐる。

淡島寒月今更の如く悔ゆ　文壇樂屋雀　文壇失敗談　大日本新聞學會出版部　大正五、三

安く賣り拂つた自寫の一代女が、富豪の手に入り、箱書をしてくれと言つて來た。

〔篁村所藏西鶴本〕　鳶魚　饗庭篁村集　春陽堂　昭和三、八

篁村所藏の西鶴本は、早稲田大學に納つた由の事が、巻頭記事に見られる。

蛇足的に一言　田村榮太郎　都新聞　昭和一二、三

眞山青果の、「西鶴語彙考證」を短評せしもの、

西鶴の作品の賣價　桐原德重　古典硏究　五ノ一　昭和一五、一

例へば一代男が五匁、男色大鑑が八匁といふ値が現在の價格でいくら位にあたるか等の詮議。

世界の凡ゆる文豪と對立し得るたゞ一つの存在	菊池寛	現代語 西鶴全集見本	春秋社	昭和六
近代文學の鼻祖	佐藤春夫	同	同	同
恐ろしい虚無思想	長田幹彦	同	同	同
本邦古典中の孤峰	里見弴	同	同	同
現代語譯は唯一の途	藤村作	同	同	同
西鶴の全貌に接し得ん	山口剛	同	同	同
西鶴の復活	千葉龜雄	同	同	同
日本語の選手揃ひ	三宅やす子	同	同	同
西鶴現代化の意義	片岡良一	同	同	同

第三節　書誌的研究

本節には書誌的研究の外に書目等も同時收載をした。然してその量餘りに多からざるの故を以つて、これを分類せず年代順に記述する事とせり。

好色本目錄　柳亭種彥

國書刊行會『新群書類從』第七書目に複刻された。西鶴の好色本數種に就いても短註を施してゐる。

好色本目錄　淡島寒月　めさまし草　二一　明治三〇、七

浮世草子目錄　大久保葩雪　明治三九、二

國書刊行會『新群書類從』第七書目に收めらる。西鶴作の浮世草子に就いて記す所が多い。

大阪名家著述目錄　大阪府立圖書館　大正三、三

井原西鶴の項があり、その撰著を網羅してゐる。

浮世草紙 西鶴本 上下 二冊　水谷不倒　水谷文庫　大正九、一一

西鶴全著作に就いての書誌學的研究で、色摺の表紙や墨刷の本文挿畫等多くの標本を挿入してゐる豪華にして精緻な研究、西鶴研究史上永く光を放つ業績といふべきである。

書評　水谷氏著「西鶴本」を讀む　石川巖　時事新報　大正九、一二

西鶴著作年表　水谷不倒　早稻田文學　二〇三　大正一一、一〇

諸家の西鶴研究書目　石川巖　早稻田文學　二〇四　大正一一、一一

江戸時代小說類展覽會陳列書目錄　日本圖書館協會　大正一二、五

西鶴及其流派の作物　の項あり。

西鶴名作集解說　山口剛　西鶴名作集下　昭和四、一〇

解說その一が書誌的記述である。名作集所收二十一作に就いての精密な研究で、豐富な資料と、科學的な正確さを狙つた點で、驚異的な文獻である。

西鶴研究資料　古本年鑑　古典社　昭和四、

「古本年鑑」一九三五年版の發賣禁止書目のうちにこの名見ゆ。原物未見なれば、果して本書が書誌學的のものであるかどうかも不明であるが、便宜こゝに掲げた。

西鶴記念展覽會目錄　二冊　大阪三越　昭和六、五
　　　　　　　　　　　　　東京三越　昭和六、六

西鶴が一代男を書いてから二百五十年に相當する昭和六年に、西鶴の筆蹟や著書を展觀した目錄で、大阪版、東京版兩者の間に出陳の增減がある。この展覽會に於て、西鶴自畫自筆獨吟百韻や、芳賀一晶筆の西鶴肖像等はじめて世に紹介された逸品が世人を瞠目させた。猶頴原退藏氏の「西鶴の生涯と著作」、「西鶴著作年譜」が卷頭を飾つてゐる。

西鶴研究一覽　野間光辰　上方　八　昭和六、八、一

西鶴研究文獻　岡田稔　國漢研究　三一　昭和六、一〇

日本文學書目解說 上方・江戶時代（上）　頴原退藏　岩波書店　昭和七、九

浮世草紙の項に西鶴の全著作を解說してゐる。信賴すべき好文獻である。

甘露堂文庫 稀觀本攷覽　尾崎久彌　名古屋書史會　昭和八、三

西鶴本十種について書誌的解説あり、就中「好色兵揃」の項新資料として注目さる。

近世文藝 名著標本、集　石割松太郎　米山堂　自昭和八、一一 至同一〇、一三

第八（昭和八、一一）第一〇、第一二、第一四、第一六、第二十四（昭和一〇、三）の六輯を西鶴特輯號とし、西鶴小說全般に互りコロタイプ版と記事を以つて書誌的解説を施してゐる。この標本集に於て、『置土産』の改題「朝くれなゐ」等を發見報告してゐる。

日本文學大辭典 三冊　藤村作　新潮社　自昭和七、六 至同九、六

西鶴の全作品が網羅され、最も親切に解説されてゐる。

江戸文學辭典　暉峻康隆　富山房　昭和一五、四

西鶴の全作品を網羅してゐる。その解説的記事には傾聽すべき論說が多く盛られてゐる。

西鶴本及關係文獻目錄　山田朝一　玉屑六　昭和八、一二

果園文庫藏書目錄　横山重　小田隆二　昭和一二、四

西鶴著書の蒐集家にして善本と量の多きを以つて天下に鳴る小田文庫の目錄で、西鶴本の項がある。

西鶴年譜及關係資料　野間光辰　俳句研究　四ノ五　昭和一一、五
西鶴著作目錄
西鶴研究論文要目　古典研究　二ノ六　昭和一二、六
明治大正に於ける西鶴本筆禍竝に出版に就て　石川巖　日本文學講座二　新潮社　大正一五、一二
ナゼ完全な西鶴全集が出ないのか　石川巖　文藝春秋　一ノ八　大正一二、八
西鶴全集の發禁に就いて　G・R　讀賣新聞　明治二七、七、九
西鶴の好色本　古本賣買の實際知識　古典社
柳亭淨瑠璃本目錄　柳亭種彥
『曆』、及び『凱陣八島』の記事あり。
廣益書籍目錄　永田・西村 坂上・八尾板　元祿五年

西鶴の浮世草紙及び俳書も多く收載されてゐる。

辨疑書目錄　中村孫兵衞板　寛永七年

六一ゥ、第四古今書目に、新因果物語　五册、本朝二十不孝とある。

新撰書籍目錄大全　藤本兵左衞門板　天和元年

中卷二九ゥ［う假名］の條に、三　うなつき草、井原氏、とある。假名に依つて限定された作者に見ゆる井原氏は西鶴ではなからうか、西鶴の著作とすれば、その年代等の關係で遊女或は野良の評判記の如くである。

渡邊霞亭藏書古書籍展觀賣立目錄　昭和二、六

一代男、一代女以下數部の西鶴書が見える。但し此の賣立ては、東京帝國大學が震災後重複しないものを買取つた後の謂はゞ殘品なので、霞亭藏書西鶴本をうかゞふ資料とはならない。東大購入の西鶴本は大體左の如きものであつた。

○好色一代男　○好色二代男　○好色五人女
○男色大鑑　○武道傳來記　○武家義理物語

○近代艶隱者　○諸國咄　○新可笑記
○俗つれ〴〵　○胸算用　○置土産
○文反古　○本朝二十不孝　○匹身物語
○西鶴傳授車　○好色旅日記　○西鶴俤の初染
○新永代藏　○難波鉦

天鈞居藏書　古書籍展觀賣立目錄　昭和三、四

當世女容氣、好色一代女、武家義理物語、日本永代藏、織留の五部の西鶴書か見られる。

萬卷樓藏書　古書籍展觀賣立目錄　昭和五、一二

櫻陰比事と永代藏か見られるに過きない。

百足屋文庫藏書　古書籍展觀賣立目錄　昭和六、一〇

殆んと全部零本てあるか、その書目中には「難波の貌は伊勢の白粉」があり、題簽付「新因果物語」等所藏してゐた點注目すへきてある。

○難波の貌は伊勢の白粉○新因果物語(題簽付)、○好色一代男○江戸版一代男○諸艶大鑑○二十不孝○一代女○五人女○男色大鑑○武道傳來記○武家義理物語○新可笑記○一日玉鉾○永代藏○櫻陰比事○文反古○織留○胸算用○名殘の友○置土産

擁書樓藏書　珍藏古書入札目録　昭和六、一一

○好色一代女　○當世女容氣　○諸艶大鑑
○浮世榮華一代男　○男色大鑑　○俗つれ〴〵
○近代艶隱者　○新可笑記　○萬の文反古
○胸算用　○織留　○武道傳來記
○櫻陰比事　等の西鶴本を含んでゐた。

古典聚目　一二三號　鹿田靜七　昭和九、七

西鶴本の一項を設け、十部に近い零本を列べてゐる。

滋岡家藏書入札目録　昭和一〇、九

哥仙(大坂俳諧師)の原題簽を完備するもの、及び鶴永並びに西鶴署名の短册各々一葉を掲げてゐる點注目すべき

ものである。

平出氏藏書目錄　若山善三郎　典籍研究會　昭和一四、一〇

西鶴の浮世草紙が十部許り見える中に、『好色つはもの揃』五册が注目される。本書が轉して『稀覯本攷覧』にある伊藤氏藏と轉じたのである。

複刻刊行史的研究の補遺

江戸文學選集　鈴木敏也　中文館　大正一三、一

四六判　背布　洋綴

井原西鶴のものとして、五人女、武家義理物語、胸算用より各々一篇づつを收む。

江戸文學粹　松崎秀雄　中央出版社　大正一五、一

四六判　布裝　洋綴

西鶴文粹の項、

好色五人女より九篇、武道傳來記より四篇、近代艶隠者より三篇、櫻陰比事より四篇を輯む

附篇　西鶴研究單行本及び特輯雜誌

一　西鶴研究單行本

茲には、本文を主體にし讀解に便せん爲めの頭註を持つ程度の西鶴關係書を取扱はなかつた。尤もそれらに就いては、既に「作品中心の研究」の項、或は「註疏史的研究」その他の項に重複記錄されてゐる。

井原西鶴　角田柳作　民友社　明治三〇、五

西鶴の人々　高須梅溪　岡村書店　大正四、七

西鶴の新研究　鈴木敏也　天祐社　大正九、二

浮世草子西鶴本　上下二冊　水谷不倒　水谷文庫　大正九、一一

西鶴研究　金の巻　木崎愛吉　だるまや書店　大正一一、二

抄本日本永代藏參考書　藤村作　至文堂　大正一四、三

井原西鶴　片岡良一　至文堂　大正一五、三

書評　〔片岡良一「井原西鶴」について〕　藤井乙男　にひはり（巻及び年月未調）

三段式 西鶴好色物全釋	岡部美二二	廣文堂書店	昭和二、三
西鶴輪講 好色一代男 八冊	三田村鳶魚	春陽堂	自昭和二、六 至同 三、九
西鶴輪講 好色一代女 六冊	三田村鳶魚	春陽堂	自昭和三、七 至同 四、四
日本永代藏詳解	岡田稔	大同館書店	昭和四、九
日本永代藏評釋	佐藤鶴吉	明治書院	昭和五、三
西鶴好色五人女輪講	三田村鳶魚	龍生堂書店	昭和五、一一
好色五人女詳解	尾形美宣	大同館書店	昭和五、一一
西鶴五人女詳解	藤井乙男	木鐸社	昭和六、二
好色一代男註釋 上卷	神谷鶴伴	愛鶴書院	昭和六、七
西鶴・成美・一茶	山口剛	武藏野書院	昭和六、一〇

書評　「西鶴成美一茶」について　小柴値一　國學院雜誌　三七ノ一二　昭和六、一二

西鶴織留輪講	三田村鳶魚	早稲田大學出版部	
本書校正刷本、未刊に終りしもの丶如し。			
西鶴織留新註	松浦一六	春陽堂	昭和七、一二
西鶴武家義理物語輪講	三田村鳶魚	早稲田大學出版部	昭和九、一
好色一代男註釋	神谷鶴伴	改造社	昭和九、八
世間胸算用詳解	植村邦正	大同館書店	昭和一〇、四
西鶴俳句研究	小宮豐隆等	改造社	昭和一〇、七
世間胸算用全釋	市場直次郎	文泉堂書房	昭和一〇、九
西鶴研究 新潮文庫本	片岡良一 山口剛	新潮社	昭和一一、七
攷註日本永代藏 上	守隨憲治	山海堂出版部	昭和一二、三
日本永代藏新講	大藪虎亮	白帝社	昭和一二、三
西鶴襍俎	瀧田貞治	巖松堂	昭和一二、七

〔書評〕西鶴襍爼　野間光辰　國語國文　七ノ一一　昭和一二、一一

〔書評〕西鶴研究の一指針　武田麟太郎　日本讀書新聞　二六　昭和一二、一一、一五

〔書評〕瀧田貞治氏著「西鶴襍爼」　守隨憲治　國語と國文學　一五ノ二　昭和一三、二

西鶴　近藤忠義　日本評論社　昭和一四、五

日本古典讀本

〔書評〕近藤忠義氏「西鶴」　穎原退藏　帝國大學新聞　七七一　昭和一四、六、一九

〔書評〕西鶴の散文性　暉峻康隆　文學界　六ノ七　昭和一四、七

〔書評〕西鶴　重友毅　俳句研究　六ノ七　昭和一四、七

〔書評〕最近に於ける西鶴研究の達成　奥田瞭　古典研究　四ノ八　昭和一四、八

〔書評〕「西鶴」を讀みて所感を述ぶ　瀧田貞治　臺大文學　四ノ三　昭和一四、八

〔書評〕情熱を喜ぶ　片岡良一　東京朝日新聞　昭和一四、八、二一

西鶴論考　片岡良一　萬里閣　昭和一五、六

談林派の運動と西鶴、『一代男』の意義と限界、『一代男』以後の作品の展開、『置土産』と『文文古』、作品の性格・思想・技術、西鶴作品の現代的意義を收む。

二　西鶴研究特輯雜誌

一、早稲田文學　第二〇三號　大正一二、一〇　西鶴記念號

○明治に於ける西鶴　幸田露伴
○西鶴の生涯
○西鶴本の挿畫について
○西鶴著作年表
（以上三篇）水谷不倒
○西鶴の淨瑠璃　藤井紫影
○西鶴殘象　五十嵐力
○西鶴雜感　藤村作
○近代艶隱者の考察　山口剛
○西鶴の好色本について　石川巖
○西鶴小論　田山花袋

二、月刊日本文學　第一卷二號　昭和六、七　西鶴號

○西鶴小說大觀　鈴木敏也
○二代男のうちから　藤井乙男
○西鶴時代の町人生活　京口元吉
○耳と西鶴　山口剛
○明治以後の作家と西鶴　石山徹郞
○好色一代男地名考　野々村戒三
○西鶴本に現はれた女裝　江馬務
○西鶴の藝術的價値　中谷博
○西鶴町人物口譯　加藤順三
○好色一代男縮譯　大西利夫

三、上　方　第八號　昭和六、八　西鶴記念號

○西鶴の好色本と遊女評判記　藤井紫影
○西鶴年譜　潁原退藏
○西鶴と近松　山口剛
○西鶴覺帳の中から　佐藤鶴吉

○西鶴にあらはれたる美人の諸相　石田元季
○西鶴本に見えた上村吉彌　江馬務
○西鶴町人物に現れたる「才覺」の研究　塚本楢良
○西鶴晩年と江戸居住時代　野間光辰
○世之介の懺悔　笹谷良造
○隨筆 食味 西鶴と食味　林春隆
○諸艶大鑑(輪講第五回)　紫影・退藏 憲治・亮
○西鶴著作考補遺　潁原退藏
○西鶴研究一覽　野間光辰
○西鶴の肖像と筆者　○五人女詳解と暦　○西鶴の俳句　○西鶴作の長歌

四、解釋と鑑賞　第一卷二號　昭和一一、七　西鶴に關する研究

○西鶴と流線型　小柴値一
○西鶴と生活苦　山崎麓
○西鶴論斷想　頼桃三郎
○西鶴の描寫力　片岡良一

○寛文・延寶への追慕　藤崎一史

五、俳句研究　第四卷五號　昭和一二、五　西鶴研究

○西鶴小論　片岡良一
○西鶴俳諧の研究
　——その俳論をたどりて——　瀧田貞治
○西鶴の文學　西角井正慶
○談林俳諧の史的位置　山本善太郎
○西鶴年譜及關係資料　野間光辰
○西鶴句集　潁原退藏編

六、古典研究　第二卷六號　昭和一二、六　西鶴研究

○西鶴瑣言　笹川臨風
○日本永代藏考察　暉峻康隆
○西鶴の俳歷
　——俳諧から浮世草紙への過程——　山本善太郎
○西鶴覺え書　野間光辰

○好色一代男に描かれた理想の遊女　鶴見誠

○西鶴と古典復興　熊谷孝

——西鶴作品の現代的意義にふれて——

○西鶴武家物と武士道觀　橋本實

○井原西鶴傳　駒井蒼生

○西鶴著作目錄　編輯局

○西鶴研究論文要目　編輯局

七、近世文學　第四卷二號　昭和一三、四　西鶴研究

○西鶴武家物について　田崎治泰

○町人作家・西鶴(一)　桐原德重

○西鶴斷片　水野稔

——武士と金——

○淨瑠璃『曆』私見　野田壽雄

○太夫を殺す　吉永孝雄

八、古典研究　第五卷九號　昭和一五、八　西鶴俳諧關係

○西鶴の俳業　瀧田貞治
○西鶴の俳諧について　近藤忠義
○連句論鑑賞風に　奥山徹郎
○西鶴俳諧の現代的意義　宇田久
○『西鶴胸算用』小論　小田切秀雄

附、帝國大學新聞（五回）　自昭和一三、五、一六 至同 一三、六、一三　井原西鶴研究

（一）健康な西鶴　潁原退藏
（二）西鶴の文章に就て　宇野浩二
（三）西鶴の物讀後感　徳永直
（四）西鶴と生活環境　片岡良一
（完）その散文精神　武田麟太郎

西鶴の書誌學的研究　畢

昭和十六年七月二十一日印刷
昭和十六年七月二十五日發行

西鶴の書誌學的研究（言語と文學 第五輯）

（停）定價五圓

版權所有

著作者　瀧《たき》田《た》・貞《てい》治《ち》

編輯兼發行者　臺北帝國大學文學科會
代表者　矢野禾積

印刷者　臺北市大正町二丁目三十七番地
穎川首

太田製本

發行所　臺北市兒玉町三丁目九番地
振替口座臺灣六一九三番
野田書房

配給元　東京市神田區淡路町二丁目九番地
日本出版配給株式會社

台湾日日新報社印刷行

9 789577 397683 75000

民國時期稀見期刊彙編 第一輯

臺北帝國大學研究年報

ISBN 978-957-739-768-3

總策畫 林慶彰
策　畫 萬卷樓叢書編輯委員會
出　版 萬卷樓圖書股份有限公司
總編輯 陳滿銘
發　行 萬卷樓圖書股份有限公司
發行人 陳滿銘
聯　絡 電話 02-23216565　傳真 02-23944113
網址 www.wanjuan.com.tw　郵箱 service@wanjuan.com.tw
地　址 106 臺北市羅斯福路二段 41 號 6 樓之三
印　刷 百通科技股份有限公司
初　版 2012 年 11 月
定　價 新臺幣 75000 元 全套三十冊 精裝 不分售

原臺北帝國大學文政學部編輯　據東方文化書局本景印整理

新聞局出版事業登記證號局版臺業字第 5655 號